Reise nach Japan
Kulturkompass fürs Handgepäck

Herausgegeben von Françoise Hauser

Übersetzungen von Ursula Ballin,
Christoph Bausum, Helga van Beuningen
und Stephan Schuhmacher

W0029618

Unionsverlag
Zürich

Im Internet
Aktuelle Informationen,
Dokumente, Materialien
www.unionsverlag.com

Unionsverlag Taschenbuch 469
© by Unionsverlag 2009
Rieterstrasse 18, CH-8027 Zürich
Telefon 0041-44-283 20 00, Fax 0041-44-283 20 01
mail@unionsverlag.ch
Alle Rechte vorbehalten
Verwendung der Karte auf der Umschlaginnenseite mit
freundlicher Genehmigung des Reise Know-How Verlags, Bielefeld.
Reihengestaltung: Heinz Unternährer, Zürich
Umschlaggestaltung: Peter Löffelholz, Zürich
Umschlagfoto: S. Breyer
Druck und Bindung: CPI – Clausen & Bosse, Leck
ISBN 978-3-293-20469-0

Die äußeren Zahlen geben die aktuelle Auflage
und deren Erscheinungsjahr an:
1 2 3 4 5 – 12 11 10 09

Inhalt

Andrew Juniper · Wabi Sabi – Die Schönheit
des Unvollkommenen   7

Christoph Neumann · Das Elfte Gebot: »Du sollst
Deine Schuhe ausziehen!«   13

Florian Coulmas · Knigge lässt grüßen –
Von Benimmregeln und Anredeformen   18

Volker Zotz · Samurais und Reisbauern – Schlüssel
zum Verständnis der Japaner   36

Gerhard Dambmann · Religion oder Es geht auch ohne   51

Michaela Vieser · Der Weg zur Kalligrafie   63

Niall Murtagh · Meine verrückten Jahre bei Mitsubishi   78

Urs Schöttli · Business auf Japanisch – Von Salarymen
und Roboterhunden   86

Françoise Hauser · Im Dampfkessel – Besuch
in einem Onsen   98

Cees Nooteboom · Japanische Gehversuche   102

Jaqueline Berndt · Phänomen Manga   113

Gert Anhalt · Das Auge isst mit – Die Genüsse
der japanischen Küche   125

Marc Fischer · Im Ring mit einem Sumotori   132

Wolfgang Herbert · Vom Strafmal zur Körperkunst –
Kleine Geschichte der Tätowierung   139

Uwe Schmitt · Das Erdbeben von Kanto – Vierundvierzig Sekunden, die Japan veränderten   150

Kazuyuki Kitamura · Unter weiblichem Regiment –
Gebietende Gattin und mächtige Mutter   156

Anke Lübbert · Im Reich der Meerfrauen   172

Thomas Fuster · Ausrangiert und abgestellt –
Wenn Männer nach der Pensionierung
zum Sperrmüll werden   178

Brigitte Steger · Wie man sich bettet, so schläft man –
Der Futon   183

Andreas Stuhlmann · Zum Schäferstündchen ins Hotel –
Love Hotels   189

Wolfgang Herbert · Das Gangstersyndikat
Yamaguchi-gumi – Ein Blick in die Unterwelt   194

Nachwort   209
Worterklärungen   212
Autorinnen und Autoren   214
Bildnachweis   219

Wabi Sabi – Die Schönheit des Unvollkommenen

Andrew Juniper

Vor langer Zeit begegnete ein Mann in der Wildnis einem hungrigen Tiger, der ihn bis an den Rand einer Schlucht verfolgte. Der Mann sprang über den Rand, um dem Tiger zu entgehen, und schaffte es, sich am Ast eines Baumes festzuklammern, der auf einem kleinen Felsvorsprung wuchs. Als er dort über dem Abgrund hing, bemerkte er einen zweiten Tiger, der am Boden der Schlucht nur darauf wartete, dass er herunterfiel. Als seine Kräfte nachließen, fiel ihm eine wilde Erdbeere auf, die in Griffweite wuchs. Er pflückte sie und steckte sie sich genüsslich in den Mund, wohl wissend, dass sie das Letzte war, was er schmecken würde. Ahhh, wie süß sie war!

Wabi Sabi ist in vieler Hinsicht wie der bittersüße Geschmack dieser letzten Erdbeere in der alten Zen-Geschichte. Es ist ein Ausdruck der Schönheit, die in jenem kurzen Übergang zwischen dem Kommen und dem Gehen des Lebens liegt, es ist die Freude und die Wehmut, die unser Los als Menschen sind.

Wabi Sabi ist ein ästhetisches Ideal und eine Philosophie, die am besten in Begriffen der Zen-Philosophie zu verstehen sind, welche deren Entwicklung während der vergangenen tausend Jahre genährt und gestaltet hat. Das Zen findet künstlerischen Ausdruck in Formen, die so rein und sublim sind wie die Zen-Lehren, die sie manifestieren. Es meidet intellektuelles Gebaren und künstlerischen Anspruch und zielt stattdessen darauf ab, die Schönheit aufzudecken und hervorzuheben, die in der Natürlichkeit liegt.

Wabi Sabi verkörpert die Zen-Philosophie der Leere aller Dinge im Kosmos und sucht Schönheit in der Unvollkommenheit, die zutage tritt, während alle Dinge, die sich in ständigem Fluss befinden, sich aus dem Nichts heraus entwickeln und in das Nichts zurückkehren. Im Verlauf dieser ständigen Bewegung hinterlässt die Natur absichtslos Spuren, die wir betrachten können, und es sind diese zufälligen Makel und Unregelmäßigkeiten, die das Modell für den bescheidenen und unprätentiösen Wabi-Sabi-Ausdruck der Schönheit sind. Fest im Zen-Denken verwurzelt, benutzt die Wabi-Sabi-Kunst die Flüchtigkeit des Lebens, um das Gefühl für die wehmütige Schönheit zu vermitteln, das ein solches Verständnis mit sich bringt.

Schon im 13. Jahrhundert verbanden Zen-Mönche die Welt der Kunst mit der der Philosophie zu einem symbiotischen Ganzen, in dem die Funktionen und die Ziele dieser beiden Welten praktisch nicht mehr voneinander zu trennen waren. Seitdem war die japanische Kultur eine nicht versiegende Quelle schöpferischer Kraft, deren Einfluss auf die Kunst und die Kultur der gesamten Welt von der keines anderen Landes übertroffen wird. Diese Kultur hat in fast allen Bereichen der Kunst Außerordentliches geleistet – ziemlich erstaunlich für ein Land, das nur ein Dreißigstel der Größe der Vereinigten Staaten hat.

Der Einfluss von Wabi Sabi auf die Werte der japanischen Ästhetik hat solche Künste wie den Teeweg, den Blumenweg, die Haiku-Dichtung, die Gartenarchitektur und das No-Theater inspiriert. Es hat ein ästhetisches Ideal hervorgebracht, welches die Unausweichlichkeit des Todes dazu benutzt, den Geist auf die wundervolle flüchtige Schönheit zu lenken, die sich in allen vergänglichen Dingen findet. Diese Ästhetik manifestiert sich etwa in der Weise, wie auf dem Blumenweg eine einzelne Blume angeordnet wird, im Ausdruck tiefer Gefühle in einem dreizeiligen Gedicht oder in der Wahrnehmung einer ganzen Berglandschaft in einem einzigen Felsbrocken. Wie das Zen, das ihren philosophischen Unterbau liefert, ist sie in ihrer Subtilität von höchster Vornehmheit.

Der Begriff Wabi Sabi verweist auf Eigenschaften wie Vergänglichkeit, Bescheidenheit, Asymmetrie und Unvollkommenheit. Die zugrunde liegenden Prinzipien sind den Prinzipien der entsprechenden Bereiche in der westlichen Kunst diametral entgegengesetzt, Prinzipien, die in der hellenistischen Weltanschauung verwurzelt sind, welche besonderen Wert auf Dauerhaftigkeit, Großartigkeit, Symmetrie und Vollkommenheit legt.

Die japanische Kunst, durchdrungen vom Geist des Wabi Sabi, sucht Schönheit in den Wahrheiten der natürlichen Welt und lässt sich von der Natur inspirieren. Sie enthält sich aller intellektuellen Einmischung, der Selbstbezogenheit und Affektiertheit, um die schmucklose Wahrheit der Natur zu finden. Da Asymmetrie und zufällige Unvollkommenheiten typisch sind für die Natur, strebt Wabi Sabi nach der Reinheit natürlicher Unvollkommenheit.

Indem die Japaner diese Einstellung zur Kunst pflegten, haben sie eine künstlerische Ausdrucksweise geschaffen, die von einer profunden philosophischen Konsistenz kündet, einer Konsistenz von großer historischer Tiefe, die von sich schnell wandelnden Modeerscheinungen wenig berührt wurde. Von den Holzschnitten, die Impressionisten wie Monet und van Gogh inspirierten, bis hin zur Kochkunst, die den Weg für die Nouvelle Cuisine ebnete, von den vielen Spielarten der

Kampfkunst bis zu Kurosawas cineastischem Meisterwerk *Die sieben Samurai*, von der Haiku-Dichtung, die den amerikanischen Dichter Gary Snyder so faszinierte, bis zur Gartenkunst, die in aller Welt Beachtung fand, hat Japan den Westen in vielfältiger Weise beeinflusst – und wenig weist darauf hin, dass dieser Einfluss nachlässt.

In Hinsicht auf den sich ständig ausbreitenden Materialismus der westlichen Gesellschaft ist die Botschaft des Wabi Sabi heute so relevant, wie sie es im Japan des 13. Jahrhunderts war. Diese alte Einstellung zum Leben, die den Künsten wie dem Kunsthandwerk neues Leben einhaucht, steht der modernen westlichen Kultur eher kritisch gegenüber und bevorzugt stattdessen eine Philosophie und ein gestalterisches Ethos, die stärker mit unseren Mängeln und unserer organischen Natur im Einklang sind. Diese Übereinstimmung von Philosophie und gestalterischen Prinzipien bedeutet, dass die Botschaft von Wabi Sabi immer noch für viele Aspekte des modernen Lebens von Bedeutung ist.

Die Teezeremonie ist eine vielschichtige Erfahrung, in der sich der Teilnehmer in einem Zustand gesteigerten Gewahrseins, der durch die unterstützende Umgebung des Teeraums gefördert wird, des Geschmacks sorgfältig zubereiteter Speisen und Getränke erfreuen kann. Die Erfahrung der Teezeremonie basiert außerdem zum Teil auf der ästhetischen Freude, die durch die Wabi-Sabi-Elemente der Gestaltung des Teeraums hervorgerufen wird.

Es ist schon viel über die Teezeremonie geschrieben worden, wobei die beschriebenen Empfindungen von Verzückung bis zu tödlicher Langeweile reichen. Ein idealisiertes Bild der Teezeremonie, das ein entfernter Verwandter des modernen Äquivalents sein mag, zieht sich durch die folgende Darstellung.

Der Teemeister legt ein Datum für die Teezeremonie fest und wählt dann mit größter Sorgfalt eine kleine Gruppe von geladenen Gästen aus, deren Charakter und Position eine ausgewogene Mischung ergibt. Das Datum kann mit zu erwartenden natürlichen Ereignissen zusammenfallen, wie etwa dem Blühen der Kirschbäume oder der Veränderung der Farbe des Herbstlaubs. Je nach Jahreszeit und gerade vorherrschenden Stimmungen wählt er ein Thema für das Machiawasu (Zusammentreffen), sodass das Ereignis einen gewissen Zusammenhalt und eine Kontinuität hat.

Wenn er alle Vorbereitungen getroffen hat, signalisiert der Teemeister den Gästen seine Bereitschaft, indem er die Trittsteine in der Nähe des Eingangs mit Wasser besprengt. Sind die Gäste eingetroffen, versammeln sie sich in einem speziellen Warteraum (Machiaishitsu), wo sie die Gelegenheit haben, sich miteinander bekannt zu machen und herauszufinden, in welcher Reihenfolge sie teilnehmen werden. Nachdem der Teeraum sorgfältig gereinigt wurde und alle künstlerischen Akzente platziert worden sind, lädt der Teemeister die Gäste ein, durch den Garten zu dem kleinen Teeraum zu kommen.

Während die Gäste über die Trittsteine, die so ausgelegt sind, dass sie die Besucher an den Schönheiten des Gartens vorbeiführen, zum Teehaus gehen, sollten sie sich geistig vorbereiten. Sie sollten sich selbst und ihre kleine Welt zurücklassen, um sich in die Kommunion des Tees zu ergeben. Die Moospolster, die an feuchten Felsbrocken kleben, scheinen zahllose Farbnuancen aufzuweisen, das Plätschern des Quellwassers, das durch ein gewöhnliches Bambusrohr in ein antikes Wasserbecken fließt, die lebhaften Herbstfarben der Ahornblätter – all das lädt den Geist dazu ein, sich der unvergleichlichen Schönheit und der natürlichen Unvollkommenheit der flüchtigen Welt auszuliefern. Ist der Geist derart vorbereitet, dann treten die Gäste durch die niedrige Eingangstür, die die völlige Gleichheit des Status aller Teilnehmer symbolisiert, in den Schoß des Teeraums ein und werden dort vom Duft des reinsten Räucherwerks begrüßt.

Im Tokonoma (Bildnische) findet sich ein perfekt ausbalanciertes Blumenarrangement von schlichter Schönheit unterhalb des Kakejiku, der Hängerolle, wobei die Blumen die Stimmung des Rollbildes widerspiegeln. Die Stimmung der Hängerolle wiederum ist eine literarische Anspielung auf das Thema der Zusammenkunft, und die Gäste kosten die Bedeutung der Kalligrafie aus sowie das Muster, das die kraftvollen Pinselstriche mit schwarzer Tusche auf dem blassen Untergrund hinterlassen haben.

Sobald alle ihren Platz eingenommen haben, begrüßt der Teemeister die Gäste nun angemessen mit seinem meisterlichen Können und serviert ihnen Speisen und Getränke. Jede Bewegung des Meisters ist reinste Poesie, da seine Sammlung Flüssigkeit und Präzision in jede seiner Gesten bringt. Die jahrelange Schulung hat die Bewegungen, die er unzählige Male geübt hat, in den Bereich von Kunst in ihrer reinsten Form transportiert, denn es ist eine Kunst ohne Künstlichkeit, Kunst ohne Gedanken, Kunst als reine Verbindung mit der letzten Wirklichkeit. Die vollkommene Klarheit des Geistes und die nahtlosen Bewegungen des Meisters haben eine hypnotische Wirkung auf die Teilnehmer, die mit Geist und Seele des Teemeisters eins werden. Hier ist der Himmel und das Vergessen, die wir auf Erden gesucht haben. Der eifersüchtige Intellekt, der über all unsere Gedanken und Aktivitäten wacht, hat seinen Würgegriff gelockert, und das ermöglicht es uns, die Wirklichkeit des Augenblicks zu schmecken, die unendliche, wundervolle und Ehrfurcht gebietende Welt, die wir alle in unserer frühen Kindheit zurücklassen mussten.

Das Elfte Gebot:
»Du sollst Deine Schuhe ausziehen!«
Christoph Neumann

Ein deutscher Bekannter in Tokyo hatte vor Jahren ein tragisches Erlebnis. Sein ebenfalls deutscher Mitbewohner beging in der gemeinsamen Wohnung Selbstmord, er hatte sich eine Plastiktüte über den Kopf gestülpt, sie zugeschnürt und in ein vorher dafür genau zugeschnittenes Loch den Schlauch vom Gashahn eingeführt und das Gas aufgedreht. Als der Gasgeruch bis in das Zimmer meines Bekannten vorgedrungen war, stürmte er zu seinem Mitbewohner, stellte das Gas ab, riss ihm die Tüte vom Kopf – er rührte sich nicht mehr – und rief den Rettungsdienst. Der Krankenwagen war in fünf Minuten da. Die Sanitäter und der Arzt hetzten die Treppe hoch, traten in den Flur – und blieben dort erst einmal alle stehen, um sich die Schuhe auszuziehen, bevor sie es wagten, in Strümpfen das Zimmer des Selbstmordkandidaten zu betreten und die dringenden Notfallmaßnahmen einzuleiten. Es lag hoffentlich nicht an den fünfzehn Sekunden, die das Ausziehen der Schuhe gedauert hatte, dass der Patient noch auf dem Weg ins Krankenhaus starb. Die Persistenz dieser Sitte selbst in einer Extremsituation zeigt, wie ernst sie den Japanern ist. Und sie macht deutlich, wie groß der Fauxpas in ihren Augen sein muss, wenn ein Ausländer die Sitte des Schuheausziehens nicht respektiert. Dabei unterläuft Ausländern eher selten der Fehler, eine japanische Wohnung mit Straßenschuhen zu betreten. Viel eher passiert es, dass wir uns im innerhäusischen Schuhsystem verheddern.

Dabei betet doch jeder Reiseführer gebetsmühlenhaft herunter: Im Hauseingang aus den Straßenschuhen in die bereitstehenden Pantoffeln schlüpfen. Mit Reisstrohmatten ausgelegte Zimmer aber immer nur in Strümpfen betreten. Vor den Toiletten die Pantoffeln auszuziehen und in die extra bereitstehenden Toilettenschuhe schlüpfen. Nach dem Verlassen der Toilette wieder in die Hausschuhe wechseln. Leider bin auch ich schon mehrmals in Toilettenschuhen wieder in das Speisezimmer zurückgeschlurft, wo nach einem streifenden Blick auf meine Füße in Sekundenbruchteilen die Atmosphäre gefror. Meinen japanischen Gastgebern versagte die Stimme, und sie schauten angestrengt höflich nach oben, um ja nicht noch mal den Stein des Anstoßes sehen zu müssen. Dass sie derart auf den Anblick von Klopantoffeln reagieren, spricht nicht gerade für die Sauberkeit japanischer Toiletten. Ein deutscher Freund plädiert daher sogar für eine Verschärfung der Regeln: »Gummistiefel statt Toilettenpantoffeln!«

Wie die Wohnungen, so ist das ganze Land scharf in schuhfreie und schuhbare Zonen unterteilt. Geschäfte, Gaststätten, Behörden und die meisten Bürogebäude kann man meist ungehindert in Straßenschuhen betreten. Vor Sportzentren, Tempeln, Krankenhäusern, Arztpraxen und vielen Museen heißt es dagegen unmissverständlich auf großen Schildern: »Schuhe aus!« Und während man eine Modeboutique ganz normal in Straßenschuhen durchläuft, achten die Verkäuferinnen scharf darauf, dass man vor dem Betreten der Umkleidekabine auch ja die Schuhe vor dem Vorhang lässt.

In den Schulen hat jeder Schüler in seine mit Namen gekennzeichneten Plastikschlappen zu schlüpfen, die in ebenfalls namentlich gekennzeichneten kleinen Boxen am Eingang stehen. So stauen sich die Schüler vor Schulbeginn jeden Morgen im Eingangsbereich, weil alle gleichzeitig die Schuhe wechseln und in die Boxen stellen. Auch an meiner Uni gab es einen Vorlesungsbereich, den man nicht mit Straßenschuhen betreten durfte. Entsprechend standen am Eingang gleich zwei große Boxen für die Straßenschuhe, in denen gleichzeitig Pantoffeln bereitgestellt waren. Eine Box war für das Lehrpersonal, die andere für die Studenten. Die Studenten bekamen die normalen Plastikschlappen in der einfachsten Ausfertigung, während das Lehrpersonal besondere, gefütterte Pantoffeln erhielt, die weicher und somit luxuriöser waren. Ein Text auf jedem Professorenpantoffel wies noch einmal auf dessen Exklusivität hin: »Nur für Lehrpersonal und Universitätsbesucher. Benutzung für Studenten streng verboten!«

Ob Filz oder Plastik – es ist nicht nur unangenehm, sondern auch unhygienisch, wenn man an den verschiedensten Orten in Pantoffeln schlüpfen muss, in denen bereits ein paar Tausend Füße gesteckt haben. Kein Wunder, dass Reklamespots für Mittel gegen Fußpilz ein Dauerbrenner im japanischen Werbefernsehen sind …

Die strenge Sitte des Schuheablegens ist allerdings selbst den Japanern lästig. Ein Gasableser muss sich jeden Tag über fünfzigmal seiner Schuhe entledigen (und tut es), wenn er an die Zähler in den Wohnungen heranmöchte. Das Auf- und Zubinden der Schnürsenkel wird da zur Sisyphusarbeit: Kaum drin, schon wieder raus. Nur wenige Leute entfliehen diesem Zwang, indem sie in einfach abzufegenden Sandalen oder Straßenslippern durch die Gegend ziehen. Diese Blöße möchte sich im hypermodebewussten Tokyo auch wiederum niemand geben. Die meisten verzichten da lieber aufs Auf- und Zubinden und quälen sich direkt in den gebundenen Schuh hinein oder aus ihm heraus. Eine solche Behandlung

zerdrückt natürlich schon nach wenigen Malen das Fersenteil des Schuhs, und so haben in der Armee von Schuhen im
großen Eingangsbereich meines Sportzentrums fast alle ein
eingedelltes Fersenteil. Aber selbst die schönsten italienischen
Lederschuhe sehen schäbig aus, wenn sie so behandelt werden. Die hübschen jungen Japaner mit ihren gepflegten Frisu-
ren und den teuren Klamotten wirken seltsam widersprüch-
lich, wenn man den Blick ganz nach unten wandern lässt und
die zerdellten Treter sieht.

Auch wenn das Schuhschnüren entfällt, muss man immer
noch das Fersenteil hochziehen. Sich bücken und es mit der
Hand hochziehen macht den Zeitgewinn schon fast wieder
zunichte. Daher beherrschen die meisten es im Laufen: Beim
Schritt vorwärts rutscht der Fuß tief in den Schuh nach vorne, mit dem Rückschwung kann man dann mit der Ferse das
Fersenteil wieder hochstülpen. Das sieht allerdings immer
ein bisschen behindert aus, vor allem wenn man eine größere
Gruppe ein Gebäude der schuhfreien Zone verlassen und die
ersten paar Schritte kollektiv hinken sieht. Noch unästheti-
scher wirken nur die radikal Faulen. Sie verzichten ganz aufs
Hochschieben des Fersenteils und stehen mit nach hinten of-
fenen Schuhen in der U-Bahn und im Büro. »Da wären praktische Slipper dreimal ansehnlicher«, denkt der ungeschulte
westliche Beobachter, dem das komplexe Verhältnis von Lan-
desbräuchen, aktueller Mode und Bequemlichkeit im fernöst-
lichen Wertesystem verborgen bleibt.

Diese undurchschaubare Wertewelt muss auch der Grund
sein, warum Japanerinnen um jeden Preis an hochhackigen
Absätzen festhalten. Während der Kampf mit dem Schuhschnüren hauptsächlich die Männer betrifft, scheinen Frauen
keine normalen Schuhe im Schrank zu haben. Selbst durch
den seltenen Tokyoter Schnee stapfen sie mit hohen Absätzen. Diese sind nicht nur Modeaccessoire, sondern essenziel-

les Mittel gegen den Komplex, zu klein zu sein. Mittlerweile erreicht dieser kaufbare Zusatz an Körperlänge bis zu dreißig Zentimeter. Riesenabsätze heben selbst eine kleine Frau von 1,49 m auf Ausländerhöhe. Erst in der Wohnung (Schuhe aus!) merkt man dann, dass einem die Japanerin gerade bis unter die Brust reicht.

Der Sinn des Schuheausziehens scheint vielen Japanern gar nicht mehr so präsent zu sein. Warum sonst fragt jeder japanische Besucher, der zum ersten Mal in meinem Wohnungseingang steht: »Muss ich bei dir auch die Schuhe ausziehen?« Als ob das Schuheausziehen nicht eine Sache der Hygiene, sondern ein weiterer, auf Ausländer und ihre Wohnungen nicht anwendbarer Brauch wäre, wie Verbeugen oder demokratisches Karaokesingen. Ich will es nicht beschreien, aber bei vielen, die mich am Eingang fragen, ob auch in meiner Wohnung das Schuhverbot gilt, sehe ich den Blick in mein Wohnzimmer, der zu fragen scheint: »Darf ich es bei dir vielleicht mal ausprobieren, wie es sich anfühlt, einen Teppich MIT Schuhen zu betreten?«

Knigge lässt grüßen –
Von Benimmregeln und Anredeformen

Florian Coulmas

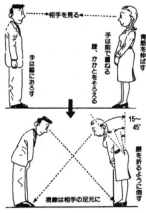

相手を見る　手は前で重ねる　背筋を伸ばす　膝、かかとをそろえる　手は脇におろす　15〜45°　腰を折るように倒す　視線は相手の足元に

背筋が伸びたよいおじぎ

Die starke Betonung der Etikette oder *reigi* ist ein hervorstechendes Charakteristikum japanischen Verhaltens. Etikette erstreckt sich auf alle Bereiche des Lebens. Nicht nur um besondere Anlässe geht es dabei, sondern um die Routinen des Alltags, die regeln, wie man miteinander umgeht. Shitsurei (shimashita), »entschuldigen Sie bitte«, wörtlich: »ich war ohne Manieren«, ist eine Formulierung, deren Verwendung durch den allergeringsten Anlass und jede vermeintliche Verletzung der Etikette ausgelöst wird und die entsprechend häufig ist, wie auch viele andere Entschuldigungsformeln für alle möglichen Gelegenheiten. Benimmbücher werden in riesigen Auflagen verkauft. Selbst kleine Buchläden haben ein Sortiment entsprechender Ratgeber immer vorrätig, da Japaner es für selbstverständlich halten, dass es richtige Verhaltensweisen gibt, die sie sich aber nicht unbedingt zutrauen, im Einzelnen zu kennen. Wie man einen Raum betritt; wie man Tee serviert; wie man sich für ein Vorstellungsgespräch kleidet; wie man ein Geschenk mit anderen teilt; wie man einen Gefallen erwidert; wie man einem Gast einen Sitzplatz zuweist; wie man die Genesung von einer Krankheit begeht; wie man sich und andere vorstellt; wie man eine Visitenkarte überreicht und entgegennimmt; wie man seine Schuhe im Hauseingang aufstellt; wie man einen Freund verabschiedet, der auf eine Reise geht; wie man einen Umschlag für Koden (Weihrauchgeld) beschriftet; oder wie man die Aufnahme eines Kandidaten in den Kindergarten feiert – über diese und viele andere Details des alltäglichen Verhaltens kann man sich in oft reich illustrierten Leitfäden informieren.

Der Markt dieser Bücher wird nicht vom Angebot, sondern von der Nachfrage bestimmt. Vielleicht sind weibliche Kunden in der Überzahl, aber Fragen der Etikette beschäftigen keineswegs nur überbesorgte Ehefrauen und Mütter. Vielmehr verlangt die zentrale Rolle der Frau in der Kindererziehung und bei der Pflege sozialer Beziehungen größere Kompetenz und Sicherheit im Verhalten. Denn es geht nicht um Protokoll und überflüssiges Dekor, sondern um die soziale Stellung der Familie. Wie Riten und Zeremonien ist Etikette ein Mechanismus der Verhaltensregulierung. Aus westlicher Sicht scheint sie im Gegensatz zu Freiheit und Spontaneität zu stehen; im japanischen Kontext ist dieser Aspekt keineswegs unbekannt, er wird jedoch durch einen anderen, wichtigeren ergänzt. Ohne Etikette ist man in seiner Bewegungsfreiheit in der Gesellschaft behindert, da man ständig Gefahr läuft, durch unangemessenes Verhalten sich oder andere zu beschämen. Obwohl Etikette die Handlungsmöglichkeiten einschränkt, ermöglicht sie es doch andererseits in vielen Situationen, überhaupt erst zu handeln, da sie Selbstsicherheit und Gelassenheit gewährt.

Etikettebewusstes Verhalten zeigt sich in praktisch allen Lebensbereichen. Der japanische Kundendienst etwa wird wegen seines hohen Standards zu Recht gerühmt. Selbst im einfachsten Laden oder Lokal kann der Kunde Höflichkeit und Respekt erwarten, was gleichermaßen von sorgsamer Unterweisung und Habitus, also Tradition und Anpassung zeugt. Die Normen angemessenen Verhaltens in der Öffentlichkeit und in der Familie sind allgemein anerkannt, auch wenn sie nicht immer beachtet werden. Diese Normen beziehen sich auf bestimmte Vorstellungen von Schicklichkeit und darauf, was die Japaner Rashisa oder »Gemäßheit« nennen. Viele deutlich umrissene Stereotype besagen, was bestimmten Gruppen von Menschen gemäß ist. Geschlechterrollen sind klar unterschieden, und von Kindern wird erwartet, dass sie sich wie Kinder benehmen. Otokorashii ist »männlich«, onnarashii »weiblich« und kodomorashii »kindlich«, Eigenschaften, die »richtige« Männer, Frauen und Kinder haben sollten. Rashisa ist die Projektion bestimmter Eigenschaften und Verhaltensmuster, die sozial gebilligt und oft explizit idealisiert werden. Ebenso wie man Babys wie Babys und nicht wie kleine Erwachsene behandeln muss, gilt es, mit Frauen wie mit Frauen und mit Männern wie mit Männern umzugehen. Studenten sollen sich wie Studenten benehmen und Hausfrauen wie Hausfrauen. Der Projektionscharakter dieser Erwartungen kommt besonders eklatant in der japanischen Babysprache zum Ausdruck, dem stilistischen Register, das Mütter und andere Erwachsene benutzen, wenn sie mit Kleinkindern sprechen. Eine ganze Reihe von Wörtern wie Bubu (Auto), Otete (Hand), Meme (Auge) sind kindgemäß, werden aber in der Erwachsenensprache niemals verwendet. Reduplikation ist ein produktives morphologisches Muster des Japanischen, aber in der Babysprache ist es besonders häufig. Mütter behaupten gewöhnlich, dass sie es den Kindern mit diesen Wörtern erleichtern, sprechen zu lernen. Der Nachweis, dass Otete leichter zu lernen ist als das normale Wort für Hand, Te, steht jedoch aus. Die Mütter weichen nicht auf Otete aus, nachdem sie es mit Te vergeblich versucht haben, sondern sie benutzen von Anfang an die reduplizierte Form, vermutlich weil es angemessen ist, dass Kinder kindgemäß sprechen.

Außerhalb des häuslichen Bereichs ist angemessenes Verhalten noch wichtiger. Traditionelle Künste wie Blumenstecken und die Teezeremonie scheinen fast gänzlich aus Etikette zu bestehen. Origami, die Kunst des Papierfaltens, ist ein weiteres Beispiel. Eigentlich bekannt als Spiel und Kunstfertigkeit, stellt es doch einen wichtigen Teil der Etikette dar. Einpackpapier für Geschenke und Umschläge für zeremonielle Anlässe müssen auf bestimmte Weise gefaltet werden. Um das gewünschte Ergebnis zu erzielen, müssen bestimmte Falten in einer feststehenden Reihenfolge gelegt werden. Was zählt, sind bewährte Verfahren; das ist der Kern der japanischen Kultur.

Auch in den Disziplinen der traditionellen »Wege« Kendo (Fechten), Kyudo (Bogenschießen), Judo und Sumo ist Etikette allgegenwärtig. Es gibt elaborierte Verfahrensregeln für die richtige Form eines Schritts, eines Griffs und fast jeder anderen Bewegung, deren genaue Exekution wichtiger ist als die athletische Leistung. Das Fernsehen hat aus Judo einen Sport gemacht, und auch Sumo ist recht populär geworden, und dennoch: Könnte es einen größeren Kontrast geben als den zwischen einem Sumoturnier und einem amerikanischen Boxkampf? Die Kommerzialisierung ist nicht spurlos an Sumo vorübergegangen, aber im Vergleich zu Boxen nimmt sich Sumo noch immer recht würdevoll aus. Fechten und Bogenschießen sind von den Medien und Sponsoren bisher ignoriert worden und werden von vielen nach wie vor als Charaktertraining und weniger als Sport und Showereignis praktiziert.

Interessant ist hier das Beispiel des Bogenschießens. Westliche Sportbogen sind zwar genauer als japanische, aber eben daran zeigt sich, dass Vergleiche manchmal zwischen nur scheinbar Vergleichbarem angestellt werden. Denn die emischen Merkmale des Bogenschießens in Japan sind andere als im Westen. In Japan gibt es seit Jahrhunderten eine Unter-

scheidung zwischen militärischem und zivilem Bogenschießen, wobei Letzteres nicht unbedingt für den Kampf geeig-
net ist. Von einem amerikanischen Bogenschützen, der seine
Künste auf einem Schießplatz in Kyoto vorführte, wird berichtet, dass er sich erbot, seinem Gastgeber seine – gemessen an
den erzielten Ergebnissen – überlegene Technik beizubrin-
gen. Der japanische Meister lehnte das Angebot ab und schlug
stattdessen vor, dass er und sein Gast aufeinander schießen
sollten. Dann würden sie leicht herausfinden, wer der bessere
Schütze sei. Dem Besucher wurde so vor Augen geführt, dass
Zielgenauigkeit, obwohl man sich darum bemühen soll, nicht
das Wesen der Sache ist. Die Übung selber hat einen Wert,
nicht nur das Ergebnis. Mehr als darum, ins Schwarze zu treffen, geht es beim japanischen Bogenschießen um Etikette, um
Selbstdisziplin und die innere Einstellung, die in einer Haltung Form findet. Das erklärt die Verbindung mit dem Zen-
Buddhismus, der mit Kampfsport wenig zu tun hat. Da Stil
mehr als Effizienz geübt wurde, bildeten sich verschiedene
Schulen, die die Regeln der Kunst auf verschiedenerlei Weise
systematisierten. Die bekannteste und nach wie vor einfluss-
reichste ist die Ogasawara-Schule. Viele Anhänger haben auch
die Honda-Schule und die Heiki-Schule. Allen gemeinsam ist
der Grundgedanke, dass Charakterbildung und angemessenes Verhalten eine Frage des Erlernens und Befolgens von Regeln sind.

Der Zusammenhang zwischen Etikette und Bogenschießen beziehungsweise Fechten verweist auf ihren Ursprung
in der höfischen Kultur beziehungsweise dem Kriegerstand
der Samurai, die den Feudalstaat administrierten. Etikette ist
Disziplin, Befolgung und Bestätigung der Ordnung. Es geht
dabei ebenso um Kontrolle wie um Selbstkontrolle. Schon
Prinz Shotokus Gesetzeswerk aus dem Jahr 604, das oft als Japans erste Verfassung bezeichnet wird, beinhaltet Vorschrif-

ten über Manieren und Höflichkeit. Es sollte als Verhaltens-
kodex für die Oberschicht dienen, die mit der Verwaltung des
Landes betraut war. Das Ziel, das durch diesen Kodex erreicht
werden sollte, war Wa, Übereinstimmung, Eintracht, Harmonie. Respekt für Sitte und Anstand wurde von allen Beamten
als Voraussetzung gerechter und wirkungsvoller Regierung
verlangt. Wenn sie selber die Regeln von Takt und Anstand
beachteten, konnte die Ordnung aufrechterhalten werden.
»Jeder an seinem Platz!« Dieser Rechtsgrundsatz konfuzianischen Ursprungs wurde mit buddhistischen Vorstellungen
von Bescheidenheit, Zurückhaltung und Vertrauen verbunden. Seine Pflicht, wie geringfügig sie auch sein mochte, musste man gewissenhaft und unter genauer Beachtung der Details
erfüllen. Auch der Taiho-Kodex und der Yoro-Kodex von 701
beziehungsweise 718 beinhalten Verhaltensregeln. Beide bestehen aus einem Strafrecht, das Übertretungen und Verbrechen definiert, und einem Verwaltungsrecht, das Staatsämter
und Fehlverhalten von Amtsinhabern definiert.

Wie der Ritter war der Samurai ein Kavalier. Reiten, Fechten und Bogenschießen waren seine traditionellen Kampf-
techniken. Mehrere Samuraifamilien entwickelten systemati-
sche Regeln für deren Erlernen und Übung, die natürlich auch
in Friedenszeiten gepflegt wurden, wodurch die Verbindung
mit dem Kriegshandwerk abgeschwächt, wenn nicht aufgeho-
ben wurde. Sowohl im Krieg als auch im Frieden musste das
Verhalten der Samurai samuraigemäß sein, und sei es nur, um
sie als Mitglied der herrschenden Stände erkennbar zu machen. Als solche hatten die Samurai ein vitales Interesse daran,
die bestehende soziale Ordnung aufrechtzuerhalten, zu der
auch die Hierarchie der von ihnen selbst bekleideten Ränge
gehörte. Den Vorrechten der Aristokratie und ihrer hierarchischen Ordnung wurde symbolisch durch Verhalten, Klei-
dung, Schmuck, Sprache und Sitzordnung am Hof Ausdruck

gegeben. Die überragende Bedeutung der Etikette für das höfische Leben hat vielfachen literarischen Niederschlag gefunden. Das berühmteste Beispiel ist das bereits erwähnte und bis heute viel gespielte Bunraku- und Kabuki-Stück *Kanadehon Chushingura*. Der darin zum Tragen kommende Verhaltenscode für die Höflinge entsprach einer stark stratifizierten Gesellschaft und diente ihrer Erhaltung. In der Feudalzeit waren Ämter erblich. Zeremonien und die Gestaltung höfischer Anlässe waren seit der Antike wichtige Regierungsaufgaben, deren Durchführung bestimmten Familien anvertraut wurde. Kein Name ist mit der höfischen Etikette enger verbunden als der der Familie Ogasawara. Obwohl andere wie zum Beispiel im 16. Jahrhundert die Familie Ise von Zeit zu Zeit mit ihr rivalisierten, wurde die Etikette seit dem 13. Jahrhundert fast unangefochten von den Ogasawaras bestimmt. Noch heute gilt die Ogasawara-Schule in Fragen des guten Benehmens als maßgeblich.

Eine wichtige Frage ist nun die, ob das etiketteorientierte Handeln und die Höflichkeit, die heute zu beobachten sind, als Merkmale der Sozialstruktur zu erklären sind oder als solche der Kultur. Bezüglich eines konkreten Beispiels ist das gleichzeitig die Frage nach dem Zusammenhang von Geschichte und Kultur, Erbe und Gestaltung. Etikette reflektiere eine hierarchische Gesellschaftsstruktur und sei ein Relikt der Feudalordnung, in der jeder seinen ererbten Platz hatte und sich entsprechend verhalten musste. Das ist etwas verkürzt die These, die Etikette als Reflex gesellschaftlicher Verhältnisse erklären will, wie sie etwa aus amerikanischer und dezidiert egalitaristischer Sicht Ruth Benedict in ihrem bekannten Buch *The Chrysanthemum and the Sword* vertreten hat. Dass sich jede Gesellschaft im Sinne der obigen Ausführungen ihre eigenen Verhaltensmuster schafft, lässt sich kaum bestreiten, aber die Unterschiede im Etikettebewusstsein und in der

Bedeutsamkeit der Etikette in verschiedenen Gesellschaften lassen sich dennoch nicht allein auf soziale Faktoren reduzieren, schon weil soziale Faktoren nicht außerhalb einer Kultur existieren. Das zu erkennen, helfen uns Beobachtungen aus früheren Zeiten, als die europäischen Länder ebenso wie Japan eine ständische Gesellschaftsordnung hatten. Bei Engelbert Kaempfer, dem Arzt und Forscher, der sich im Dienst der niederländischen Handelsfaktorei von 1690 bis 1692 in Japan aufhielt und dem wir die bis ins ausgehende 18. Jahrhundert gründlichste Darstellung dieses Landes aus westlicher Sicht verdanken, lesen wir über die Höflichkeit in Japan:

»Wir befinden die selbe in allen auf der Reise vorfallenden Visiten die großeste zu sein, die man von einiger nation der Welt verlangen könte, und die lebens art der Menschen, von dem geringsten bauren bis zu dem großesten Herrn, also civil, das man das ganze Reich eine hohe Schule aller Höflichkeit und guten Sitten nennen mag.«

Kaempfer war weit gereist und gebildet, er konnte vergleichen. Das macht seine Beobachtungen für uns so wertvoll. Was genau er unter Höflichkeit verstand, wissen wir zwar nicht, aber er hatte offenkundig keinen Zweifel daran, dass die Höflichkeit der Umgangsformen nicht nur innerhalb des Bezugssystems einer bestimmten Kultur definiert und ermessen werden, sondern durchaus in verschiedenen Ländern und Kulturen verglichen werden konnte. Unter allen ihm bekannten Ländern nahm Japan diesbezüglich eine herausragende Stellung ein, und zwar »vom geringsten Bauern bis zum größten Herrn«. Diese Ausdrucksweise verrät, dass Kaempfer – selbstverständlich – in feudalistischen Kategorien dachte und dass er es für bemerkenswert hielt, dass Höflichkeitskonventionen unabhängig vom gesellschaftlichen Stand beachtet wurden. Diese Beobachtung ist immer wieder bestätigt worden. So schrieb, um noch ein Beispiel zu zitieren, Philip Franz von Siebold, der wie Kaempfer Arzt an der holländischen Handelsfaktorei in Nagasaki war, in seinem aus den Zwanzigerjahren des 19. Jahrhunderts stammenden Bericht über die Sitten und Bräuche der Japaner, dass ihr »gesellschaftlicher Umgang fast gänzlich vom Zeremoniell beherrscht zu sein scheint«. Und noch gegen Ende des 20. Jahrhunderts verweist Reischauer auf die starke Betonung von Details der Etikette, die er für eine Ursache der Reserviertheit und Zurückhaltung vieler Japaner hielt.

Die eminente Bedeutung der Etikette für das japanische Zusammenleben über viele Jahrhunderte hinweg, während derer sich die Gesellschaft sowohl kontinuierlich als auch mehrfach auf umwälzende Weise verändert hat, deutet darauf hin, dass sozialer Wandel und Kulturwandel nicht synchron verlaufen und dass der eine nicht als eine Funktion des anderen erklärt werden kann. Vielmehr besteht zwischen Sozialstruktur und kulturellen Mustern eine kontinuierliche Wechselwirkung. Die Japaner leben ebenso wenig in der Vergangenheit wie die Angehörigen westlicher Kulturen, nur haben sie eine andere Vergangenheit. Manche Verhaltensformen verraten deutlich ihren Ursprung in der ständischen Gesellschaftsordnung des japanischen Mittelalters, andere nicht. Dass die Geldscheine, die man zu einer Hochzeit schenkt, druckfrisch, die für ein Begräbnis alt und abgenutzt sein müssen; dass man Einladungen und Angebote erst einmal ablehnen soll; dass man sich nicht im Vorübergehen grüßt, sondern stehen bleibt; dass man sich bei einer nächsten Begegnung für einen tatsächlichen oder imaginären Gefallen bedankt; dass man Visitenkarten nicht mit einer, sondern mit beiden Händen entgegennimmt; dass man Essstäbchen nicht über Kreuz hinlegen darf – diese und zahllose andere Details des guten Benehmens haben nichts mit sozialer Hierarchie zu tun, aber viel mit Wakimae, »Diskretion« im doppelten Sinne von Takt, Umsicht und Zurückhaltung einerseits und Unterscheidung und Ermessen andererseits. Wakimae bedeutet, die richtigen Unterscheidungen zu machen. In einer Gesellschaft mit erblichen Standesunterschieden übersetzt sich das in die hierarchische Unterscheidung von oben und unten, aber selbst in der japanischen Feudalzeit war es kein eindimensionales Konzept, das allein Unterscheidung als Unterordnung verlangt.

Viele Manieren, zum Beispiel die Tischsitten, die ursprünglich nur für die Oberschicht galten, wurden von der ganzen Gesellschaft übernommen und haben die Funktion, Statusunterschiede zu markieren, längst verloren. Das muss auch schon zu Kaempfers Zeit der Fall gewesen sein, denn andernfalls hätte er den Bauern kaum ebensolche Höflichkeit bescheinigt wie den vornehmen Herren. Obgleich jede Generation immer wieder aufs Neue den Verfall der Sitten beklagt, kann nicht nur eine Nivellierung nach unten stattgefunden haben. In vielem haben sich die unteren Stände den verfeinerten höfischen Sitten angepasst. In der Edo-Zeit (1600–1868) übernahm das Shogunat die Vorschriften der Ogasawara-Schule als offiziellen Manierenkodex, der sich gleichzeitig auch im erstarkenden Bürgertum durchsetzte, das damit nicht zuletzt seine gewachsene Bedeutung in der Gesellschaft manifestierte. Der Prozess der Zivilisation ist vielschichtig und komplex. Er hat keinen Anfang, folgt keinem Plan und lässt sich nicht allein als Ergebnis absichtsvollen Handelns darstellen. In Japan hat er dazu geführt, dass die in einer Fülle bewährter Verfahren kristallisierte Etikette zu einem kulturellen Charakteristikum wurde, das nicht in all seinen Aspekten klar erkennbaren Zwecken dient, außer dem, dem Leben Form zu geben und durch die richtigen Unterscheidungen (Wakimae) Ordnung zu schaffen. Für die von der Etikette vorgeschriebenen Verhaltensweisen gibt es keine Gründe, keine allgemeinen

moralischen Prinzipien etwa, an denen man sein Handeln aus-
richtet. Vielmehr ist die Etikette eine Alternative zu solchen –
religiös oder philosophisch begründeten – transzendentalen
Prinzipien, wie sie für die europäische Tradition charakteris-
tisch sind. Durch die Verletzung der Gebote des guten Benehmens lädt man keine Schuld auf sich, etwa vor Gott, aber man
beschämt sich. Etikette bedarf keiner außerhalb ihrer selbst
liegenden Begründung, göttlicher Gebote oder moralischer
Imperative. Scham, nicht Schuld, wird daher oft als Hauptre-
gulativ sozialen Verhaltens in Japan bezeichnet. Schuld grün-
det in allgemeinen, letztlich durch einen Gott oder »die Natur«
sanktionierten, auf eine Vielzahl sehr unterschiedlicher Fälle
anwendbaren Prinzipien, Scham ist demgegenüber partikula-
ristisch, kontextuell und ausschließlich sozial begründet. Für
jeden speziellen Fall gibt es detaillierte Gebote des Verhaltens.
Dass sie eingehalten werden, wird nicht durch die Furcht vor
der Hölle als gerechter Strafe, die man durch sündhaftes Betra-
gen auf sich gezogen hat, gewährleistet, sondern durch die Be-
schämung vor den Mitmenschen, die zu empfinden man von
frühester Kindheit an gelernt hat; Scham darüber, etwas nicht
so getan zu haben, wie es getan werden sollte. Außer der Re-
gelung des Zusammenlebens dienen Etikettegebote nicht der
Verwirklichung übergeordneter Zwecke. Sie sind Selbstzweck
und können daher, weil sie nicht auf gottgegebenen Geboten
beruhen, relativ leicht verändert und neuen Bedingungen angepasst werden. Die Umdeutung von Geboten und Verboten
der Etikette ist leichter möglich als die transzendental veran-
kerter ethischer Grundsätze. Dass viele Manieren und Umgangsformen von der Feudalzeit bis in die Gegenwart tradiert
worden sind, zeugt genau davon. Ein Bereich, in dem sich die
Umdeutung tradierter Umgangsformen besonders gut nach-
weisen lässt, ist die sprachliche Etikette.

Als Doi Takako 1993 Präsidentin des Unterhauses wurde,

war eine ihrer ersten Amtshandlungen eine Geschäftsord-
nungsänderung, die die Anrede von Abgeordneten betraf.
Statt der bis dahin üblichen Form Yamada-kun sollten die Abgeordneten einander im Sitzungssaal mit -sau anreden. Die
Tatsache, dass ein solches Detail Gegenstand expliziter Anordnungen der Parlamentspräsidentin ist, deutet darauf hin,
dass es hier um Verhaltensformen von einiger Wichtigkeit
geht. Neben der Funktion, deutlich zu machen, an wen sich
eine Äußerung richtet, beinhalten Anredeformen wie »Herr,
Frau, Fräulein, Euer Ehren, Majestät« immer soziale Bedeutung und symbolisieren in knapper Form das Verhältnis zwischen Sprecher und Angesprochenem. Die Verwendung von
-kun war darin begründet, dass die übliche Differenzierung
der Anrede nach Alter und Status innerhalb der die Gleichheit
ihrer Mitglieder voraussetzenden Institution des Parlaments
vermieden werden sollte. Den Charakter einer vor allem für
Männer (und Knaben) geeigneten Anredeform hat -kun jedoch trotz dieser parlamentarischen Sprachregelung nie verloren. Die Anrede weiblicher Abgeordneter mit -kun blieb un-
natürlich. Deshalb gab Präsidentin Doi dem nach Geschlecht
unmarkierten -sau den Vorzug.

Im Japanischen sind Anredeformen wie in etlichen anderen
asiatischen Sprachen Bestandteil eines elaborierten sprachlichen Systems, das gewöhnlich als Sprache der Höflichkeit oder
Soziativ bezeichnet wird. Alter, sozialer Status, Geschlecht,
Macht, Intimität und die Förmlichkeit der Situation sind die
Determinanten der Wahl der richtigen Form. So wie im Deutschen die Verwendung von »Du« und »Sie« Folgen für die
Form des flektierten Verbs hat, sind auch die japanischen Anredeformen durch Kookkurrenzregeln mit vielen anderen
Bereichen der Sprache systematisch verbunden. Der Soziativ
ist in starkem Maße grammatikalisiert. Seine Verwendung ist
nicht Dekor, sondern ein Aspekt des Sprachgebrauchs, der in

dem Sinne unvermeidlich ist wie Tempus im Deutschen: Eine Verbform ist entweder Präsens oder Präteritum oder Partizip, eine extratemporale finite Form gibt es nicht. Analog kann man Japanisch nicht extrasoziativ sprechen.

Drei Dimensionen des Soziativs werden unterschieden: (1) Stilebenen, die das Verhältnis zwischen Sprecher und Angesprochenen reflektieren beziehungsweise bestimmen; (2) Ausdrucksdifferenzierungen, die sich auf den Gesprächsgegenstand beziehen. Letztere werden ihrerseits in zwei Kategorien eingeteilt: (a) Ausdrücke der Ehrerbietung, mit denen der Handlungsträger (das Subjekt des Verbs) erhöht wird, und (b) Ausdrücke der Ergebenheit, mit denen der Handlungsträger herabgesetzt wird. Diese Unterscheidungen implizieren, dass für die sprachliche Darstellung des gleichen Sachverhalts nicht nur eine Palette verschiedener Ausdrücke zur Verfügung steht, sondern dass durch die Auswahl daraus sozialen Beziehungen auf sehr differenzierte Weise symbolisch Ausdruck verliehen wird.

»Erhöhen« und »herabsetzen« sind freilich für die Beschreibung keine wirklich geeigneten Begriffe, da sie den für Sprecher des Japanischen völlig normalen Differenzierungen zu viel Gewicht geben. Sie entsprechen den emischen, nämlich den japanischen Ausdrücken, die für die Beschreibung des Systems gewöhnlich verwendet werden: Teineigo, »Höflichkeitsausdruck«, Sonkeigo, »(erhöhender) Respektsausdruck«, und Kenjogo, »(herabsetzender) Bescheidenheitsausdruck«. Teineigo bezieht sich auf den Sprechstil, der eine mehr oder minder gewählte Ausdrucksweise beinhaltet und dadurch unterschiedliche Grade von Intimität, Förmlichkeit und Eleganz indiziert, die sich natürlich relativ zu den sozialen Attributen von Sprecher und Angesprochenem bestimmen. Drei Ebenen werden unterschieden, die vor allem durch verschiedene finite Verbformen zum Ausdruck gebracht werden: die einfache Form der Kopula Da, »bin, bist, ist, sind«; die höfliche Form, Desu; und die sehr höfliche Form, De gozaimasu. Dieser Höflichkeitsausdruck wird mit den beiden anderen Dimensionen der Differenzierung derart kombiniert, dass je nachdem, ob man über den Angesprochenen beziehungsweise eine andere Person, der Respekt zu zollen ist, oder über sich selbst beziehungsweise ein Mitglied der eigenen Gruppe spricht, ein Verb oder Nomen des Respekts- oder Bescheidenheitsausdrucks gewählt wird. Für viele Tätigkeiten gibt es drei Verben, ein neutrales, ein respektvolles und ein bescheidenes, zum Beispiel »gehen«, yuku (neutral), irassharu (respektvoll) und mairu (bescheiden). Dass man entweder yuku oder mairu, aber niemals irassharu benutzt, wenn man von sich selbst spricht, liegt auf der Hand, aber viele andere Verwendungsbedingungen sind weniger offensichtlich, zum Beispiel dass auf das Einfahren des Zuges am Bahnsteig, das Aufwärtsfahren des Fahrstuhls im Kaufhaus oder die herankommende Regenfront mit mairu Bezug genommen wird. Stets unterschieden wird zwischen eigenen Dingen, Handlungen und Gefühlen und solchen des Angesprochenen, die durch die Vorsilben o- bei japanischen beziehungsweise go- bei sinojapanischen Wörtern gekennzeichnet werden: Tegami, »Brief«, Otegami »Ihr (werter) Brief«; Iken, »Meinung«, Goiken, »Ihre (geschätzte) Meinung«.

Das ist einfach, da sehr systematisch; doch mit den angebotenen Übersetzungen stoßen wir wieder an die Grenzen der Einfachheit, denn mit »Ihre geschätzte Meinung, Ihre verehrte Frau Mutter« und ähnlichen Ausdrücken begeben wir uns auf eine deutlich markierte stilistische Ebene, während die entsprechenden japanischen Ausdrücke völlig unmarkiert sind, ja kaum eine Alternative zulassen. Otegami ist genauso unmarkiert wie »Ihr Brief« und besagt auch inhaltlich im Wesentlichen das Gleiche. Otegami als »Ihr Brief« und nicht

»Ihr werter Brief« wiederzugeben, ist deshalb auch verständlicherweise die von Übersetzern bevorzugte Lösung. Aber was das Attribut »werter« zu viel vermittelt, vermittelt seine ersatzlose Streichung zu wenig. Mittels des Präfixes o- zwischen einem Brief des Angesprochenen und einem eigenen zu unterscheiden, ist etwas anderes, als für diesen Zweck Possessivpronomen zu benutzen. O- bedeutet nicht »Ihr«, sondern ist ein Stilmittel, das es erlaubt, Unterschiede bezüglich des einer Person oder Sache zu erweisenden Respekts zu machen, die im Deutschen gewöhnlich nicht auf dieselbe Weise gemacht werden und für die es deshalb auch keine offensichtlichen sprachlichen Mittel gibt.

Analoges gilt für die große stilistische Vielfalt der pronominalen Anrede- und Selbstbezeichnungsformen des Japanischen. »Du« und »Sie« beziehungsweise »ich, wir, meine Wenigkeit« sind als Übersetzungsäquivalente nur bedingt tauglich. Im Deutschen ist für die Selbstbezeichnung fast alles außer »ich« mehr oder weniger stark markiert, wenn man es nicht mit einem deutlich markierten Kontext zu tun hat. Im Japanischen hingegen ist nichts weniger markiert, als dass Männer und Frauen, Jungen und Mädchen, alte und junge Menschen für die Selbstbezeichnung verschiedene Ausdrücke verwenden, solche nämlich, die ihren sozial relevanten Eigenschaften angemessen, also so-und-so-rashii sind. Auf sich selbst als Atashi Bezug zu nehmen, ist onnarashii, »fraugemäß«, oder wenn der Sprecher keine Frau ist, »weibisch«, boku ist demgegenüber otokorashii, »manngemäß«. Viele weitere Differenzierungen der Selbstbezeichnung kommen hinzu, denen eine ebenso große Vielfalt von Anredeformen gegenübersteht.

Einige Formen der Selbstbezeichnung und Anrede:
Ich: ore, boku, onore, washi, wate, atakushi, watashi, watakushi

Du/Sie: omae, kimi, temae, kisama, sokomoto, anta, anata, kiden

Diesem Formenreichtum ist sehr viel Beachtung geschenkt worden, zum Teil auf stark psychologisierende Weise, wonach etwa mehrere Pronomen der Selbstbezeichnung auf eine Schwäche des japanischen Ich hindeuten. Was diese Interpretationen vor allem belegen, ist, dass das System der Personalpronomen europäischer Sprachen als Normalfall betrachtet wird. Zum Verständnis des japanischen Systems tragen sie wenig bei. Als Teil des Soziativs dient es der symbolischen Feineinstellung der sozialen und emotionalen Beziehung zwischen Sprecher und Angesprochenem. Dass die dabei möglichen Differenzierungen mit denen anderer Sprach- und Kulturgemeinschaften nicht deckungsgleich sind, ist nicht verwunderlicher als der Umstand, dass Übersetzung niemals eine Wort-für-Wort-Zuordnung ist. Die Tatsache, dass im japanischen Sprachgebrauch andere Unterscheidungen gemacht werden als in dem des Deutschen oder anderer europäischer Sprachen, zwingt uns nicht zu der Schlussfolgerung, dass die Japaner anders denken, sondern lediglich zu der, dass die Faktoren, die die Befolgung der sprachlichen Etikette regeln, andere sind als im europäischen Kontext. Welche aber sind das?

In einem Erlass des Erziehungsministeriums von 1941, als in Japan ein Regime mit dezidierten Vorstellungen von sozialer Hierarchie herrschte, heißt es in Abschnitt 1: »Gegenüber Höhergestellten ist ein angemessener Höflichkeitsausdruck zu benutzen.« Detaillierte Vorschriften regeln den Gebrauch des Soziativs, wobei das wichtigste Kriterium der soziale Rang beziehungsweise die Unterscheidung zwischen Höhergestellten (Meue) und Untergeordneten (Meshita) ist. Die sprachliche Etikette reflektierte und zementierte die soziale Ordnung. Durch die Niederlage im Pazifischen Krieg gerieten

die erziehungs- und sozialpolitischen Prinzipien des auto-
kratischen Regimes in Misskredit, was sich auch darin nie-
derschlug, dass für die sprachliche Etikette neue Richtlinien
ausgegeben wurden. Ein Memorandum des Erziehungsministeriums von 1952 stellt fest: »Bisher hat sich die sprachliche
Etikette in erster Linie auf der Grundlage der Beziehungen
zwischen den oberen und den niederen sozialen Ständen entwickelt; künftig soll sie demgegenüber auf dem Prinzip gegenseitiger Rücksicht und der fundamentalen Achtung des
Einzelnen aufbauen.«

Diese Umdeutung war im Großen und Ganzen erfolgreich.
Ein halbes Jahrhundert später kann Inoue daher mit einiger Berechtigung von der »Demokratisierung des Soziativs«
sprechen. Obwohl zwischenzeitlich manche Ausdrücke außer
Gebrauch gekommen sind, haben sich weniger die Formen
geändert als die Bedingungen ihres Gebrauchs und ihre symbolische Bedeutung. Neben sozialem Status und Macht sind
Alter, Geschlecht, Intimität, die Förmlichkeit der Situation
und die Kultiviertheit des Sprechers für die Wahl der angemessenen Form ausschlaggebend, Faktoren also, wie sie bei
der Kalibrierung von Etikette meistens zum Tragen kommen.
Weniger der symbolische Ausdruck von Statusunterschieden
und Hierarchie als vielmehr allgemeine Verbindlichkeit des
Umgangs ist das übergeordnete Prinzip, wobei nach wie vor
idealtypische Begriffe von Angemessenheit (Rashisa) und
Unterscheidung (Wakimae) eine wichtige Rolle spielen. Einige Wissenschaftler betonen darüber hinaus die Bedeutung
stilistischer Restriktionen, durch die die Ausdrucksalternati-
ven einer einmal gewählten Stilebene eingeschränkt werden.
Ihre Annahme, der japanische Soziativ sei wie die Regeln
der Grammatik weitgehend der Willkür der Sprecher entzogen, wohingegen der Ausdruck von Höflichkeit in westlichen
Sprachen (speziell im Englischen) nur durch die Intention

der Sprecher bedingt sei, ist jedoch unhaltbar. Im Japanischen kann man ebenso unhöflich sein wie in anderen Sprachen, nur werden dabei andere Konventionen verletzt. Die Konventionen der Sprache binden zwar die Sprecher; das ist ihre Funktion als Mittel der menschlichen Selbstregulierung. Sie machen uns aber nicht zu willenlosen Gefangenen, da sie immer wandelbar sind. Es besteht kein Grund zu der Annahme, dass japanische Konventionen dem Individuum grundsätzlich weniger Spielraum lassen als europäische, auch wenn Konventionen als stärker empfunden werden und die Gebote der Etikette vielleicht strenger sind als in westlichen Ländern.

Samurais und Reisbauern – Schlüssel zum Verständnis der Japaner

Volker Zotz

Hiro Onoda ließ sich nur schwer überzeugen, dass der Zweite Weltkrieg vorbei war. Fast dreißig Jahre hielt er auf der philippinischen Insel Lubang die Stellung. Als diese 1945 von der Armee der USA besetzt worden war, hatte sich der bei Kriegsende dreiundzwanzig Jahre alte Leutnant mit anderen Soldaten im Urwald versteckt und einer Gefangennahme entzogen. Nachdem seine Kameraden im Lauf der Zeit verschwunden oder getötet waren, bestritt er ganz allein Feuergefechte mit der philippinischen Polizei. Einige Menschen starben bei seinen Aktionen, die er selbst für legitime Kriegshandlungen hielt. Versuche, ihn vom Ende des Krieges zu überzeugen, wertete er als tückische Versuche des amerikanischen Gegners, ihn zum Verlassen seines Postens zu bewegen.

Vierzehn Jahre nach dem Krieg war Onoda in seiner Heimat für tot erklärt worden. Später traf ihn ein japanischer Student im Urwald. Als dieser ihm versicherte, der Krieg wäre längst zu Ende, weigerte sich Onoda weiterhin, ohne offizielle Anweisungen von seiner Pflicht abzulassen. Hatte man ihm denn nicht befohlen, was immer geschehen möge, durchzuhalten und zu kämpfen, weder aufzugeben noch sich selbst zu töten?

1974, fast dreißig Jahre nach der Kapitulation, schickte die japanische Regierung schließlich Onodas ehemaligen Kommandeur auf die Insel. Erst nachdem der alte Herr den Leutnant formell vom Ende des Krieges informierte und ihm die Einstellung der Kampfhandlungen befahl, verließ der ausdauernde Soldat den Urwald, um sich zu ergeben.

Noch 2005 wurden philippinische Gerüchte um überlebende Soldaten von japanischen Medien als glaubhaft aufgenommen. Die betroffenen Männer hätten dann sechzig Jahre durchgehalten und wären mittlerweile zwischen achtzig und neunzig Jahre alt gewesen. Auf jeden Fall war Onoda keine Einzelerscheinung. Mehr als zwanzig japanische Militärangehörige, die noch Jahre nach Kriegsende ihren Befehlen treu blieben, holte man aus asiatischen Dschungeln.

Diese Männer waren keine verbohrten Kriegsfanatiker, die aus politischer Verblendung oder Verrohung nicht vom Blutvergießen ablassen wollten. Nur allzu gern hätten sie wahrscheinlich so früh wie möglich den unwirtlichen Dschungel verlassen, um zu ihren Familien in die Heimat zurückzukehren. Allerdings stand dem ein ausdrücklicher Befehl ihrer legitimen Obrigkeit entgegen. Diesem wussten sie sich so lange verpflichtet, bis sie von zuständigen Autoritäten anderes hörten. Lautet der Befehl, an einem bestimmten Ort die Stellung zu halten, kommt dessen freiwilliges Verlassen auch dann nicht infrage, wenn persönliche Zweifel aufkommen.

Das Beispiel jener Soldaten, die in ihrer Heimat begeistert empfangen wurden, mag extrem sein, trotzdem können sie symbolhaft für eine typische Grundhaltung stehen, der man bis heute in Japan begegnet. Westliche Darstellungen sprechen häufig vom »Samurai-Geist« als einer bestimmenden Konstante der japanischen Kultur. So beantwortete Edward T. Hall die Frage, weshalb westliche Länder im Konkurrenzkampf mit Japan ihre Probleme hätten:

»Vielleicht, weil sie es in Japan mit einer Gesellschaft zu tun haben, die ihre Geschäfte tätigt, wie sie Krieg führen würde. Mit der gleichen Intensität, der gleichen Konzentration. Nur wenige Europäer sind in ihrem innersten Wesen Krieger. Ihre Interessen richten sich auf Handel, Politik, Religion und Beruf. Die Japaner hingegen sind – unbewusst natürlich – Krieger. So wie die Massai Afrikas und die Sioux-Indianer Amerikas Krieger sind bzw. waren.«

Dieses pauschale Bild vom Japaner als Krieger hat sicher etwas Klischeehaftes. Dennoch darf es als wichtiger Punkt im Koordinatensystem zum Verständnis des Landes der aufgehenden Sonne gesehen werden. Während in europäischen Staaten die Soldaten in aller Regel unter der Kontrolle adeliger, geistlicher oder gewählter Regenten standen und eine Herrschaft der Generale immer als illegitimes Zwischenspiel, bestenfalls als notwendiges Übel galt, herrschten in Japan schon etwa achthundert Jahre vor der Herrschaft der Tokugawa-Shogune (1603 bis 1868) Militärregierungen. Dass der Oberbefehlshaber der Streitkräfte zugleich die zivilen Geschicke des Landes lenkte, war nicht die Ausnahme, sondern eine tausendjährige Regel.

Daher galten der Stil und die Verhaltensformen des Schlachtfeldes in allen Bereichen des Staates, dessen Aufbau den hierarchischen Strukturen der Armee entsprach. Die fraglose Loyalität gegenüber dem Vorgesetzten, Befehl und Gehorsam waren entsprechend grundlegende Elemente der Verwaltung.

Die Treue des einzelnen Samurai zu den Führenden jener Sippe, der bereits Generationen seiner Vorfahren dienten, war unkündbar, galt unbedingt und sogar über den Tod hinaus. In der populären Erzählung *Chushingura* rächen Samurais den Tod ihres Herrn am Schuldigen und nehmen dafür willig die Todesstrafe auf sich. Derartige Beispiele musterhafter Loyalität sind nicht nur ein Gegenstand klassischer Bildung. Solche

Samuraigeschichten werden viel gelesen und bilden als Filme und Serien einen beim breiten Publikum geschätzten Fixpunkt der Fernsehunterhaltung.

Als die Reformer der Meiji-Zeit den Samuraistand abschafften, behielten beim Übergang von der Agrar- zur Industriegesellschaft die alten Werte nicht nur ihre Gültigkeit, sondern waren wesentliche Faktoren auf Japans Weg an die Spitze der wirtschaftlich entwickelten Staaten. Tatsächlich kamen die Prinzipien der Samurai nicht nur beim Aufbau eines Militärs nach westlichem Muster zum Tragen, sondern auch bei der Ausgestaltung einer modernen Ökonomie durch Industrialisierung.

Entsprechend finden sich in der japanischen Wirtschaftswelt vielfach Praktiken, die sich am besten durch ihre Herkunft von den Gepflogenheiten eines Kriegerstandes verstehen lassen. An erster Stelle ist hier die große Bedeutung zu nennen, die der Hierarchie zukommt. Dass Rangordnungen in Japan von einer kaum zu unterschätzenden Wichtigkeit sind, ist manchem Ausländer auf den ersten Blick kaum ersichtlich. Der jeweils Führende fällt nämlich nicht dadurch auf, dass er sich durch das Erteilen von Befehlen hervortut.

Japanische Vorgesetzte erwarten, dass ihre Leute von selbst wissen, was jeweils zu tun ist. Anweisungen werden deshalb in der Regel nur gegeben, wenn etwas nicht von selbst so läuft, wie es sollte. Aus diesem Grund muss es für den Europäer nicht immer gleich erkennbar werden, wer bei einer Verhandlung oder in einem Ablauf das Sagen hat. So paradox dies erscheint: Es wird derjenige sein, der am wenigsten sagt. Wie der General steht er still auf dem Hügel und beobachtet die Schlacht.

Die jeweiligen Rangordnungen werden von Japanern gekannt oder erkannt und fraglos respektiert. Niemand muss seine Position unter Beweis stellen, indem er durch verbale

Interventionen oder bestimmte Aktionen auf sich aufmerksam macht. Der unterschiedliche Grad an Verantwortung und Macht wird immer und unbedingt geachtet. Ein japanischer Vorgesetzter kann sich darum in seiner Position sicher fühlen. Misstrauen und Auflehnung wären gleichbedeutend mit einer Meuterei auf dem Schlachtfeld.

Diese prinzipielle Achtung der Führenden schließt das genaue Einhalten feststehender Befehlsketten ein. Wie ein General nicht direkt der unteren Offiziersebene oder gar der Mannschaft seine Befehle erteilt, kann sich auch der Eigentümer eines Unternehmens nicht unmittelbar an jeden leitenden Angestellten oder Mitarbeiter wenden. Er wird seine Wünsche dem Geschäftsführer mitteilen, der sie an den zuständigen Hauptabteilungsleiter weitergibt. Dieser informiert seinerseits den zuständigen Abteilungsleiter, der den Unterabteilungsleiter bittet, die zuständigen Gruppenleiter in Kenntnis zu setzen.

Würde der Eigentümer oder der Geschäftsführer sich unter Umgehung der zwischengeschalteten Ebenen direkt an einen Abteilungsleiter wenden, wäre damit der Betriebsfrieden erheblich gestört. In einem japanischen Unternehmen kann ein solches Vorgehen, für das kein Mitarbeiter Verständnis aufbringt, sogar zum Auslöser eines Streiks werden.

Umgekehrt bringt sich ein Mitarbeiter in eine unmögliche Situation, der unter Umgehung seines Gruppenleiters und Unterabteilungsleiters direkt zum Abteilungsleiter, Hauptabteilungsleiter oder Geschäftsführer ginge, um Informationen weiterzugeben oder gar Beschwerden loszuwerden. Sogar wenn er den Leitenden an der Spitze des Unternehmens wichtige und vertrauliche Nachrichten zukommen lassen möchte, wird er sich bei diesen wie bei den direkten Mitarbeitern unbeliebt machen.

Dies trifft auch dann zu, wenn es sich um einen Konflikt auf der unteren Ebene handelt, in den sein direkter Vorgesetzter verwickelt ist. Wer sich an höherer Stelle über seine unmittelbar Leitenden beschwert, zeigt nämlich, dass er eine wichtige soziale Regel nicht begriffen hat. Wie bei der militärischen Befehlskette der Samurai die unterste Ebene keine Anordnungen verweigern oder Entscheidungen infrage stellen durfte, soll dies auch im Unternehmen niemand. Sogar wenn man im Einzelfall mit seinen Beschwerden oder Bedenken richtigliegt, wiegt der Verstoß gegen das Prinzip schwerer.

Ein anderer Aspekt des Samuraierbes in der Arbeitswelt ist die Dienstbereitschaft, die für jeden Einzelnen selbstverständlich gilt. Man hält sich zur Verfügung und achtet nicht auf Zeiten, sondern steht nach den jeweiligen Erfordernissen seinen Mann. Ein japanischer Angestellter verlässt ohne triftigen Grund seinen Arbeitsplatz nicht vor dem Vorgesetzten. Es geht dabei um keine bezahlten Überstunden, sondern die fraglose Haltung, so lange wie notwendig auf seinem Posten zu stehen.

Was aus europäischer Perspektive wie ein Opfer aussieht, das man der Firma bringt, empfinden japanische Arbeitnehmer meist ganz anders. Die Bereitschaft für die Gruppe, der man angehört, ist eine Lebensregel, die jeder von klein auf zu lernen hatte. Schon im Kindergarten, in der Schule und bei der Ausbildung stand die Vermittlung dieses sozialen Prinzips im Mittelpunkt.

Somit wurzelt der viel zitierte hohe Stellenwert der Loyalität in Japan erheblich im militärischen Erbe der Samurai. Man fühlt sich unbedingt als Teil seiner Gruppe und in einer gegenseitigen – im Idealfall lebenslangen – Bindung zu deren Mitgliedern und Führern. Bis in die jüngere Zeit war japanischer Regelfall, nicht den Arbeitgeber zu wechseln. Gerät dieses Prinzip durch die neuere Wirtschaftsentwicklung und Probleme der Arbeitslosigkeit zwar ins Wanken, gilt es den meisten Arbeitnehmern und Politikern noch immer als erstrebenswert. Die wenigsten Japaner suchen einen Job, den man – sobald sich die Chance bietet – gegen einen besseren eintauscht, sondern eine immerwährende Bindung an eine Gemeinschaft.

Neben dem Samuraierbe besteht die zweite wesentliche Wurzel der Kultur und des sozialen Lebens in Japan in den Bräuchen und Lebensformen der Dörfer von Reisbauern. Japanische Forscher wie Shoichi Watanabe sehen diese als *den* bestimmenden Faktor der Gesellschaft, aus dem sich bis heute die Umgangsformen in den Unternehmen, die Einstellungspolitik der Universitäten, der Ablauf von Kabinettswechseln und viele Aspekte des japanischen Alltags erklären lassen.

Watanabe weist darauf hin, dass die Japaner bis zur Gegenwart ein typisches Bauernvolk blieben. Als solches sind sie stark auf »ihr Land« konzentriert – im konkreten wie übertragenen Sinn. In der ursprünglichen Dorfgemeinschaft bebaute jeder ein Stück Erde, um davon zu existieren. Er war von diesem Land abhängig, das ihm zugleich jede mögliche Sicherheit des Daseins gab. Dass jeder mit seiner Familie ein Stück Land bewirtschaftete, um zu überleben, machte die Menschen in gewisser Weise gleich.

Da über Jahrtausende die meisten Japaner im Reisbau tätig waren, erfuhren sie entsprechend eine sehr ähnliche Prägung. Shji Hayashi arbeitete mehrere Faktoren der Reiskultur heraus, die bis in unsere Zeit eine tiefe Prägung bei den Menschen Japans hinterließen.

Wesentlich ist, dass es sich beim Reisbau um eine Gruppenaktivität handelt. Die Bauern mussten dabei so intensiv kooperieren, dass ihnen die Zusammenarbeit, wie es Hayashi ausdrückt, zur »zweiten Natur« wurde. Kein Bauer konnte seine Felder individuell bestellen. Da sich die notwendige Bewässerung der Reisfelder, bei der das Wasser von Feld zu Feld läuft, nur für das ganze Dorf gleichzeitig durchführen lässt, mussten alle Arbeiten koordiniert begonnen und abgeschlossen werden. Jeder hatte zur selben Zeit fertig zu sein, damit der nächste Schritt erfolgen konnte. Wie in Europa ein paar Tage vor oder nach dem Nachbarn zu pflügen, kam nicht infrage.

Zwar gab es in Japan durchaus »meine« und »deine« Felder, doch ließen sich diese einzig durch gemeinschaftliche Anstrengungen bebauen. Stützte man sich nicht gegenseitig, war das Gesamte in Gefahr. Auf diese Weise kam der japanischen Wirtschaft seit ihrem Beginn eine starke Betonung der Kollektivität zu.

Bis heute sind in japanischen Unternehmen keine Einzelkämpfer gefragt. Nicht Einzelne werden nach ihrer Leistung bemessen oder für Fehler verantwortlich gemacht. Stets ist es die Gruppe, die zählt. In der Regel interessieren sich japanische Personalchefs mehr für die Teamfähigkeit ihrer Mitarbeiter und deren soziale Kompetenzen als für das reine Fachwissen. Auf allen Ebenen der Hierarchie, in allen Firmen und Institutionen gilt in Japan: Nur wer gut zusammenarbeitet, arbeitet wirklich gut.

Gleichfalls bedeutend ist, dass der Reisbau keine Arbeitsteilung begünstigte. Bei Gesellschaften, deren Wirtschaften ursprünglich auf Jagd oder Viehzucht basiert, prägen sich leicht verschiedene Spezialisten heraus. Es gibt zum Beispiel Jäger, die besser zielen und im Treffen bewährt sind, und Treiber. Beim Reisbau dagegen kann und muss jeder von Kindesbeinen an dieselben Verrichtungen vornehmen.

Entsprechend setzt noch heute das japanische Unternehmen auf Generalisten. Man fordert, dass jeder Mitarbeiter im Grunde fast alles tun kann, was im Unternehmen anfällt. Es gibt dabei keine Hierarchie der Tätigkeiten, weshalb die Idee, man könnte für die eine oder andere Aufgabe überqualifiziert sein, keinen Platz hat. Sogar leitende Personen können nach japanischem Verständnis Reinigungsaufgaben übernehmen, wenn diese anfallen und sie nicht mit anderen Pflichten beschäftigt sind. Dies wird nicht als Zumutung aufgefasst, sondern gilt als Selbstverständlichkeit.

Von großem Einfluss auf die Entwicklung der japanischen Arbeitskultur war zudem, dass sich beim Reisbau alljährlich sämtliche Vorgänge wiederholen. Die Dorfbewohner folgten über Jahrhunderte denselben bewährten Techniken, die – wenn überhaupt – nur sehr behutsam modifiziert wurden. Außer dem Klima, dessen Varianten man aber im Lauf der Zeiten durch Überlieferung und eigenes Erleben kannte, gab es keine wesentlichen Unwägbarkeiten in den landwirtschaftlichen Rahmenbedingungen. Anders als das Leben von Jägern oder gar Nomaden, die mit Ortswechseln vor stets neuen Herausforderungen standen, war der Reisbau eine konservative Angelegenheit.

Hierauf mag die japanische Tendenz zurückgehen, mit Vorliebe auf bewährte Weisen des Vorgehens zu setzen. Was man in Europa als »Routine« bezeichnen würde, spielt in Japan eine große Rolle. Man folgt in einer fast rituellen Weise bestimmten Abläufen und hält dabei auch an kleinen Einzelheiten fest. Es auf eine andere oder gar ganz andere Weise als der überlieferten zu versuchen, würde keinen Sinn ergeben, wenn nicht die Not zu Veränderungen zwingt. Bei Dingen, die man in Japan aus dem Ausland übernahm, erkennt man neben dem bereits angesprochenen Versuch, sie mit dem Bestehenden zu harmonisieren, jene ganz andere, möglichst detailgetreu vorzugehen. Darum waren mit der Einführung der Medizin aus Deutschland für die ärztliche Ausbildung in Japan deutsche Sprachkurse verbindlich. Mit der Übernahme von Neuerungen wie Eisenbahnen oder bestimmten Schultypen ging oft das Nachahmen der im Ursprungsland damit verbundenen Uniformen einher.

Shuji Hayashi sieht das an Japanern oft bewunderte – und ihnen ebenso häufig vorgeworfene – Vermögen, anderswo bestehende Produkte zu kopieren oder ursprünglich fremdes Know-how zu verwenden, im Zusammenhang mit der vom Reisbau bestimmten Kultur. Da man auf den Feldern eng miteinander kooperieren musste, schaute man einander freimütig Techniken ab und gab Wissen ohne Beharren auf besondere Rechte als Urheber oder Neuerer weiter. Es bestand kein Eigentumsrecht an einer Erfindung. Wo man gleichzeitig mit dem Pflanzen zu beginnen hatte, um notwendigerweise synchron zu bewässern, gehörte jede neue Technik sogleich jedem.

Der körperlich anstrengende Reisbau forderte zwar Fleiß und Beharrlichkeit, doch wurde man auch beim größten Einsatz nie zum Konkurrenten des Nachbarn. Nie ging es darum, dass einer den anderen übertrifft. Wo jeder für sein und seiner Angehörigen Überleben arbeitet, wäre Wettbewerb unsinnig.

Schließlich spiegelt sich der Reisbau auch noch im Führungsstil, der sich in Japan ausprägte. Die Reisbauern wählten zum Ältesten ihres Dorfes keine exponierte Persönlichkeit, sondern meist einen Mann, der sich gerade nicht durch herausragende Eigenschaften auszeichnete. Weil es ihnen darum ging, jedes Jahr denselben Zyklus zu wiederholen, brauchten sie keine dynamischen Führer mit innovativen Ideen. Die Kriterien für eine Wahl waren das Ansehen einer Familie, ein hohes Lebensalter und eine charakterliche Disposition, die in Konfliktfällen ausgleichend wirkte. Watanabe bringt es überspitzt auf den Punkt, wenn er über den Dorfältesten meint, »je augenscheinlich inkompetenter er war«, umso populärer konnte er werden? Da in einer Gesellschaft der Gleichen jeder in den Prozess der Entscheidung einzubinden war, hätte ein starker Chef mit eigenen Vorstellungen, der die Gemeinschaft in seinem Sinn beeinflussen könnte, nur gestört.

Auch dieses Prinzip hielt sich in mancher Hinsicht bis

heute. Zwar wäre es eine übertreibende Verzerrung, wollte man sagen, dass in Japan bewusst die fachlich Unfähigsten zu Vorgesetzten ernannt werden. Doch mancher Europäer, der mit oder in japanischen Firmen arbeitete, drückte es durchaus überspitzt so aus, wenn er sich über die Inkompetenz ihm Übergeordneter beschwerte.

Wer die Sache so sieht, erfasste allerdings die japanische Denkweise nicht, in der sich die Rolle des Leitenden grundlegend von jener in Europa unterscheidet. Ein Vorgesetzter ist oft weniger der Führer, von dem man Anweisungen empfängt, als jemand, der moderiert und dafür sorgt, dass man alles und jeden berücksichtigt. Indem er eine eher soziale Funktion ausübt, die das Ganze am Laufen hält, kann er für fachliche und sachliche Auskünfte der falsche Ansprechpartner sein.

Neben dem Erbe der Dorfgemeinschaft und den Samuraitraditionen liefert die Haltung zur Familie einen wesentlichen Schlüssel zum Verständnis der sozialen Mentalität in Japan. Welche Bedeutung der Familie in Japan zukommt, ahnt jeder Europäer, der Gelegenheit hat, die Vorgänge um eine Hochzeit zu beobachten. Er mag sich über den großen Aufwand und besonders darüber wundern, wie üppig die Präsente ausfallen.

Häufig schenken die Angehörigen dem jungen Paar zum freudigen Anlass den gesamten Hausstand. Dann müssen die Hochzeitsgeschenke als ganze Lkw-Ladung ins Haus gebracht werden. Mit Bändern geschmückt, türmen sich auf der Ladefläche Möbel, Waschmaschine, Kühlschrank und weitere Elektrogeräte. Vielleicht ist sogar das Haus oder die Wohnung, wohin dies alles geliefert wird, ganz oder teilweise ein Geschenk. Dazu kommen beträchtliche Geldgeschenke, die in der Regel die nicht unerheblichen Ausgaben für das Fest übersteigen.

Was so reich mit Gaben bedacht wird, ist im Verständnis der Japaner nicht die Gründung einer neuen, sondern die Fortsetzung einer schon lange bestehenden Familie. Die tiefen emotionalen Faktoren, die dabei eine Rolle spielen, gründen auf dem Ahnenkult. Es ist bedeutsam, dass sich durch die neue Verbindung von Mann und Frau etwas fortsetzt, was vor unvordenklichen Zeiten mit den Urahnen begann und weitergeführt werden muss.

Das japanische Verständnis von Familie ist einerseits horizontal, indem es in der Gegenwart die lebenden Blutsverwandten und die verstorbenen Angehörigen umfasst, die man selbst kannte. Zum anderen schließt es eine vertikale Zeitachse ein, indem es nach unten die Ahnen umfasst, in deren Leben man wurzelt, und nach oben die Nachkommen, die man für alle künftigen Zeiten erhofft. Nur in dieser Einbettung in eine familiäre Vergangenheit, Gegenwart und Zukunft empfindet sich der Mensch als vollständig. Ohne Kinder und Kindeskinder wird die eigene Existenz darum sinnlos und vergeblich.

Wurde inzwischen in Europa die Verbindung von Mann und Frau vor allem – wenn nicht ausschließlich – eine Entscheidung und Angelegenheit der beiden Partner, spielen diese in Japan beim Zustandekommen einer Ehe eine vergleichsweise untergeordnete Rolle. Viele westliche Ausländer reagieren verwundert, erfahren sie, dass in diesem modernen, hoch technisierten und keinesfalls prüden Land die freie Partnerwahl keine Selbstverständlichkeit ist.

Wen man heiratet, gilt als eine Angelegenheit der ganzen Familie, weshalb deren führende Angehörige an der Suche nach einem geeigneten Partner beteiligt sind. Die spätere Verbindung betrifft zunächst die beiden involvierten Familien, nicht nur zwei Menschen, die miteinander leben werden.

Sogar junge Männer und Frauen, die während der Ausbildungs- und Studienzeit kaum eine Gelegenheit zur sexuellen Erfahrung ungenutzt verstreichen ließen, beugen sich, sobald es ums Heiraten geht, mehr oder weniger fraglos dem verbreiteten Konsens, dass es bei der Ehe nicht um Leidenschaft oder Verliebtheit, sondern grundsätzlich um eine für die Familie passende Wahl geht.

Haben die Verantwortlichen der Familie selbst keinen geeigneten Kandidaten im Auge, schalten sie Vermittler ein. Dies können geachtete Verwandte oder andere Persönlichkeiten sein, die für den zu Verheiratenden Autoritäten darstellen. So kommt es vor, dass die Familie einen Universitätsprofessor, bei dem der Sohn oder die Tochter studierte, nach passenden Partien befragt und ihn bittet, sich am Zustandekommen einer Verbindung zu beteiligen.

Neben dieser Möglichkeit, eine Respektsperson hinzuzuziehen, bietet sich der Weg zu professionellen Vermittlern an.

Die Entscheidung fällt allerdings nicht völlig über die Interessen und Köpfe der Beteiligten hinweg. So achten Familien und Vermittler darauf, dass die zu Verheiratenden zueinander passen. Dazu gehört unter anderem, dass ihr sozialer Hintergrund und ihr Bildungsniveau nicht zu weit auseinanderklaffen.

Zum anderen sind die betroffenen Frauen und Männer aktiv in die Auswahl einbezogen. In der Regel werden ihnen Fotos potenzieller Partner gezeigt, von denen sie unerwünschte ausscheiden und ansonsten Prioritäten äußern. Darauf wird ein unverbindliches Treffen mit einem Kandidaten ihrer Auswahl arrangiert, der seinerseits nach dem fotografischen Eindruck Interesse zeigte. Man begegnet einander unverfänglich im Kreis mehrerer Begleiter, um den jeweils anderen zu beobachten und im Gespräch zu erleben. Entscheiden sich danach beide positiv und verlaufen folgende Treffen zum näheren Kennenlernen positiv, steht einer Heirat nichts im Weg.

Lehnt nur einer von beiden eine Verbindung ab, kommt es zur Begegnung mit einem nächsten Kandidaten. Wahrscheinlich wird niemand, der seine Familie respektiert, allzu oft einen von dieser nach reiflicher Recherche und Überlegung Vorgeschlagenen zurückweisen.

Die potenziellen Partner schauen einander nach anderen Gesichtspunkten an, als man dies nach den inzwischen in Europa üblichen Kriterien erwarten würde. Es geht nicht um Leidenschaft oder um die Hoffnung auf eine Liebe auf den ersten Blick. Vielmehr stehen wirtschaftliche und soziale Sicherheiten im Vordergrund: Wird der Mann ein guter Arbeiter sein, die Frau eine gute Mutter für die erhofften Kinder? Natürlich kommt die Frage zum Tragen: Spricht etwas gegen die Vorstellung, mit diesem Menschen, den man hier physisch und charakterlich wahrnimmt, auch eine sexuelle Beziehung aufzubauen?

Doch da sich die künftigen Partner bei der strikten Teilung ihrer Aufgabenbereiche in der japanischen Familie relativ selten begegnen, können andere Faktoren für eine Verbindung ausschlaggebend sein als im heutigen Westen, wo oft das Ideal intensiver Partnerschaften herrscht, in denen viel Zeit miteinander verbracht wird. Solange keine Kinder im Haus sind, geht die junge Ehefrau möglicherweise noch einem Beruf nach. Später wird sie im Haus bleiben, das der Mann am frühen Morgen verlässt, um sich oft bis zum späten Abend am Arbeitsplatz aufzuhalten.

Neben der Verwaltung des Haushaltsbudgets hat die Frau de facto die alleinige Verantwortung für die Erziehung der Kinder, ihr wahrscheinlich von der sozialen Wertigkeit bedeutendster Aufgabenbereich. In gewisser Weise sind die Kinder, welche die Familie in die Zukunft fortsetzen, der Sinn und Zweck eines japanischen Haushalts. Um sie und ihre Zukunft dreht sich letztlich alles: Ein großer Teil des Geldes, das der

Mann verdient, wird für ihre Ausbildung zurückgelegt. Die Frau wendet alle ihr mögliche Zeit und Energie für sie auf.

Weil vor dem Hintergrund des Ahnenkults nur eigene Nachkommen den Bestand der Familie sichern, würden die meisten Japaner nie ein Kind adoptieren. Adoptionen kommen in der Regel nur unter Blutsverwandten vor oder in der Form, dass Eltern ohne männliche Nachkommen den Ehemann einer Tochter an Kindes statt annehmen, damit Name und Tradition der Familie erhalten bleiben. Sogar viele bekennende Homosexuelle in Japan heiraten, um ihrer familiären Pflicht zu genügen, und arrangieren sich mit ihrem Ehepartner auf einen Modus des Zusammenlebens, der beiden entgegenkommt.

Die Arbeitswelt reflektiert den großen Wert der Familie. Grundsätzlich haben Verheiratete in allen Unternehmen die besseren Karrierechancen. Nur wer Frau und Kinder hat, gilt als sozial wirklich verlässlich. Schätzen mancherorts auf der Welt Arbeitgeber, wenn leitende Angestellte unabhängig sind und sich deswegen umso mehr für die Firma einsetzen, geht man in Japan vom Gegenteil aus. Junggesellen sind prinzipiell suspekt. Frei von familiärer Bindung ist man kein vollständiger Mensch, arbeitet quasi für sich selbst und gilt ohne eigentlichen Daseinssinn auch für die Firma als bedenklicher Kandidat.

Religion oder Es geht auch ohne

Gerhard Dambmann

 Die Statistik lässt vermuten, dass etwas nicht stimmt. Über 80 Prozent der Bevölkerung werden als Buddhisten bezeichnet, über 70 Prozent gelten als Shintoisten, knapp 1 Prozent wird den Christen zugerechnet. Das ergibt zusammen über 150 Prozent – eine statistische Unmöglichkeit. Der Fehler dieser Berechnung liegt in der westlichen Denkweise, die als selbstverständlich unterstellt, dass ein Mensch sich nur zu einer Religion bekennen könne. Man ist Katholik oder Protestant, Christ oder Mohammedaner oder Jude. Ein religiöses Bekenntnis schließt das andere aus.

Im Gegensatz dazu finden die Japaner nichts dabei, sich aus dem Angebot der Religionen und Weltanschauungen das herauszuholen, was den jeweiligen Bedürfnissen entspricht, selbst wenn dies zum Ergebnis führt, dass man gleich mehreren Religionen zugerechnet wird. Die meisten Japaner heiraten nach shintoistischem Ritual und lassen sich buddhistisch beerdigen, gelten also als Shintoisten und Buddhisten zugleich. Und viele schicken ihre Kinder auf eine christliche Universität und feiern neuerdings mit den Kleinsten Weihnachten. Japaner sehen darin keinen Bruch.

Daraus allerdings den Schluss zu ziehen, Japaner seien religiös besonders aufgeschlossen, sie würden bereitwillig, ja gierig, so viel Religion wie möglich aufnehmen, wäre total falsch. Religion spielt im Leben der Japaner nur eine sehr geringe Rolle, und schon die Frage nach seiner religiösen Zugehörigkeit bringt einen Japaner leicht in Verlegenheit. Da ihn das Thema nicht besonders beschäftigt, weiß er oft nicht, was er antworten soll.

Religion als Frage nach dem Sinn des Lebens und damit nach dem Wesen des Todes beansprucht keinen zentralen Platz im Denken und Empfinden der Japaner, ähnlich übrigens wie in China und Korea und in auffälligem Kontrast zur tiefen Religiosität Südostasiens. Dies geht wahrscheinlich auf die Morallehre des Konfuzius (551–479 v. Chr.) zurück, die von China aus ganz Ostasien prägte und die in ihrer ursprünglichen Form, ähnlich dem europäischen Humanismus, ohne den Glauben an göttliche Kräfte auskam. Hinzu kommt ein spezifisch japanischer Grund. Da in der sich auf Gruppen aufbauenden japanischen Gesellschaft Scham an die Stelle von Schuld tritt, bedarf es auch keiner Erlösung. Die Rechnung wird bereits auf Erden ausgeglichen, hier, unter uns, sind Himmel und Hölle. In den Beziehungen zu den Mitmenschen, nicht zu Gott, muss man für seine schlechten Taten bezahlen, wird man für Gutes belohnt. Außerdem lehrt die Natur täglich neu, dass die ganze Welt sich im Zyklus des Geborenwerdens und Sterbens bewegt, dass in jedem Anfang schon das Ende vorgezeichnet ist. Der Mensch, der nichts anderes ist als ein Teil dieser Natur, kann keine Ausnahme verlangen.

Selbstverständlich wollen die Japaner, wie alle Menschen, glücklich werden und lange leben. Nur erscheint ihnen der Tod eher als ein naturgegebener Abschluss und nicht als Übergang in ein ungewisses, schreckliches Jenseits. Nach einem einfachen Trauerritual werden die meisten Toten verbrannt und in fast schmucklosen Gräbern auf buddhistischen Friedhöfen beigesetzt. Mit dem Tod hört alles auf. Man fürchtet den

Tod, weil mit ihm alles zu Ende geht, nicht aber, was bei den westlichen Hochreligionen hinzukommt, wegen der Prüfungen, die den erwarten, der durch das Tor des Todes eine dunkle, neue Welt betritt.

Dass die meisten Japaner ohne tiefe Religiosität sich trotzdem sogar zwei Religionen gleichzeitig zurechnen lassen, mag auf den ersten Blick paradox erscheinen. Doch liegt darin kein Widerspruch, weil Shintoismus und Buddhismus in der pragmatischen Welt der Japaner in erster Linie praktische soziale Bedürfnisse erfüllen, wobei das eigentlich Religiöse, die Sinndeutung menschlicher Existenz, in den Hintergrund gedrängt wird. Dies hat zu einer Aufteilung geführt, wobei der Shintoismus bei den frohen Ereignissen im Leben dominiert, während der Buddhismus Trost für die schweren Stunden bietet.

Alljährlich in der Neujahrsnacht und in den ersten Tagen im neuen Jahr pilgern Millionen Japaner zu den Shintoschreinen. Der Jahresanfang, in dem sich die Natur verjüngt, gilt auch für die Menschen als neuer Beginn. Vorher müssen deshalb die Schulden des alten Jahres bezahlt werden, was geschickte Käufer auszunützen wissen, denn da jeder Geld braucht, geht mancher hartnäckige Verkäufer plötzlich mit seinen Preisen herab. Zugleich hebt überall im Land ein großes Reinemachen an. Was das ganze Jahr nicht gesäubert wurde, schwimmt nun in Seifenschaum, abgeblätterte Farbe wird nachgestrichen, und Hausbesitzer lassen die verrotteten Bambuszäune durch frische grüne Stangen ersetzen. Neujahr feiern die Japaner mit derselben Hingabe wie Christen Weihnachten und Ostern, wobei besonders deutlich wird, dass der Shintoismus ein Reinigungsritual darstellt und keine Glaubenslehre.

Auch bei der Hochzeit, mit der ebenfalls ein neuer Lebenszyklus beginnt, bevorzugen die meisten Japaner shintoistisches Ritual. Zahlreiche Schreine, viele große Hotels und einige Privatunternehmer haben sich auf die Organisation von Hochzeiten spezialisiert. Vom Brautkleidverleih über das Festbankett samt den obligaten Geschenken an die Gäste bis hin zur Hochzeitsreise bieten sie Pauschalarrangements für jeden Geldbeutel, selbstverständlich einschließlich der Trauungszeremonie. Die findet häufig in einem zum Shintoschrein umdekorierten Hotelsaal statt, wobei es vorkommt, dass Studenten im Nebenjob als Shintopriester auftreten. Und die große Hochzeitstorte, deren Anschneiden von dem pauschal mitgebuchten Fotografen im Bild festgehalten werden muss, besteht oft aus einer Gipsattrappe, bei der in eine Aussparung ein kleines echtes Stück Kuchen hineingeschoben wird, damit an dieser Stelle das Brautpaar das Messer ansetzen kann. Schöner Schein ist alles. Shintoistische Hochzeiten – und mit wachsender Beliebtheit auch christliche Trauungen auf Hawaii, von dubiosen Pfarrern zelebriert – gelten den meisten nur als dekorative Überlieferungen oder als originelle Neuheiten, zumal die Rechtsgültigkeit einer Ehe vom Staat besiegelt wird.

Die Schreinfeste, die jedes Dorf und jedes Stadtviertel zu Ehren der jeweiligen Schutzgötter mit fröhlich-lauten Umzügen begehen, fügen sich ebenfalls in den Rhythmus der Natur und finden vorwiegend in den Zeiten der Aussaat und Ernte statt. Im Shintoismus wird vorwiegend Brauchtum gepflegt und Fruchtbarkeit verehrt, er bietet Anlass zu lebensbejahender Geselligkeit. Mit der verzweifelten Suche des Einzelnen und Einsamen nach Erlösung und Vergebung, also mit echter Religiosität, haben die shintoistischen Überlieferungen wenig zu tun.

Im Buddhismus, einer der Hochreligionen der Welt, nähern sich die Japaner echtem Glauben am dichtesten. Das Halbdunkel buddhistischer Tempel, die monoton-schwermütigen Rezitationen der Mönche, brennende Kerzen und duftende Räucherstäbchen und der schicksalsschwere dumpfe Ton der Trommeln schaffen eine Stimmung, welche die Menschen aus ihrer irdischen Gebundenheit löst. Hier wird verständlich, dass mit dem Tod die Stunde der buddhistischen Priester kommt. Allerdings hat die Verbundenheit der Japaner mit dem Buddhismus auch einen real-politischen Hintergrund. Anfang des 17. Jahrhunderts ordnete der Schogun Ieyasu die Registrierung aller Personen im nächstgelegenen buddhistischen Tempel an, um die Christen, die er ausrotten wollte, zu zwingen, sich zu ihrem Glauben zu bekennen. Damit bürgerte sich eine Zugehörigkeit jedes Einzelnen zu irgendeinem buddhistischen Tempel ein, die, wenn überhaupt, heute noch darin überlebt, dass die Familiengräber auf den Friedhöfen jener Tempel liegen.

Gewiss haben sich im Lauf der Jahrhunderte unzählige buddhistische Priester und Gelehrte auch in Japan mit dem Nirwana beschäftigt, mit der Erlösung aus dem Kreislauf des Leidens, aber die überwiegende Mehrheit der Bevölkerung ist ihnen dabei nicht gefolgt. Am Anfang galt der aus Nordindien stammende und über China nach Japan gekommene Buddhismus ohnehin nur als Lehre für den Kaiserhof, den Adel und die Beamten, während dem Volk der Shintoismus blieb. Später dann, um 1200, bei der Ausbreitung über das ganze Land, stutzte sich das Volk diesen schwierigen Glauben auf seine einfachen irdischen Bedürfnisse zurecht. Die Angst vor grässlichen Höllenstrafen und vor unzähligen Wiedergeburten auf dem leidvollen Weg ins Nirwana hat die Japaner nie sonderlich beunruhigt. Daher haben hier auch nur selten Menschen dem Leben entsagt und sich als Eremiten in Berghöhlen zurückgezogen oder durch Selbstkasteiung das Rad des Lebens aufzuhalten versucht. Jeder konnte in Japan zum Buddha werden, also Erlösung finden, durch die Praktizierung simpler Rituale, womit sich die meisten zufriedengaben. Noch heute stehen in den meisten japanischen Wohnungen Familienschreine, in denen die Verstorbenen verehrt werden, indem man ihnen täglich frische Nahrung anbietet, fast so, als weilten sie noch unter den Lebenden. Doch weil es kein Wiedersehen mit den Toten geben kann, verblasst die Erinnerung nach wenigen Generationen, während jüngere Verstorbene neue Aufmerksamkeit verlangen.

Die Bedeutung des Buddhismus für Japan liegt deshalb vor allem darin, dass mit ihm und durch ihn im 7. Jahrhundert die chinesische Kultur Eingang in Japan fand, ein Ereignis, das sich in seiner Bedeutung nur noch mit der Öffnung Japans zum Westen in der zweiten Hälfte des 18. Jahrhunderts vergleichen lässt und das damals Japan nicht weniger radikal veränderte als auf der anderen Seite der Erdkugel der römisch-christliche Einfluss die Welt der Germanen. Auch der Zen-Buddhismus mit seinen Konzentrations- und Meditationspraktiken, mit seiner Naturnähe und seiner Ästhetik der Schlichtheit diente mehr der Selbstverwirklichung der Samurai auf Erden als der Vorbereitung auf das Jenseits und hat sich bis in die Gegenwart als eine Methode der Entspannung und der Regeneration erhalten, weithin losgelöst von transzendentalen Bezügen, denn auch Christen und Atheisten finden heute in Zen-Meditationen eine Quelle für neue Kraft. Daneben hat der Buddhismus die japanische Kunst auf unvergleichliche Weise geprägt, wobei gerade die zen-buddhistischen Kunstwerke japanische Originalität und Stilsicherheit auf das Eindrucksvollste belegen.

Beachtung verdient die seltsame Faszination, die ein freiwilliger Tod, also der Selbstmord, seit je auf die Japaner ausübt. Wo kein Jüngstes Gericht auf die Menschen wartet, verliert der Tod sicher manches von seinem Schrecken. Bemerkenswert bleibt, dass weder Shintoismus noch Buddhismus in Japan den Freitod je verdammten, im Gegensatz zum christlichen Abendland, in dem erfolglose Selbstmörder oft sogar noch vom Staat bestraft wurden. Ein Freitod galt und gilt in Japan als honoriger Weg aus einer verfahrenen Lage, als ein Schritt, der Respekt gebietet, nicht Verdammung, und der keineswegs seltene doppelte Freitod unglücklicher Liebespaare gehört zu den ewigen Themen der japanischen Literatur. Nur in Japan hat sich der Freitod zum ritterlichen Ritual entwickelt. Um der Schande der Gefangenschaft zu entgehen und als Beweis unverbrüchlicher Treue entleibten sich die Samurai im Seppuku, einer grausamen Prozedur, die ungeheure Willenskraft erfordert, weil sich der zum Tod Entschlossene nach einer rituellen Reinigung und Vorbereitung langsam, ohne erkennbare Zeichen von Schmerz, den Bauch mit einem Dolch aufschneidet, bis ihm, während er bei vollem Bewusstsein nach vorne überkippt, ein Gehilfe mit scharfem Schwert den Kopf abschlägt. Mag sich das formelle Seppuku überlebt haben, geblieben ist die Achtung vor einem Freitod als legitime individuelle Entscheidung. Zwei der berühmtesten japanischen Dichter der Nachkriegszeit, das Jugendidol Yukio Mishima und der Nobelpreisträger Yasunari Kawabata, haben ihrem Leben selbst ein Ende gesetzt, der eine in theatralisch-dramatischer Pose, der andere aus stiller Resignation.

Die friedliche Koexistenz zwischen Shintoismus und Buddhismus stellt ein in der Weltgeschichte seltenes Beispiel jahrhundertelanger religiöser Toleranz dar. Gewiss hat es in den gegenseitigen Beziehungen nicht an Spannungen gefehlt, anfangs im Versuch der mächtigen buddhistischen Tempel in Nara und Kyoto, über ihren Einfluss auf das Kaiserhaus den Shintoismus zu verdrängen, zuletzt im vergangenen Jahrhundert, als die Nationalisten den Kaiser in die Rolle eines lebenden Shintogottes drängten und den Shintoismus zum patriotischen Sammelbecken erklärten, was auf eine Auszehrung des Buddhismus hinauslief. Festzuhalten bleibt aber, dass die japanische Geschichte keine hasserfüllten, blutigen Religionskriege zwischen Shintoisten und Buddhisten kennt. Der prächtige Asakusa-Kannon-Tempel in Tokyo, dem Touristen nur selten ansehen, dass es sich um eine Nachbildung aus Beton handelt, weil der würdevolle alte Holzbau im Zweiten Weltkrieg den Brandbomben zum Opfer fiel, geht der Legende nach auf Fischer zurück, die eines Tages in ihrem Netz eine Statue der Kannon, der buddhistischen Göttin der Barmherzigkeit, fanden. Auf demselben Gelände, direkt nebenan, genießen jene Fischer in einem Shintoschrein göttliche Verehrung.

Dem Christentum ist es bis heute nicht gelungen, sich als Volksreligion in Japan durchzusetzen, obgleich es an intensiven und langen Missionsbemühungen nicht gefehlt hat. Es war der später heiliggesprochene Franziskus Xavier, der 1549 den katholischen Glauben nach Japan brachte und dem es gelang, das Christentum rasch über Südjapan zu verbreiten, da sich einige der mächtigen Feudalherren der Gegend bekehren ließen. Gleichzeitig öffnete sich Japan damals auch dem westlichen Handel, wobei sich die Daimyo besonders an Waffen interessiert zeigten. Das anfängliche Entgegenkommen, die Bereitwilligkeit der Elite in Kyoto, christliches Gedankengut aufzunehmen, schlug jedoch bald um. Schuld daran waren zum Teil die katholischen Missionare selbst, da unerfreuliche Machtkämpfe zwischen Jesuiten und Franziskanern sowie die Intoleranz aller europäischen Missionare gegenüber den Buddhisten Abneigung und Widerstand provozierten. Hinzu kam, dass die damaligen Herrscher in Kyoto mit Unbehagen beobachteten, wie die Regionalfürsten im Süden dank europäischer Waffen immer mächtiger wurden, und dass sie plötzlich argwöhnten, die Missionare könnten sich als Vorboten kolonialistischer europäischer Eroberer entpuppen – eine keineswegs unberechtigte Sorge, wenn man bedenkt, wie die Verbreitung des christlichen Glaubens von den europäischen Seemächten damals zur Legitimierung einer im Grund menschenverachtenden Kolonialpolitik missbraucht wurde. Der Feldherr Hideyoshi ordnete die gnadenlose, blutige Unterdrückung der

Christen an, und es kam zu grausamen Verfolgungen, vor allem in der Gegend um Nagasaki. 1639 war der erste christliche Missionsversuch in Japan gescheitert. Winzige Splittergruppen überlebten auf der Insel Kyushu im Untergrund, mussten aber zur Tarnung ihren christlichen Glauben derart verwässern, dass er nach über zweihundert Jahren, als die Missionare wiederkommen durften, kaum noch zu erkennen war.

Ausgerechnet auf Nagasaki, wo Hideyoshi die Missionare und die ersten japanischen Christen hatte kreuzigen lassen und wo wie in keiner anderen Stadt Japans Märtyrer des christlichen Glaubens verehrt wurden, warfen die Amerikaner 1945 ihre zweite Atombombe.

Die zweite Missionswelle, in der Zeit, als sich Japan im vorigen Jahrhundert dem Westen öffnete, wurde von protestantischen Missionaren, die vorwiegend aus Amerika kamen, angeführt. Denen ging es nicht allein um den Glauben, sondern auch um praktische Hilfe. Sie gründeten Krankenhäuser, Kindergärten und Schulen, darunter höhere Schulen für Mädchen, sowie Universitäten und Heime für Behinderte, machten sich also verdient im Erziehungswesen und bei der Betreuung Benachteiligter. Aus der Modernisierung Japans ist dieser christliche Beitrag nicht wegzudenken, weswegen es auch zu keiner Christenverfolgung mehr kam. Im Zweiten Weltkrieg zwang der Staat nur die vierunddreißig verschiedenen protestantischen Sekten in einen Dachverband (Nihon Kirisuto Kyodan), um sie besser kontrollieren zu können.

Berücksichtigt man, dass seit Ende des Zweiten Weltkriegs völlige Religionsfreiheit herrscht, eine Missionstätigkeit also keinerlei Einschränkungen unterworfen ist, dann erweisen sich die Resultate von über hundert Jahren ununterbrochener Missionsbemühungen als sehr bescheiden. Etwa 500 000 Protestanten und ungefähr 400 000 Katholiken ergeben zusammen weniger als ein Prozent der japanischen Bevölkerung.

Allerdings ist diese Zahl irreführend, weil der tatsächliche Einfluss christlicher Ideen weit darüber hinausreicht. Denn zu jener knappen einen Million gehören unverhältnismäßig viel Professoren, Ärzte, Rechtsanwälte, Wirtschaftsführer, hohe Beamte, Künstler und Politiker. Außerdem darf unterstellt werden, dass die Christen in Japan insgesamt ihren Glauben ernster nehmen als Buddhisten und Shintoisten. »Christlich« gilt als eine Art Gütesiegel. Die Ausbildung in einer christlichen Schule garantiert solide Wissensvermittlung und dazu eine Charakterbildung nach klaren moralischen Prinzipien. Die katholische Sophia-Universität, weitgehend gefördert von deutschen Katholiken, und die International Christian University (ICU), vorwiegend betreut von amerikanischen Protestanten, beide in Tokyo, gehören zu Japans renommiertesten Hochschulen. Doch bekennen sich nur etwa zehn Prozent der jeweiligen Schüler und Studenten zum Christentum. Die meisten kommen, weil sie sich hier eine Ausbildung erhoffen, die ihnen einen besonders guten Karrierestart ermöglicht. Radikale Studentenbewegungen haben daher auch vor den Toren der christlichen Hochschulen nicht haltgemacht, gerade weil dort geistige Auseinandersetzung besonders ernst genommen wird.

Alles Ansehen, das die Christen heute in Japan genießen, täuscht jedoch nicht darüber hinweg, dass es der Missionsarbeit nicht gelungen ist, aus einem kleinen, begrenzten Kreis auszubrechen und in die Breite des Volkes hineinzuwirken. Erfolgreich und beispielgebend waren die Christen bislang nur in der praktischen Lebenshilfe, doch gemessen an der Absicht, dem ganzen japanischen Volk die christliche Erlösungsbotschaft zu bringen, also über den elitären Bereich hinaus ganz Japan zum christlichen Glauben zu bekehren, sind sie gescheitert. Den Hauptgrund für diesen Misserfolg sollte man allerdings nicht im Christentum suchen, wenngleich die

Anpassungsschwierigkeiten einer aus dem Westen kommenden Religion in Ostasien nicht unterschätzt werden dürfen. Man denke nur, welche Mühe es Japanern bereiten muss, den Begriff Sünde zu verstehen, der doch nur als Verstoß gegen göttliche Gebote begreifbar wird, wo sie selbst mit relativierten Moralvorstellungen aufwachsen, deren Verletzung eher Scham erzeugt. Letzten Endes musste das Christentum in Japan genauso erfolglos bleiben wie der Buddhismus, weil dem diesseitigen japanischen Volk ein Grundbedürfnis nach Erlösung weitgehend fehlt und weil sich den Japanern die Frage nach der Bedeutung des Todes nicht mit unerbittlicher Radikalität aufdrängt, wogegen sich die meisten noch immer aus einer heute sicher weitgehend unbewusst gelebten shintoistischen Grundstimmung heraus in den Zyklus der Natur einbezogen fühlen. In die moderne Handelssprache übersetzt, könnte man auch sagen, wo keine Nachfrage besteht, muss jedes Angebot scheitern.

Allerdings könnte es sein, dass die Stunde des Christentums in Japan erst begonnen hat. Denn da die Japaner zutiefst von ihrer Einmaligkeit überzeugt sind, liegt ihr größtes unbewältigtes Zukunftsproblem darin, Anschluss an die *family of man* zu finden, wobei es nicht darum geht, die nationale Identität aufzugeben, sondern sich zu einer die nationalen Besonderheiten überwölbenden und von allen Völkern getragenen Wertordnung zu bekennen. Die sozialen und menschlichen Postulate jener Wertordnung, wie sie beispielsweise in der UN-Erklärung der Menschenrechte formuliert sind, decken sich nicht nur weitgehend mit der Sozialethik und den Geboten des Christentums, sie sind sogar in entscheidenden Teilen daraus hervorgegangen. Deshalb könnte das Christentum, dank seinem bereits vorhandenen beträchtlichen Einfluss auf die Eliten, Japan helfen bei der Einstimmung auf die universale Zusammengehörigkeit der Völker. So wie die eigentliche

Leistung des Buddhismus in Japan darin besteht, die chinesische Kultur ins Land gebracht zu haben, könnte sich das Christentum als Geburtshelfer erweisen bei der noch ausstehenden, aber unaufhaltsamen geistigen Eingliederung Japans in die Welt.

Seit dem Beginn der Industrialisierung und der Öffnung zum Westen entstehen immer wieder neue religiöse Gruppen, von denen manche gleichsam über Nacht millionenfachen Zulauf finden, von denen viele aber ebenso rasch in die Bedeutungslosigkeit absinken. Häufig von Frauen gegründet, mischen einige dieser neuen Religionen shintoistisches und buddhistisches Gedankengut mit bäurischen Überlieferungen und mit Aberglauben. Obgleich sie sich als Religionen präsentieren, dienen sie vorwiegend dem unteren Mittelstand der Gewerbetreibenden, Handwerker und Händler und vereinsamten Ehefrauen mittlerer Angestellter, deren Männer frühmorgens die Wohnung verlassen und erst spätabends zurückkehren, also jenen, die durch Industrialisierung und Urbanisierung aus ihrer gewohnten Welt herausgerissen wurden und keinen Anschluss an neue Gruppen gefunden haben, als Auffangbecken, womit sie in Wahrheit mehr soziale als religiöse Bedürfnisse erfüllen. Der buddhistischen Soka Gakkai (etwa: Gesellschaft, die neue Werte hervorbringt) als Sammlungsbewegung des entwurzelten Kleinbürgertums sollen sieben Millionen Familien angehören. Sie schaffte nach dem Zweiten Weltkrieg auch den Sprung in den Reichstag durch ihren politischen Zweig Komeito (Partei für eine saubere Regierung), von dem sie sich später formal trennte. Rituale und Programme der neuen Religionen sind ganz darauf abgestellt, ihren Anhängern das Leben auf der Erde zu erleichtern. Konsequenterweise überlassen sie daher die Toten den alten buddhistischen Tempeln zur Bestattung.

Der Weg zur Kalligrafie

Michaela Vieser

Das Zeitunglesen war das eine, die Kalligrafie das andere. Sie war ein besonderer Aspekt der japanischen Schrift und eine der Schlüsselkünste im Verstehen der japanischen Kultur. Die Mönche formulierten das aber nicht so explizit. Ich merkte nur immer wieder, wie ehrfurchtsvoll sie das Wort Shodo in den Mund nahmen. Shodo bedeutet übersetzt: »der Weg des Schreibens«, es ist der japanische Begriff für Kalligrafie.

Die Schrift wurde erst relativ spät in Japan eingeführt. Das war im 5. Jahrhundert n. Chr., und sie kam aus China. Man übernahm die dort gebräuchlichen chinesischen Schriftzeichen, die in Japan Kanji genannt wurden.

In China hatte jedes Wort sein eigenes Schriftzeichen und nur einen einzigen Laut, dieses auszusprechen. In Japan musste man den Schriftzeichen neue Aussprachen zuordnen, weil das Vokabular in Japan in keinster Weise mit dem chinesischen Wortschatz zu vergleichen war. Und dass die Grammatik in Japan eine völlig andere war, sorgte für ein weiteres Problem. Erst im 9. Jahrhundert kam jemand auf die glorreiche Idee, ein eigenes japanisches Alphabet zu entwickeln, das Hiragana. Mit sechsundvierzig Silben konnte man damit alles ausdrücken, was es auszudrücken gab. Doch es tauchte eine andere Schwierigkeit auf: Die japanische Sprache ist eine sehr vage. Es existieren viele Teekesselwörter, also Wörter, die identisch ausgesprochen werden, aber eine verschiedene Bedeutung haben. Ein Beispiel aus der deutschen Sprache: Die Bank ist eine Sitzbank, aber auch eine, in der man sein Geld auf ein Sparbuch legen kann. Für japanische Poeten, die Gedichte schrieben, waren die unterschiedlichen Bedeutungen eine hilfreiche Angelegenheit. Immerhin konnten sie über Kieferbäume schreiben, aber letztlich ein Warten meinen – ein Warten auf einen Liebesbrief, auf einen Besucher, auf den Frühling. Matsu bedeutete nämlich »die Kiefer«, aber auch »das Warten«. Ein Text, der nur aus Hiragana bestand, war fast unmöglich zu entziffern, weil sich fast in jedem Satz ein Teekesselwort verbarg, sodass man sich schnell im Raten verlor.

Bald ging man dazu über, die chinesischen Schriftzeichen als Amtssprache zu verwenden (vergleichbar mit Latein, das in Europa lange Zeit Amts- und Kirchensprache war). Die private Korrespondenz aber, zu denen Gedichte und Briefe zählten, wurde in Hiragana verfasst. Und weil viele Frauen Gedichte und Briefe schrieben, wurde Hiragana plötzlich zur Schriftsprache der Frauen. Sie hatten eben einiges aus ihrem Seelenleben mitzuteilen, und zwar gern in Zweideutigkeiten.

Im Jahr 712 n. Chr. wurde das erste Buch in Japan geschrieben, das Kojiki (»Aufzeichnung alter Geschehnisse«). Es hat die Entstehungsgeschichte des Landes zum Inhalt, ist voller Legenden, Götter und mystischer Begebenheiten. Dieses Werk wurde noch in reiner Kanji-Form verfasst, da es eine amtliche Angelegenheit war. Es ging um nichts weniger als um die offizielle Chronik Japans. Doch schon zu Beginn des 11. Jahrhunderts schrieb die japanische Hofdame Murasaki Shikibu den Roman *Genji Monogatari – Die Geschichte vom Prinzen Genji.* Jene Hofdame verwendete wenige Kanji und viele Hiragana. Und wer das fast zeitgleich aufgezeichnete *Kopfkissenbuch der Dame Sei Shonagon* liest, wird eine Welt entdecken, die voller Gefühle ist, psychologisch hochsensibel und berauschend. Ohne die Einführung von Hiragana gäbe es beide Werke wahrscheinlich nicht.

Am Hof des Kaisers versammelten sich all die Damen der Elite und verbrachten ihre Zeit damit, Gedichte und Briefe zu verfassen: die meisten sehr geistreich, möglichst vage gehalten, mit Vorstellungen und Sehnsüchten gespickt. Mit einem Gedicht konnte eine Dame einen Höfling dazu bringen, sie bei Dämmerung zu besuchen, und der Höfling bedankte sich für die Gunst wiederum mit Versen, die er noch vor dem Morgengrauen niederschrieb. Wichtig dabei war die schöne Schrift, das Ineinanderfließen der Buchstaben, das Kontinuum. In der abgehobenen Welt, in der der Hofstaat lebte, sagte das Schriftbild mehr über einen Charakter aus als ein Augenzwinkern. Denn es spiegelte die kultivierte Seele seines Verfassers wider.

Gleichzeitig war man sich aber auch der Magie des geschriebenen Wortes bewusst: Immerhin ging es um Gedanken, die zu Papier gebracht wurden, damit ein anderer, der weit weg war, diese lesen konnte.

Manchmal war es auch die Kraft der in Tusche verewigten Worte, deutlich auf einer Papierrolle im Raum aufgehängt, die jeden daran erinnerte, was darauf stand. Auf diese Weise wurden Wahrheiten aufs Papier gebannt.

Das war Shodo, der Weg des Schreibens.

Immer, wenn es in Japan um einen Weg ging, stand dahinter eine Kunst, an der man sich sein ganzes Leben lang perfektionieren konnte. Nur mit der Zeit und durch ständige Übung, so hieß es, würde man sie besser beherrschen. Eine Kunst oder Tradition, die als Weg galt, war etwas, in das man seine Seele einfließen ließ. Dies war also nicht vergleichbar wie bei Makramee oder Seidenmalerei, wo es reichte, einen Kurs an der Volkshochschule zu belegen, und man sich danach anhand diverser Bastelbücher weiterentwickeln konnte.

Eine Kunst, die als Weg bezeichnet wurde, war etwas, das aus dem tiefsten Innern kam und sich am Ende in einer stilisierten Form manifestierte.

Warum man hier so viel Wirbel machte um Wörter, die in schwarzer Tusche auf Papier gemalt wurden, verstand ich nicht recht und buchte es unter »japanischem Hang zum Schönen« ab. Für mich war Kalligrafie nichts anderes als Schönschreiben, nur eben auf Japanisch. Und mit dem Schönschreiben hatte ich schon in der Grundschule nicht die beste Bekanntschaft gemacht. Auf Japanisch musste ich das nicht unbedingt auch noch lernen. Doch die Mönche bestanden darauf.

Vielleicht lag meine ursprüngliche Abneigung gegenüber der Kalligrafie auch daran, dass sie eine dieser Künste ist, die Ausländern in Japan gern in Form von Schnupperkursen angeboten werden – wenn schon der Geist nicht vollkommen darin eintauchen kann, so zumindest die Pinselspitze. Mehr war aus einer derartigen Schnelllektion nicht zu holen.

Ich hatte schon einmal einen solchen Kurs mitgemacht, bei einem früheren Besuch in Japan. Und es war genau das gewesen: ein unverbindliches Abenteuer auf einem Stück Papier. Damals hatte ich zuerst das Zeichen Mizu für Wasser zeichnen müssen, genau nach Vorlage. Ein Strich nach unten, daneben, jeweils links und rechts, zwei pfeilähnliche Linien, links ohne den Pinsel abzusetzen, dafür mit Schwung, rechts mit einmal absetzen. So verging schleppend eine Stunde. Immer wieder musste ich diese Striche wiederholen. In der letzten Version sah mein Wasser-Schriftzeichen nicht viel besser aus als das, das ich zu Anfang gemalt hatte. Nur etwas mehr verkünstelt. Die Kalligrafielehrerin lobte mich, das sei doch schon prächtig. Danach stellte sie die fatale Frage: »Welches Schriftzeichen möchtest du jetzt lernen?«

Ich hatte einen Moment überlegt und nach einem wirklich für mich wichtigen Wort gesucht.

»Instinkt«, sagte ich schließlich.

Die Lehrerin verstand erst nicht, was ich meinte, als ich ihr die japanische Übersetzung gab: »Honno«. Sie schaute mich an, als wäre ich ein Tier, vor dem sie sich ekeln würde. Schließlich sagte sie, dies sei kein Wort, das man auf Papier bringen würde. Schon gar nicht in Schönschrift.

Ich war etwas verletzt. Wieso sollte das Wort »Instinkt« nicht zum Kanon der Begriffe gehören, die man auf Papier verewigte? Es war doch veritabel und für mich bedeutsam. Was ich alles damit verband: aus dem Bauch heraus handeln, intuitiv wissen, was zu tun ist, dem inneren Gefühl folgen. Ich hatte angenommen, dass der Instinkt bei den Samurai, den japanischen Kriegern, eine große Rolle spielte. War es für sie nicht lebenswichtig gewesen, instinktiv zu spüren, wann der Gegner angreift, um ihm zuvorzukommen?

Ich versuchte meiner Kalligrafielehrerin meine Vermutungen zu erklären, aber sie wandte sich von mir ab und sagte noch einmal, klar und unmissverständlich, nein, so ein Wort würde sie niemals auf Papier schreiben wollen. In der restlichen Zeit malte ich das Zeichen für Tsuki, Mond, auf ein weißes Blatt.

Bevor ich mich nun von den Mönchen überzeugen ließ, mich noch einmal damit auseinanderzusetzen, erzählte ich Wado von meiner ersten Begegnung mit Kalligrafie. Als ich ihm darlegte, dass ich das Wort »Honno« ausgewählt hatte, brach er in schallendes Gelächter aus, sodass er fast vom Stuhl fiel.

»Honno? Honno! Das kann nicht dein Ernst sein?«

»Doch. Honno. Genau das hatte ich schreiben wollen«, erwiderte ich trotzig.

»Ja, aber so ein Wort nimmt man doch nicht beim Weg des Schreibens!« Wado kramte schnell ein elektronisches englisch-japanisches Wörterbuch hervor und tippte Honno ein. Als Übersetzung wurde das Wort »Instinkt« ausgespuckt.

»Na also!«, sagte ich triumphierend. »Genau das meinte ich.«

Es wurden aber auch noch andere Bedeutungen angegeben, darunter »Trieb«. Auf dieses Wort deutete Wado und sagte: »Das verstehen wir in Japan unter Honno. Es ist etwas Animalisches. Der Instinkt ist etwas, was wir versuchen zu unterdrücken. Es ist nicht etwas, worauf wir als Menschen stolz sind.«

Ich begriff, was Wado meinte. Es ging um das, was man als »niedere Instinkte« bezeichnete. Also war es vielleicht doch kein Wort, das man bei sich zu Hause im Wohnzimmer auf einer Schriftrolle hängen hat. Gut, wieder etwas dazugelernt.

So kam es, dass ich von nun an jeden Donnerstagnachmittag bei Frau Uchida den Kalligrafieunterricht besuchte.

Frau Uchida genoss im Kloster höchstes Ansehen, das merkte ich an der Art und Weise, wie sich andere bei Begrüßungen vor ihr verbeugten und wie sie immer wieder nach dem Otsutome ein kleines Geschenk zugesteckt bekam. Oft schrieb sie die Worte des Goingesamas auf die Tafel vor dem Klostertor, die jede Woche gewechselt wurden, in ihrer wunderbaren Schrift.

Während ich bei Sato Einzelunterricht hatte, war es hier nicht der Fall. Immer besuchten bis zu zehn Schüler unterschiedlichen Alters den Unterricht von Frau Uchida. Alle knieten an langen Klapptischen, die eine leicht abwaschbare Oberfläche hatten. Ältere Damen, die ich aus dem Otsutome kannte und denen ich kaum zutraute, eine Stunde lang auf ihren Knien zu sitzen, malten die kompliziertesten und ineinander übergehenden Schriftzeichen. Es waren alte Gedichte, deren Bedeutung man fast am Schriftbild erahnen konnte, das sich mal traurig, mal heiter über das Blatt zog. Es gab aber auch junge Schülerinnen von vielleicht zwölf Jahren, die mit einfachen Schriftzeichen beginnen mussten – Anfängerinnen wie ich.

Vor meiner ersten Lektion hatte mich der Goingesama zu sich gerufen und mir Pinsel und Tusche aus seinem eigenen Besitz gegeben. Das war ein besonderes Privileg, und ich dankte ihm dafür, mit seinem Werkzeug malen zu dürfen. Im ersten Moment konnte ich nicht glauben, welche Ehre er mir zuteilte. Er sagte: »Konzentriere dich auf die Zwischenräume. Erst dann wirst du die wahren Formen erkennen.«

Für mich klang das kryptisch. Bevor ich mich überhaupt auf die Zwischenräume konzentrieren konnte, galt es, das, was schwarz auf weiß auf dem Papier stand, zu verinnerlichen. Erst als ich mich länger mit der Kalligrafie beschäftigte, begann ich den Sinn seiner Aussage zu verstehen. Wie bei allen japanischen Künsten, die als Weg beschrieben wurden, ging es auch beim Shodo darum, ganz allmählich ein Verständnis für diese Fertigkeit zu entwickeln. In Japan ging man davon aus, dass der Schlüssel für dieses Begreifen die Repetition der vorgeschriebenen Handlung sei. Nur durch stumpfes Wiederholen könne eine bestimmte Tätigkeit in Fleisch und Blut übergehen. Durch dieses Nadelöhr musste nun auch ich gehen. Erst durch die x-te Wiederholung konnte ich darauf hoffen, eine dämmernde Erleuchtung im Bezug aufs Verstehen dieser Tradition und dem, was dahinterlag, zu erhalten. Und dahinter lag viel.

Bis dahin war es aber noch ein langer Weg. Was der Goingesama mit den Zwischenräumen andeutete, verstand ich zu diesem Zeitpunkt noch nicht. Ich stand ja auch noch ganz am Anfang.

Die erste halbe Stunde meines Kalligrafieunterrichts verging damit, die Tusche richtig anzurühren. Es gibt zwar überall in Japan Fertigtusche zu kaufen, doch bestand Frau Uchida darauf, dass auch das Anrühren der Tusche eine meditative Handlung sei und somit eine wichtige Vorbereitung zum Malen von Schriftzeichen. Ich dachte, ganz gemein, dass die

Stunde dadurch zum Glück schnell beendet sei: Was sollte es danach noch zu tun geben, als den Pinsel über das Blatt streichen zu lassen und zu hoffen, dass das, was da aufgemalt war, möglichst ähnlich aussah wie das, was es sein sollte?

Die Tusche, Sumi, wird in Japan aus Ruß hergestellt, der mit Leim vermischt wird. Besonders gute Tusche besteht aus besonders gutem Ruß, und der beste, so erzählte Frau Uchida, sei Pinien- oder Kiefernruß. Da war sie schon wieder, die Kiefer. Der Baum taugte in Japan für so viel mehr, als die schwedische Möbelindustrie erahnen ließ. Wenn Götter durch Kiefernzweige in die Häuser getragen werden konnten, so waren sie bestimmt auch in der Tusche, mit der die hochsensiblen Schriftzeichen gemalt wurden.

Das Tusche anzurühren, war eigentlich ganz einfach. Man konnte sie in Form eines gepressten Stabs kaufen; diesen rieb man, benötigte man Tusche, in einer eigens dafür vorgesehenen schwarzen Steinschale. Dazu gab man eine kleine Menge Wasser. Man rieb den Tuschestab so lange, bis das von ihm eingefärbte Wasser eine milchige, wenn auch sehr dunkle Konsistenz erhielt. Ich liebte diese Tätigkeit, denn die auf diese Weise hergestellte Tusche verströmte immer einen so reinen Duft! Als träte man in einen Kiefernwald ein. In diesen Genuss kam ich jedoch nur, weil ich den Tuschestab des Goingesamas benutzen durfte. Er war von besonderer Qualität und aus einem berühmten Laden in der Stadt Nara, der schon seit Jahrhunderten die Kalligrafiemeister Japans belieferte. Viele der billigen Tuschestäbe dufteten nämlich kaum.

Das Anrühren dauerte bei allen Schülern ungefähr gleich lang. Danach verteilte Frau Uchida die Schönschreibaufgaben: Gedichte und weise Worte für die älteren Damen, einfache Schriftzeichen für uns Anfänger. Ich schaute mich um. Auch Herr Sato war da. Er winkte mir zu, als unsere Blicke sich trafen. Ich winkte freundlich zurück. Er erhielt Schriftzeichen, die in ihrer Art sehr männlich aussahen und »Respekt« bedeuteten, Sonkei. Herr Sato nickte anerkennend, als er seine Vorlage von Frau Uchida überreicht bekam. Er hielt es für einen guten Auftakt.

Als Frau Uchida vor mir stand und mir mein Lehrmaterial gab, war ich für einen Moment enttäuscht. »Mizu«, das Schriftzeichen für Wasser, stand auf meinem Blatt. Wie bei meinem damaligen Schnupperkurs. Nicht schon wieder! Nach genauerer Überlegung dachte ich aber, dass das vielleicht gar nicht so schlecht sei. Ich hatte dieses Schriftzeichen ja schon einmal geübt und kannte seine Tücken. Gleich beim ersten Versuch würde ich es sicher ziemlich gut hinbekommen, und Frau Uchida würde denken, ich sei ein Naturtalent.

Aber zuerst wollte sie mir eine kleine Einführung geben. Sie setzte sich mit geradem Rücken zu mir, nahm ein Stück weißes Reispapier, legte es auf eine Filzunterlage, strich es glatt und beschwerte es mit einem eigens dafür vorgesehenen Stück Eisen. Anschließend nahm sie den Pinsel in die Hand, tauchte ihn in die Tusche und hielt ihn mit Anmut über der Stelle auf dem Papier, an der der erste Tuschestrich sich aus dem Nichts des leeren Blattes lösen sollte. Sie schien sich kurz zu konzentrieren, und danach floss es regelrecht aus ihr heraus. Während sie alle Linien für »Mizu« zeichnete, folgte ihr ganzer Körper einer Melodie, die ich nicht hören konnte, sie aber schon. Es war wunderschön anzusehen, und auch irgendwie intim, denn Frau Uchida schien in diesem Moment etwas von sich preiszugeben, das sie sonst für sich behielt. Doch wie sie angefangen hatte, so war sie auch schon wieder fertig. Am Ende ihres Tuns hielt sie wieder einen Augenblick inne. Ich hatte das Bild einer Ballerina vor Augen, deren Bewegung gleichzeitig mit der letzten Note endete, die jedoch andächtig stillstand und zuhörte, wie die Wellen des Tons im Raum verklangen.

Frau Uchida wartete, bis die Tusche ins Papier eingedrungen war. Dann erst legte sie sorgfältig den Pinsel zur Seite und blickte mich an: »Die Wörter wachsen aus dir heraus. Schau sie dir genau an. Verinnerliche sie.«

Sie zeigte mir noch, wie ich den Pinsel ansetzen und absetzen konnte, um den gewünschten Effekt zu erlangen: Mal musste ein Tuschestrich sich allmählich im Nichts auflösen, mal musste er fest enden, das war reine Technik. Damit überließ sie mich meinem Zeichen.

Und ich pinselte drauflos.

Erst bemühte ich mich, das Zeichen genauso wie jenes, das Frau Uchida gemalt hatte, hinzubekommen. An die zwanzig Anläufe nahm ich, aber es sah auch beim einundzwanzigsten Versuch noch nach Anfängerpinselei aus. Ich schaute mich im Raum um. Alle anderen Schüler saßen in größter Konzentration auf ihren Plätzen. Kein Ton war zu hören, außer dem Streifen der Pinsel auf Reispapier und einem gelegentlichen »Tss, tssss« von Sato, der ungeduldig wurde, weil auch ihm seine Schriftzeichen nicht gelingen wollten.

Frau Uchida kam zu meinem Platz, schaute sich meine Versuche an und ging kommentarlos weiter. So schlimm waren meine Zeichen nun auch nicht, dachte ich. Ich fand, ich hätte ein kleines Lob verdient.

Das erhielt eine junge Frau, die neben mir saß. Sie gehörte zu den Frauen, die im Kloster wohnten. Ich wusste, dass sie nicht die Ehefrau eines Mönches war, sondern hier war, um sich auf die Heirat vorzubereiten. Im Kloster würde sie neben der üblichen Küche auch die traditionellen Künste Japans – wie eben Kalligrafie – lernen. Wo sonst konnte sie dies in einer solchen Konzentration und auf so natürliche Weise erfahren wie in diesem Umfeld? Sie würde einmal eine exzellente Ehefrau werden. Ein braves Ding, ohne eigene Persönlichkeit, die immer devot all das tat, was von ihr verlangt wurde. Frau

Uchida lobte ausgerechnet dieses Mädchen und meinte, ihre Schriftzeichen seien so »tief«.

Ich lächelte, als ob ich der Kalligrafielehrerin in ihrem Urteil zustimmen würde. Insgeheim dachte ich aber, dass die Schriftzeichen meiner Nachbarin denen, die vorgegeben waren, zwar sehr ähnlich sahen, aber ich fand sie viel zu aufgesetzt und gekünstelt. Sie hatten keinen eigenen Charakter, und den hatten meine! Bestimmt!

Der Ehrgeiz hatte mich gepackt. Ich beobachtete die junge Frau neben mir eine Weile. Sie holte immer tief Luft, bevor sie zu malen anfing, und beim Ausatmen setzte sie das Schriftzeichen sanft auf das Papier. Als ob sie die Tusche vom Grund ihrer Seele geschöpft hatte. Stille Wasser sind tief! Aber da war etwas dran: Der ganze Körper musste beim Schönschreiben mitarbeiten, das hatte ich auch bei Frau Uchida beobachten können. Bei meinen eigenen Versuchen hatte ich aber stocksteif dagesessen, zu sehr hatte ich mich mit der Technik beschäftigt. Der Körper insgesamt musste aber zum Instrument des Schreibens werden, nicht nur die Hand, die den Pinsel hielt.

Also versuchte ich es auch. Ich legte mich in die Windungen des Buchstabens und konzentrierte mich auf meinen Atem, der sich in der Kraft des Pinsels entladen sollte. Und tatsächlich: Ich merkte, was für einen Unterschied es plötzlich machte.

Noch war ich weit davon entfernt, diese Kunst zu beherrschen, als wieder einmal Frau Uchida an meinem Platz vorbeikam. Sie deutete auf mein neustes Zeichen und meinte: »Da passiert doch langsam etwas.«

Frau Uchida hatte den Blick. Sie konnte an den Schriftzeichen erkennen, wie ehrlich ich beim Schreiben gewesen war. Ob ich mich wirklich hineingedacht oder es nur abgemalt hatte. Wenn ich mich ganz darauf einließ, wenn ich alles um mich herum vergaß und nur an die schwarzen Konturen und deren Bedeutungen dachte, die durch meine Kraft auf dem Papier erscheinen würden, dann passierte etwas.

Frau Uchida hatte unendlich viel Geduld mit mir. Was ich ihr am meisten anrechnete: Sie behandelte mich nicht wie eine Ausländerin, und sie winkte mich nicht einfach weiter, nur um mir mehr Abwechslung zu bieten. Sie ließ mich die Schriftzeichen aussitzen, bis sie ein Teil von mir wurden. Manchmal dauerte es Wochen, die anderen hatten mich schon längst überholt. Nicht die geringste Rücksicht nahm sie auf meine Ungeduld. Es war ihr wirklich ernst mit mir. Mein nächstes Schriftzeichen war das für »Mond«. Es hätte mich erstaunt, wenn es anders gewesen wäre. Auch an diesem saß ich sehr lange, wenn man mich gefragt hätte, viel zu lange.

Erst war ich wütend. Wütend auf diese alte Tradition, danach wütend auf Frau Uchida, weil sie in meinen Zeichen anscheinend nicht erkennen konnte, dass ich die Kalligrafie aufrichtig lernen wollte. Schließlich war ich wütend auf die Mädchen im Unterricht, denen die Kanji so aus der Hand zu fließen schienen, und ganz zum Schluss war ich zornig auf mich. Was war das überhaupt für ein Geschwätz, dass die Zeichen ein Spiegel der Seele sein sollten? Im Westen gab es doch auch Menschen, die aufgrund der Handschrift den Charakter einer Person feststellen konnten. Da reichte das Gekrakel, das unter Verträgen stand. Ich musste aber zugeben, dass eine Unterschrift nicht zu einer mentalen Reise einlud. Also, wieder zurück zum Mond. Frau Uchida war derweil wieder sparsam mit ihrem Lob geworden. Ihr Schweigen war ein Tadeln.

Irgendwann durfte ich zwei Zeichen auf einem Blatt Papier malen, dabei sah ich mich mit völlig neuen Schwierigkeiten konfrontiert. Welchen Abstand sollten die Zeichen zueinander haben? Wo war die gefühlte Mitte, wo der Schwerpunkt im Bild? Das war wirklich schwierig. Ich musste erneut an die

Worte des Goingesamas denken, dass ich den Zwischenraum erfühlen solle. So sah ich mir auf dem Vorgabeblatt nicht die Schriftzeichen an, sondern das Weiß des Papiers. Ich versuchte mich in die Leere hineinzudenken und wie die Buchstaben darauf erscheinen könnten. Sie würden aus dem Nichts auftauchen, um dann einfach da zu sein. Ich atmete tief ein und schloss die Augen, aber nicht ganz. Das Blatt vor mir wollte ich noch sehen. Ganz langsam setzte ich den Pinsel auf das Reispapier, und zwar an der Stelle, die mir als der richtige Ort vorkam. Langsam arbeitete ich mich vor. Mein Körper bewegte sich in einem Rhythmus, der von Buchstaben vorgegeben war, und eine vollkommene Harmonie durchströmte mich. Als ich den Pinsel absetzte und die Augen wieder weit öffnete, stand mein Zeichen auf dem Blatt. Schwarz auf weiß. Es sah furchtbar krakelig aus.

Manchmal ging ich abends ins Bürogebäude hinüber, um dort auf einem Tisch meine Kalligrafieutensilien auszubreiten und zu üben. Ich zündete stimmungsvoll eines der Räucherstäbchen an, die ich mir bei der zahnlosen Frau in der Marktstraße gekauft hatte, und kniete an dem großen Tisch. Dabei dachte ich nur an die Buchstaben, sodass die Zeit dahinfloss wie die Tusche auf dem Papier. Aus den Nachbarzimmern hörte ich, wie die Mönche Besprechungen abhielten. Hin und wieder vernahm ich das Trippeln von Füßen im Flur; einer der jungen Mönche schaute dann neugierig zu mir ins Zimmer herein. Aber ich ließ mich nicht ablenken, das hier war meine Zeit.

Ich hatte ein Buch gefunden, in dem alte chinesische Schriftzeichen abgebildet waren, aus einer längst vergessenen Zeit, vielleicht vor dreitausend Jahren. Niemand wüsste etwas über diese Periode, gäbe es da nicht diese Zeichen, die auf Steinen gefunden für das Buch abgepaust worden waren. Es handelte sich um Piktogramme, denen man mit etwas Fantasie noch abgewinnen konnte, was ihre Bedeutung war. Das Zeichen für »Auge«, das heute abstrahiert ist und dargestellt wird als ein Rechteck mit zwei Querlinien, hatte damals noch die Form eines Auges, mit gekrümmten Linien und einer Art Pupille in der Mitte. Es sah aus wie die Zeichnung eines Schamanen, nicht wie die Schrift eines Gelehrten. Erst über die Jahrtausende hinweg erhielt sie das heutige Aussehen. Diese Zeichen faszinierten mich, denn indem ich sie nachmalte, fühlte ich mich in frühere Zeiten zurückkatapultiert. In einem Hundert-Yen-Laden kaufte ich mir einen enormen Vorrat an Reispapier, die Tusche aber rieb ich jedes Mal selbst an. Frau Uchida erzählte ich nichts von meiner unorthodoxen Kalligrafiemethode. Ich malte einfach los, ohne ordentliche Vorgabe, ich hatte nur diese Bilder aus einem Buch.

Ein paar der Kalligrafien, die ich für besonders gelungen hielt, hängte ich bei mir im Raum auf. Shu-chan, meine Mitbewohnerin, deren Tagesrhythmus sich irgendwann doch mit meinem überschnitt und die ich, nachdem ich sie endlich kennenlernte, sehr nett fand, schüttelte nur den Kopf. Sie hatte in ihrem Zimmer Poster von japanischen Popstars und Hundewelpen an der Wand. Kalligrafien fand sie einfach nur komisch und altmodisch, wie übrigens vieles, was das Klosterleben betraf. Aber es tat gut, in dieser religiösen Umgebung auch einen ganz normalen Teenager zur Freundin zu haben, auch wenn wir in Bezug auf unsere Zimmerdekoration einen vollkommen anderen Geschmack hatten.

Als ich das Kloster nach einem Jahr verließ, schenkte mir der Goingesama eine Kalligrafie. Auf einer Rolle aus brauner Seide und Papier hatte er geschrieben: »Namu Amida Butsu«, das Namanda. Es waren kraftvolle Schriftzeichen, er hatte sie mit einer unglaublichen Intensität gemalt. Er lächelte, als er mir die Kalligrafie übergab, Worte sagte er nicht. Diese Rolle hat mich seither überallhin begleitet. Jeden Tag gehe ich daran vorbei, mache vor ihr halt und schaue mir die Zeichen genau an. Oft denke ich dabei an den Zwischenraum, von dem der Goingesama riet, ihn zu beachten. Eigentlich traf das auch auf so viele andere Dinge zu. Es geht nicht nur um das Offensichtliche, sondern um das, was dazwischenliegt. In diesen Momenten des Innehaltens ist es, als ob der Goingesama mich ansieht und mir zuflüstert: »Namu Amida Butsu.« Ganz leise, und ganz laut. Und voller Freude.

Meine verrückten Jahre bei Mitsubishi

Niall Murtagh

Kawaii-san überreicht mir das *Handbuch für neue Mitarbeiter*: »Bitte lesen Sie es, wenn Sie Zeit haben, und bitte fragen Sie Ihre Kollegen, wenn Sie die Schriftzeichen nicht lesen können oder schwierige Wörter nicht verstehen.« Bei neuen Angestellten geht man davon aus, dass sie hier ihren ersten Job antreten, deshalb wird sehr wenig Vorwissen verlangt. Alles, was sie wissen müssen, wird man ihnen hier im Unternehmen beibringen. Aber bei mir ist es natürlich etwas anderes. Ich habe schon einiges erlebt und gemacht; ich gehe davon aus, dass das *Handbuch* mich nicht betrifft und dass ich es in einem unbeobachteten Moment in irgendeiner Schublade verschwinden lassen kann. Schließlich habe ich in ein paar Monaten einen Abgabetermin. Doch als ich Kawaii-san ein paar Tage später auf dem Gang begegne, fragt sie mich, ob ich alles in dem Büchlein verstanden habe. Ich antworte ihr, dass ich es sorgfältig durcharbeite, Seite für Seite – und entschließe mich, es hervorzukramen und gleich nach dem Mittagessen zu lesen. Schließlich schlage ich also das *Handbuch für neue Mitarbeiter* auf und erfahre, was es heißt, Salaryman in einem der größten japanischen Konzerne zu sein.

Das Unternehmen wurde im Jahr 1870 von Yataro Iwasaki gegründet und hatte mehrere andere Namen, bevor es

zu Mitsu-bishi wurde, was »drei Rauten« oder »drei Karos«
bedeutet. Schnelles Wachstum machte es zum größten der
Zaibatsu, der Industrie- und Finanzkonglomerate Japans im
späten 19. und frühen 20. Jahrhundert. Die Mitsubishi-Grup-
pe besteht heute aus hundertneununddreißig eigenständigen
Unternehmen, die Präsidenten der neunundzwanzig wichtigsten Firmen treffen sich monatlich in einem der Mitsubi-
shi-Gebäude in der Nähe des Tokyoter Bahnhofs. Zur Gruppe
gehört das größte Handelsunternehmen der Welt, mehrere
der weltgrößten Banken und Versicherungsunternehmen, die
größten Bier-, Glas- und Kameraproduzenten Japans sowie
die Hersteller von Flugzeugen, Schiffen, Autos, Zugsystemen
und Kraftwerken. Die Firmen des Konzerns befassen sich
mit Immobilien, Bauwesen, Chemie, Stahl, Gummi, Papier,
Energie, Textilien, Lagersystemen, Transportwesen und Land-
wirtschaft – und daneben ist immer noch genug Zeit, sich für
wohltätige Zwecke, Umweltschutz und andere gute Dinge zu
engagieren. Ich nehme an, ich sollte eigentlich stolz sein. Aber
dazu ist es noch zu früh. Die Broschüre sagt, dass es großartig
ist, für Mitsubishi zu arbeiten. Dann sagt sie mir, was von den
neuen Rekruten erwartet wird.

Ein lächelndes Foto des Konzernpräsidenten auf der zweiten Seite gratuliert mir dazu, ein Mitsubishi-Mann zu sein.
Die Broschüre zeigt mir, wie man sich richtig verbeugt – von
den kleinen Verbeugungen des täglichen Lebens bis hin zu
den Fünfzig-Grad-Bücklingen, die einer Entschuldigung oder
tiefer Dankbarkeit Ausdruck verleihen: Verbeugen Sie sich
aus der Hüfte heraus, mit geradem Rücken, und vergessen Sie
nicht, dass die Augen sich mit verbeugen. Diese ganze Verbeu-
gerei ist gewöhnungsbedürftig, genau wie das Verbot, mit den
Händen in den Taschen umherzulaufen. Ich bin bisher mit
meinem Drei-Grad-Kopfnicken durchgekommen, das wird
auch hier ausreichen müssen. Auch für den Konzernboss.

Die Broschüre sagt auch, dass ich immer meine Geschäftskarte bereithalten muss, weil mein Gegenüber sonst meine Position nicht kennt und nicht weiß, wie man mich behandeln muss. Und ohne Karte wird man sich nicht an mich erinnern. Ich verstehe das als eine Art Unternehmensexistenzialismus: *Ich habe eine Geschäftskarte, also bin ich.*

Vor einem Meeting muss man herausbekommen, wie viele Teilnehmer erwartet werden, und für alle Fälle auch einige zusätzliche Karten bereithalten. Wenn eine Person angekündigt ist, nehmen Sie drei Karten mit; treffen Sie zwei Leute, nehmen Sie sechs Karten. Nennen Sie Ihre Abteilung und Ihren Namen, wenn Sie Ihre Karte übergeben. Beim Übergeben wird die rechte Hand etwa in Brusthöhe ausgestreckt. Wenn Sie eine Karte bekommen, nehmen Sie diese mit der linken Hand an, betrachten sie ein paar Sekunden lang aufmerksam und legen sie mit der rechten Hand sanft auf den Tisch. Schreiben Sie niemals irgendwelche Notizen auf eine Karte, wenn jemand zuschaut, denn das gibt Ihrem Geschäftspartner zu verstehen, dass Sie ihn sofort vergessen werden. Es ist allerdings erlaubt, etwas auf die Karte zu schreiben, wenn man allein ist. Der Unternehmensexistenzialismus sagt: *Die Geschäftskarte ist ein Stück deiner Seele, also behandle sie entsprechend.*

Auch am Telefon ist es wichtig, sich angemessen zu verhalten. Vergessen Sie beim Telefonieren nicht, zu lächeln und den Rücken gerade zu halten. Nehmen Sie den Hörer immer sofort ab, wenn es klingelt, und sagen Sie den Namen Ihres Unternehmens und Ihrer Abteilung, bevor Sie fragen, wer der Anrufer ist. Sprechen Sie nicht zu laut, sagen Sie keine unnötigen Dinge, und nuscheln Sie nicht; die Ausdrucksweise beim Telefonieren sollte knapp, präzise und respektvoll sein. Warten Sie immer, bis Ihr Gesprächspartner aufgelegt hat, bevor Sie selbst sanft den Hörer auflegen.

Den Inhalt des nächsten Abschnitts in meinem Handbuch

kenne ich schon, weil mir Kawaii-san schon alles über Titel und die richtige Anrede von Kollegen und Vorgesetzten gesagt hat. Vergessen Sie die Titel, die in der Außenwelt benutzt werden – san, Mr. oder auch Dr. –, Mitsubishi ist fortschrittlicher als irgendwelche Durchschnittsunternehmen, in denen man sich mit umständlichen Bezeichnungen wie Sektionsmanager (Kacho) oder Unterabteilungsmanager (Kakaricho) herumplagt. Bei Mitsubishi verwenden wir englische Buchstabenkürzel – kurz und international. Meinen Vorgesetzten rede ich mit Shinsetsu-GR an, nicht Shinsetsu-kacho. GR steht für *group leader* (aus linguistischen Gründen gehen *l* und *r* in Ostasien oft durcheinander). Riko-san ist Riko-T, weil er *tanto* ist – für etwas verantwortlich. Verantwortlich für was? Eigentlich für nichts Besonderes, außer für seine Arbeit. Das ist einfach Unternehmenssprachgebrauch. Ich bin auch ein T. Muruta-T, wie mein Name hier ausgesprochen wird.

Ts sind normalerweise zwischen zwanzig und vierzig. Später lerne ich, dass ein Angestellter, der mit vierzig oder fünfzig immer noch ein T ist, entweder nur über beschränkte Fähigkeiten verfügt, schwierig im Umgang ist oder zu den OLs gehört, für die kein Aufstieg in höhere Regionen vorgesehen ist. Die wenigen Ausländer, die mir im Laufe der Jahre bei Mitsubishi begegneten, gehörten immer der T-Klasse an. Normalerweise macht ein Angestellter mit Anfang dreißig einen Test und wird zum Shuji und damit in die C-Klasse befördert. C steht dabei für Chief, obwohl Shuji in der Praxis nichts weiter als dienstälterer Angestellter bedeutet. Ein paar Jahre später unterzieht man sich einem etwas anspruchsvolleren Test für eine Beförderung in die KS-Klasse, wobei KS Shukan oder Manager bedeutet. Während des wirtschaftlichen Aufschwungs, also bis in die Achtzigerjahre hinein, wurde fast jeder Shukan früher oder später Leiter einer Gruppe oder eines Projekts und damit zum GR. Das hat sich allerdings in

den letzten zwanzig Jahren geändert, und wie ich selbst erfahren konnte, wird ein KS nicht mehr automatisch zum GR.
Oberhalb des KS- und GR-Niveaus gibt es noch die B-Klasse,
wobei B Bucho oder Abteilungsleiter bedeutet. Ein junger Abteilungsleiter könnte Mitte vierzig sein, die meisten Buchos
sind allerdings über fünfzig. Das Gehalt steigt mit jeder Beförderung ein wenig an, allerdings nicht allzu viel, denn die
Entlohnung ist in erster Linie an Lebensalter und Firmenzu-
gehörigkeit gekoppelt. Wichtiger als der kleine Lohnanstieg
ist der höhere Status, der mit der Beförderung einhergeht. Das
wird dadurch unterstrichen, dass die Anrede von Kollegen in
allen Meetings, in E-Mails und in allen Schriftstücken immer
mit dem firmeninternen Titel verbunden wird. Die Ausnahme
ist, wenn man mit Außenstehenden, also Nicht-Mitsubishi-
Angestellten, über Kollegen spricht. In diesem Fall werden
keine Ehrenbezeichnungen oder Firmentitel verwendet. Man
sagt also Tanaka und nicht Tanaka-san oder Tanaka-GR. Das
Unternehmen ist wie eine Familie, und man würde schließlich
Außenstehenden gegenüber auch keine Titel für Familien-
angehörige verwenden, nicht wahr?

Als Nächstes erklärt mir mein Handbuch, wie man sich
hinsetzt. Bevor Sie in einem Meeting Platz nehmen: Stopp!
Setzen Sie sich niemals hin, bevor Ihre Vorgesetzten sich
hingesetzt haben, und stehen Sie nicht auf, solange Ihre Vorgesetzten noch sitzen. Sitzen Sie mit geradem Rücken, und
lassen Sie einen kleinen Abstand zwischen Rücken und Stuhl-
lehne. Sie dürfen sich nicht aussuchen, wo Sie sitzen möchten,
weil Sie als Neuangestellter einen sehr niedrigen Rang haben
und die Person mit dem niedrigsten Rang immer direkt neben
der Tür sitzt. Dieser Brauch geht, wie ich später herausfinde,
bis ins Mittelalter zurück, als der Platz neben der Tür derjenige war, den ein hereinplatzender, mit einem Schwert um sich
schlagender Ninja-Krieger als ersten attackieren würde. Die

Person mit dem niedrigsten Rang, mit anderen Worten der Entbehrlichste, sollte dort sitzen und bereit sein, sich wenn nötig für seinen Chef zu opfern, so wie es sich für jeden loyalen Angestellten gehört.

Es ist schwer, diese ganzen Regeln zu lernen, und noch schwerer, sie ernst zu nehmen. Doch ein paar Monate später gehen wir nach einem Meeting in ein Restaurant, und weil ich der Erste der Gruppe bin, setze ich mich auf den Platz, der am weitesten von der Tür entfernt ist. »Was sehe ich denn da?«, ruft einer meiner Vorgesetzten, der noch auf die alten Traditionen hält. »Muruta-T weiß nicht, was sich gehört. Er glaubt, dass er schon Manager ist! Kommen Sie, setzen Sie sich um. Unser Gast und ich müssen innen sitzen, nicht Sie.«

Der nächste Abschnitt behandelt die sensible Frage, wie man sich Ausländern gegenüber verhält, die alle möglichen fremdartigen Gebräuche haben können und mit Vorsicht zu behandeln sind. Wenn Sie einen Ausländer treffen, stehen Sie gerade, schauen Sie nicht auf den Boden, schauen Sie Ihrem Gegenüber in die Augen, verbeugen Sie sich nicht, und senken Sie nicht den Kopf.

Die Broschüre sagt mir auch, wie man den Ausländer begrüßt. Normalerweise wird der Ranghöhere zuerst eine Hand zum Schütteln reichen, und zwar immer die rechte. Überreichen Sie Ihre Geschäftskarte, und machen Sie einen guten Eindruck für Ihr Unternehmen. Sie sollten nicht zu reserviert auftreten, nur weil Ihr Gegenüber ein Ausländer ist.

Wenn Sie mit einem Ausländer essen gehen, nehmen Sie nicht Platz, bevor Ihr Gast sitzt, und stehen Sie nach dem Essen erst auf, wenn er aufgestanden ist. Stecken Sie niemals einen Finger oder ein Streichholz in Ihren Mund, Ihre Nase oder Ihr Ohr. Diese Angewohnheiten werden im Ausland streng missbilligt und den Ausländern bereits im Kindesalter abgewöhnt.

Die Broschüre sagt, dass wir uns unserer nationalen Gebräuche und unseres Unternehmens weder schämen noch übertrieben stolz auf sie sein sollen. Wir Japaner haben eine einzigartige Kultur und alte Traditionen, und genau das Gleiche gilt auch für andere Länder. Wir sollten einen stillen und maßvollen Stolz auf unser Land und unser Unternehmen an den Tag legen.

Ich weiß nicht genau, ob ich mich schäme oder stolz darauf bin, Teil des Unternehmens zu sein, weil es so anders ist als das, was ich vorher gemacht habe. Verkaufe ich hier meine Abenteurerseele für eine Geschäftskarte, auf der in großen blauen Buchstaben Mitsubishi steht?

Auf den letzten Seiten des Handbuchs für neue Mitarbeiter sind Text und Melodie des *Liedes der Angestellten* abgedruckt, zu singen im Marschrhythmus und *con vivo*.

Technologie für immer
Weit ist die Welt, Ost, West, Nord und Süd
Zusammen arbeiten wir und schreiten voran
In den Städten unseres Landes
Neue Produkte für die Welt
Oh-oh, Techno-Leben
Mitsu-bishi wu wu wu

Wir arbeiten und greifen nach den Sternen
Wir schauen nicht zurück
Neue Ideen für die Verbraucher
In unserem Land und in der ganzen Welt
Techno-Leben ist für uns alle da
Oh-oh, Techno-Leben
Mitsu-bishi wu wu wu

Ich schaue mir meine geschäftigen Kollegen an, Shinsetsu-GR, Riko-T, Majime-T und all die anderen, die rings um meinen Schreibtisch ihrer Arbeit nachgehen, und ich frage mich, ob sie diese Worte auswendig gelernt haben, ob sie die Melodie vor sich hin summen, wenn sie in der Badewanne sitzen. Ich bin mir nicht sicher, was ich davon halte, für eine Organisation zu arbeiten, deren offizielles Lied den Refrain *Oh-oh, Techno-Leben, Mitsu-bishi wu wu wu* hat – auch wenn ich mein Firmenjackett und meine Identitätsmarke trage und auf meinem Verbrecherfoto mit Personalnummer einem waschechten Mitsubishi-Mann *wu wu wu* so ähnlich sehe, wie es einem blauäugigen Ausländer überhaupt nur möglich ist. Habe ich wirklich meine Vergangenheit als Nonkonformist und Abenteurer, meine Reisen durch fast die Hälfte aller Länder dieser Welt hinter mir gelassen und bin an diesem entlegenen Ort gelandet, wo ich mich mit einer wunderschönen und gleichzeitig schrecklichen Sprache herumgeschlagen und mir an der Universität noch einmal den Wolf studiert habe … alles nur, um am Ende für ein Unternehmen zu arbeiten, dessen offizielle Hymne lautet *Oh-oh, Techno-Leben, Mitsu-bishi wu wu wu?*

Business auf Japanisch –
Von Salarymen und Roboterhunden

Urs Schöttli

Die gute Dienstleistung ist ein signifikanter Bestandteil und eine Visitenkarte der außergewöhnlichen japanischen Geschäftskultur, wie man sie in Europa leider nicht mehr kennt oder vielleicht auch nie gekannt hat.

Wir erinnern uns, bei einer bekannten Schweizer Confiserie in Zürich ein Pralinenpaket zum Versand nach Genf in Auftrag geben zu wollen. Es war Sommer, ordentlich heiß draußen, und es war ein Mittwoch. Die Dame hinter den Auslagen nimmt die Bestellung auf, und als man fragt, wann die Auslieferung erfolgen wird, erhält man die mürrische Antwort: »Anfang nächster Woche.« Auch mit Expresszustellung, für die man teures Geld bezahlen muss, wird die Auslieferung nicht vor dem Wochenende erfolgen können, denn, so die Verkäuferin, »es ist bereits Wochenende«. Als man zögerlich bemerkt, dass der Mittwoch allgemein noch nicht zum Wochenende gezählt wird, erhält man erklärt, dass die Bestellung erst in die Auslieferzentrale gelangen müsse, was am Donnerstag erfolge, und danach, am Freitag, ist eben schon Wochenende. Ohnehin, belehrt die Verkäuferin, sei es besser, in diesen heißen Sommertagen nicht Schokolade zu schicken, da diese zerlaufen werde.

Dieselbe Situation in Japan: Die Verkäuferin wird ein Formular der Lieferfirma ausfüllen und fragen, zu welchem Zeitpunkt am nächsten Tag die Auslieferung erfolgen solle. Man kann seine Präferenz im Zweistundentakt angeben. Das Geschenk wird, so man die Zeit von vierzehn bis sechzehn Uhr angestrichen hat, mit absoluter Gewissheit zwischen vierzehn und sechzehn Uhr am Zielort ausgeliefert. Nicht nur das, die Verkäuferin wird einem erklären, dass, da es in diesen Tagen heiß sei, man die Schokolade in einer Kühlpackung transportieren werde …

Vermutlich wird die Ware einer Transportgesellschaft übergeben. Eine der bekanntesten heißt Yamato Takyubin. Wer in Japan lebt, kennt die allgegenwärtigen grün-beigen Lieferwagen mit dem Symbol einer schwarzen Katze, die ihr Junges trägt. Durch Yamato kann man alles, was es in der Welt gibt, transportieren lassen, und zwar zu einem Preis, der in dem Hochpreisland Japan bemerkenswert günstig ist. Der Service ist verlässlich, rasch und sicher. Man kann Bargeld oder seine Hausschlüssel transportieren lassen, man kann Geschenke überbringen lassen, man kann Früchte oder frische Fische liefern lassen, man kann von zu Hause seine Skis in den Ferienort schicken lassen und stellt fest, dass sie am Tag der Ankunft vor der Tür des Hotelzimmers stehen, in das man eingecheckt worden ist – Japan, du hast es anders!

Woher kommt dieses außergewöhnlich hohe Serviceniveau? Im Mittelpunkt der japanischen Sozialethik steht die Pflicht. Japan hat von den Amerikanern nach der Kapitulation eine Verfassung verpasst bekommen, die stark vom westlichen Rechtsempfinden geprägt wird. Diese Verfassung verschafft Japan auch die Institutionen eines westlichen Rechtsstaats. Einmal mehr gilt es aber auch hier, zwischen Fassade und Hintergrund zu unterscheiden, einen Blick hinter die Kulissen zu werfen.

Zu den wohl substanziellsten Unterschieden zwischen asiatischen und westlichen Kulturen gehört die unterschiedliche Gewichtung von Rechten und Pflichten. Auch wenn von einzelnen asiatischen Politikern die Debatte um die sogenannten »asiatischen Werte« dazu missbraucht wurde, ihre autoritären Absichten und Staatsordnungen zu rechtfertigen, so ist es angebracht, die Unterschiede zwischen dem Orient und dem Okzident in Rechnung zu stellen. Niemand wird behaupten wollen, dass ein bestimmtes Volk, eine bestimmte Kultur von vornherein nicht zu Demokratie und Freiheit befähigt sei. Auch wenn sie in ihrer heutigen Form im Westen kodifiziert wurden, haben die Menschen- und Bürgerrechte einen universellen Anspruch. Gleichzeitig gilt es aber auch, die unterschiedlichen Traditionen zu berücksichtigen und sich bewusst zu sein, dass nicht alle Werte und Institutionen einfach unbesehen von anderen Kulturen übernommen werden können.

Im Vergleich zum Nachbarn China hat Japan im politischen Modernisierungsprozess zwei wichtige Vorteile. Zum einen ist Japan nicht zum Opfer des kommunistischen Totalitarismus geworden, zum anderen hat das Land, wie bereits erwähnt, schon im späten 19. Jahrhundert während der Meiji-Restauration nicht nur technologische, sondern auch soziale und rechtliche Errungenschaften aus Europa übernommen. Diese Westorientierung ist während der amerikanischen Besatzung nach dem Zweiten Weltkrieg noch akzentuiert worden.

Jenseits all dieser Transfers gilt es aber auch, den kulturellen Hintergrund zu berücksichtigen, vor dem sie sich abspielten. Japan hat während des Öffnungs- und Modernisierungsprozesses nicht seine religiöse und kulturelle Identität aufgegeben. Dies trifft auf den Buddhismus und den Shintoismus, aber auch auf das aus China übernommene Erbe des Konfuzianismus zu.

Im Konfuzianismus wiederum kommt der Pflicht eine zentrale Stellung zu. Alle Interaktionen im Familienverband, im Clan und in der staatlichen Gesellschaft werden von wechselseitigen Pflichtverhältnissen bestimmt. Die Kinder haben die Eltern zu ehren und sich ihrer würdig zu erweisen, derweil die Eltern die Pflicht haben, den Kindern den besten Start ins Leben und die bestmögliche Erziehung und Schulung zu vermitteln.

Im Staatsverband bedeutet diese konfuzianische Pflichtbetonung, dass die Untertanen die Pflicht haben, sich gegenüber dem Herrscher folgsam und loyal zu verhalten, dass dieser aber wiederum die Pflicht hat, für die Untertanen zu sorgen, dem Land Wohlstand, Frieden und sichere Grenzen zu verschaffen. Kommt der Herrscher diesen Aufgaben nicht nach, so hat der Untertan das Recht, ja die Pflicht, ihn zu stürzen. Wie erwähnt, ist dieser revolutionäre Aspekt in Japan – anders als in China – nicht auf fruchtbaren Boden gefallen. Im Gegenzug wird in Japan die Loyalität auch außerhalb des Familien- und Clanverbandes sehr großgeschrieben.

Wer in China geschäftlich zu tun hat und produziert, weiß, dass das Reich der Mitte bei der Firmenloyalität besonders schlecht abschneidet. Immer wieder geschieht es, dass ein Mitarbeiter, den man für teures Geld geschult hat und der im Unternehmen eine verantwortungsvolle Position erreicht hat, über Nacht zur Konkurrenz abwandert, nur weil ihm dort eine höhere Entlöhnung angeboten wird. In der Regel werden bei einem solchen Firmenwechsel auch gleich noch die Kundenkartei, Know-how und nützliche Software mitgenommen. Schuldgefühle gibt es dabei nicht, kann es nicht geben, weil ja letztlich sich alles um die Loyalität zur eigenen Familie dreht und hinter dieser alle anderen Bindungen zurückzutreten haben.

Japan mit seiner frühen und umfassenden Industrialisie-

rung hat die Überwindung der Clan- und Großfamilien-
bindungen, die typisch sind für ländliche und feudale
Gesellschaften, mit dem Eintritt ins Zeitalter der National-
staatlichkeit verwirklicht. Damit eine in hohem Maße ar-
beitsteilige Industriegesellschaft funktionieren kann, muss sie
die Loyalitäten neu ordnen. An die Stelle der Familie tritt die
Firma, an die Stelle des Clans oder der Stammesgemeinschaft
tritt die Nation.

Nach dem Zweiten Weltkrieg sollte die sehr ausgeprägte
Firmenloyalität zu den Fundamenten des japanischen Wirt-
schaftswunders werden. Man war nun nicht mehr in der
Armee und im Kriege dem Kaiser zur Loyalität auf Tod und
Leben verpflichtet, sondern man war eingeschworen auf das
große Projekt, Japan zu einer der führenden Wirtschafts-
mächte der Welt zu machen.

Im konfuzianischen Sinne ist aber die Pflicht zur Loyalität
gegenüber dem Arbeitgeber keine Einbahnstraße. Japan entwickelte in den Sechziger- und Siebzigerjahren des 20. Jahrhunderts die Institution der Lebensstelle und das Senioritäts-
prinzip zur Perfektion. Nach dem Abschluss der Schulbildung
tritt man in die Firma ein und verbleibt dort bis zur Pensionierung, gewiss, dass man sich nie nach einem neuen Arbeitgeber
umsehen muss. Die Arbeitnehmer vergelten diese Arbeits-
platzsicherheit mit einer außerordentlich hohen Loyalität. Hat
man einmal bei einem Unternehmen Arbeit gefunden, so wird
man ein Mitglied der riesigen »Unternehmensfamilie«, und
es wäre völlig unvorstellbar, dass man diese Familienbindung
zugunsten einer anderen »Familie«, also einem anderen Unternehmen, aufgeben würde.

In dieses Bild fügt sich denn auch ein, dass die Universi-
tätsausbildung, außer bei spezifischen Berufen wie Mediziner
oder Techniker, die jungen Menschen nicht auf die spätere
Arbeit vorbereitet. Was zählt, ist das Prestige der universitären

Institution, die man absolviert hat. Der Ruf der Universität bestimmt, in welcher Kategorie von Unternehmen man Aufnahme finden wird.

An der Spitze der Hierarchie steht die Tokyo University, und dort wiederum ist die Rechtsfakultät die prestigereichste Abteilung. Noch und noch liest man in den Lebensläufen von einflussreichen Politikern, Beamten und Wirtschaftsführern, dass sie an der Rechtsfakultät der Tokyo University abgeschlossen hatten. Diese Institution steht denn auch im Zentrum eines der wichtigsten und einflussreichsten Netzwerke in der japanischen Gesellschaft. Sie ist offensichtlich die wichtigste Kaderschmiede des Landes, vergleichbar der französischen ENA.

Da die Universität nicht auf das Berufsleben vorbereitet, liegt diese Aufgabe ausschließlich bei den Unternehmen. Sind die jungen Menschen von der Universitätsbank rekrutiert worden, so werden sie für die ersten Jahre ihres Berufslebens, in der Regel für die ersten zwei Jahre, einem firmeninternen Training unterzogen, dessen Ziel nicht nur die fachliche Vorbereitung auf die neuen Aufgaben, sondern auch die Einfügung, man möchte sagen Abrichtung auf den Teamgeist und die besondere Identität der Unternehmung ist. Häufig leben die Neuzugänge auch in firmeneigenen Unterkünften. Wer sie absolviert, hat die Initiationsphase zu einem »Mr. Toyota« oder »Mr. Mitsubishi« hinter sich gebracht.

Zu den wichtigsten Veränderungen der Neunzigerjahre des 20. Jahrhunderts gehörte die Lockerung der Firmenbindungen. In manchen Bereichen wandten sich die Unternehmen von den beiden traditionellen Prinzipien der Lebensstelle und der Seniorität ab. Dabei ging es nicht nur darum, vermehrt temporäre Arbeitnehmer zu beschäftigen und dadurch Lohnkosten einzusparen. Es war auch die Absicht dieser weitreichenden innerbetrieblichen Reformen, dafür zu sorgen, dass in den Betrieben der Innovationsgeist gefördert wird.

Es ist in diesem Zusammenhang bemerkenswert, dass die in der Vergangenheit geltende Regel, gemäß welcher der Absolvent einer guten Hochschule automatisch nach seinem Hochschulabschluss mit einem Job rechnen konnte, heute nicht mehr zutrifft. In den letzten Jahren ist das Land mit der Situation konfrontiert worden, dass zehn, zwanzig Prozent der Hochschulabsolventen nicht direkt ins Berufsleben wechseln konnten. Diese Veränderungen werden langfristige Konsequenzen haben, die sich zum einen auf die Firmenloyalität auswirken können und die zum andern vermehrt die berufliche Eigenständigkeit als Lebensziel attraktiver werden lassen können.

Das konfuzianische Primat hat Nippon Inc. zum Erfolg verholfen. Doch die Frage der rechtsstaatlichen Modernisierung Japans stellt sich in einem weiteren Sinne. Es kann keinen Zweifel daran geben, dass bei den einzelnen Bürgern das Rechtsbewusstsein in Japan einen anderen Stellenwert hat als in den westlichen Industriestaaten. Dies heißt natürlich nicht, dass die Japaner in einem Willkürregime leben müssen. Es ist einmal mehr in Erinnerung zu rufen, dass Japan während des Zweiten Weltkriegs nicht ein Unrechtregime hatte wie Deutschland oder Italien. Doch im Rahmen des japanischen Rechtsverständnisses gelten andere Normen, als sie in den westlichen Rechtsstaaten üblich sind. Statistiken weisen aus, dass Japaner deutlich weniger vor Gericht gehen als die Bürger anderer Industriestaaten. Auch ist Japan um Äonen entfernt vom Litigationswahn der USA, von dem sich inzwischen auch in einigen europäischen Ländern Ableger finden lassen. Wann immer es zu einem Rechtsstreit kommt, so sucht man diesen in der Regel außergerichtlich beizulegen. Wenn es dann aber doch zum Gerichtsverfahren kommt, so erfolgt in praktisch allen Fällen eine Verurteilung.

Erkennbar ist die Zurückhaltung beim Anspruchs- und Anrechtsdenken nicht zuletzt auch daran, dass Instanzen und Personen mit Autorität nur selten zur Rechenschaft gezogen werden. Ein weiteres wichtiges Indiz dafür ist die Dauerhaftigkeit, mit der sich die Liberal-Demokratische Partei an den Schalthebeln der Macht hat halten können. Ins gleiche Kapitel gehört die außergewöhnliche Langlebigkeit von Politikerkarrieren und politischen Dynastien.

Innovation

Es kann keinen Zweifel geben, dass Japan zu den innovativsten Ländern der Welt gehört. Man denke nur an die Automobilindustrie, aber auch an Elektronik und Robotik. Untersuchungen haben ergeben, dass die japanischen Unternehmen für weniger Geld mehr Innovation zustande bringen als westliche Unternehmen. Es mag dies auch damit zu tun haben, dass man in Japan in der Regel bei neuen Produktentwicklungen früher in die Applikation geht, als dies in den westlichen Industriestaaten üblich ist.

Ein Beispiel für die besonderen Entwicklungswege bietet die Welt der Roboter. Man erinnert sich, dass die Japaner vor ein paar Jahren einen Roboterhund auf den Markt gebracht hatten. Später bekam die Öffentlichkeit einen Roboter zu sehen, der auch Treppen steigen kann. Schließlich gab es an der Weltausstellung im japanischen Aichi von 2005 im Pavillon von Toshiba eine Jazzband zu sehen, die ausschließlich aus Robotern bestand. Inzwischen sind weitere Neuigkeiten präsentiert worden, unter anderem ein Roboter, der Geige spielen kann. Nach Auskunft von Experten sind die technischen Herausforderungen, die beim Trompete oder Geige spielenden Roboter bewältigt werden mussten, von einem besonders hohen Schwierigkeitsgrad. Die Außenwelt reagiert in der Regel mit Kopfschütteln oder Erstaunen. Die meisten halten es für eine bloße Spielerei, einen Roboterhund herzustellen. In Tat und Wahrheit steckt hinter all diesen Projekten ein Hauptziel, nämlich die Robotertechnologie für den Alltag der Menschen besser nutzbar zu machen.

Japans Bevölkerung altert rasch. Dies hat zwei Folgen. Zum einen wird man in der Zukunft erheblich mehr Mittel für die Altenbetreuung benötigen, und zwar nicht nur finanzielle, sondern auch personelle. Zum anderen vermindert sich aufgrund tiefer Geburtenrate fortlaufend das Angebot an Arbeitskräften, das jährlich dem japanischen Arbeitsmarkt zur Verfügung steht. Da Japan anders als die westlichen Industriestaaten keine Massenzuwanderung hat und auch in Zukunft keine haben will, muss man die Bedürfnisse der Arbeitsmärkte durch das einheimische Angebot abdecken.

Die Entwicklungsschritte vom Roboterhund bis zum Geige spielenden Roboter sind alle darauf angelegt, Roboter zu kreieren, die nicht mehr nur in der industriellen Fertigung, sondern zunehmend auch im Dienstleistungsbereich Hand anlegen können. Zukunftsvorhaben von Großunternehmen wie Matsushita National-Panasonic, dessen *House of the Future* man in Tokyos Ausstellungsgelände Odaiba besuchen kann, lassen erkennen, wohin die Reise in der Zukunft gehen wird.

Innovation ist aber nur möglich in einem Land, das weiterhin großes Gewicht auf industrielle Produktion und auf technischen Fortschritt legt. Dazu braucht es auch die nötigen gut ausgebildeten Arbeitskräfte. All dies ist in Japan vorhanden. Das Land der aufgehenden Sonne ist damit ein geradezu klassisches Gegenbeispiel zum europäischen Inselstaat Großbritannien, mit dem es sich seit der Meiji-Restauration im späten 19. Jahrhundert immer wieder verglichen hat. Großbritannien hat auf den Weg der Deindustrialisierung gesetzt, was seine sehr stark auf Finanzdienstleistungen fokussierte Volkswirtschaft in hohem Grade verletzlich macht.

Als Paradebeispiel mag die gegenläufige Entwicklung dienen, welche Großbritannien und Japan in der Automobilindustrie während der letzten Jahrzehnte gewählt haben. Während japanische Firmen an die Weltspitze gelangten, hat sich Großbritannien aus den Rängen der Autos produzierenden Industriestaaten weitgehend verabschiedet.

Individualität

Zu den zahlreichen Vorurteilen, die weiterhin Verbreitung finden, gehört die Vorstellung, dass die Japaner keine Individualität hätten. Diese Meinung lässt sich auf den ersten Blick mit scheinbar unbestreitbaren Tatsachen untermauern. Den Westlern erscheinen alle Japaner die gleichen Gesichter zu haben. Wer zu den Stoßzeiten die Tokyoter U-Bahn benutzt, wird die Masse der Salarymen in den ewig gleichen graublauen und grauschwarzen Anzügen mit den wenig farbenfrohen Krawatten sehen.

Auch scheint das Verhalten der Japaner darauf fokussiert zu sein, nicht aus der Reihe zu tanzen. Bereits in der Schule gilt dieses Verhalten als erstrebenswert. Die Grundschullehrerin wird alles daransetzen, dass alle in der Klasse mitkommen. Es darf keine Zurückgebliebenen geben, aber auch Vorreiter sind wenig erwünscht. Schließlich trägt auch die Disziplin, mit der sich Japaner in eine größere Einheit einfügen, es sei dies die Reisegruppe oder die Firma, in der man arbeitet, zum Eindruck der Gleichförmigkeit bei.

Doch auch hier sieht die Wirklichkeit anders aus als der erste Eindruck. Zunächst dürfte jedem Besucher auffallen, wie individuell die Japaner zu bauen pflegen. Es gibt kaum eine andere Stadt, wo sich so viele verschiedene architektonische Extravaganzen finden wie in Tokyo. Aber auch die einfacheren Wohnquartiere zeichnen sich durch eine wilde Vielfalt von Baustilen und Baumaterialien aus. Schließlich ist auch der beträchtliche Innovationsausweis von Nippon Inc. sehr wohl ein Beweis dafür, dass die Japaner Individualität besitzen. Anders ließe es sich ja wohl nicht erklären, weshalb Japan für Ostasien das Mekka der Mode und der Unterhaltung ist.

Für Fremde ist es sehr schwierig, einen Japaner – und besonders einen Geschäftsmann – als Privatperson kennenzulernen. Sie werden auch noch nach vielen Jahren der persönlichen Bekanntschaft höchst selten zu Hause empfangen. Das liegt zunächst an den sehr kleinen Wohnräumen, hat aber auch mit gesellschaftlichen Konventionen und der sehr zurückhaltenden und reservierten Art der Japaner zu tun. Die Grenze zwischen der privaten Welt und der Geschäftswelt ist sehr hermetisch und öffnet sich erst nach langen und intensiven Kontakten. Eine Einladung nach Hause muss als ein außerordentlicher Erweis des Vertrauens und der Wertschätzung betrachtet werden. Bereits dass die Frau des Geschäftspartners zu einem Dinner im Restaurant mitkommt, ist eine höchst außergewöhnliche Sache.

Wem es gelingt, über das Geschäftliche hinaus einen engeren Kontakt mit Japanern aufzubauen, wird bald in deren Privatleben markante Zeugnisse von Individualität finden.

Ein besonders einträgliches Gebiet ist das Hobby. Da der Alltag die Menschen zu einem hohen Maß an Konformismus zwingt und man sich im Umgang mit anderen Menschen wie auch in der Selbstdarstellung nicht die Freiheiten herausnehmen kann, die viele in den westlichen Gesellschaften für sich reklamieren, verlegen die Japaner den Ausdruck der eigenen Individualität auf das Hobby. Japan ist ein Land der Hobbys. Das Besondere an der japanischen Art der Freizeitbeschäftigung liegt darin, dass man auch hier sein Bestes geben will.

Bei einem Volk von über hundertzwanzig Millionen Menschen ist natürlich die Vielfalt der Hobbys unbegrenzt. Es gibt wohl nichts unter der Sonne, bei dem nicht Japaner sich auszuzeichnen suchen. Dabei geht es stets darum, auch in der Freizeitbeschäftigung die Perfektion anzustreben. Man kennt japanische Alphornbläser und japanische Jodlerinnen, die es mit den besten Schweizer Alphornbläsern und Jodlern aufnehmen können. Es gibt Schulen von nordischem Handwerk und nordischer Stickereiarbeit, die sich in nichts von den skandinavischen Originalen unterscheiden. Freizeitbotaniker legen sorgfältig beschriftete und akribisch zusammengestellte Sammlungen an. Wer schottischen Malzwhisky als Passion hat, gibt sich nur mit einer möglichst kompletten Sammlung des Getränks zufrieden – die Beispiele ließen sich beliebig vermehren.

Es mag im Alltag oder am Arbeitsplatz länger dauern und mehr Aufwand verlangen, bis man in Japan hinter der Maske der Konformität die individuellen Charaktere entdecken kann.

Es wäre jedoch ein Fehler, sie von Anfang an als nichtexistent zu betrachten. Japan veranlasst die Menschen in bestimmten Situationen zum konformen Handeln. Dass alle sich gleich verhalten, erleichtert auch den zwischenmenschlichen Verkehr und bindet den Alltag in einer Reihe von festgefügten Ritualen ein. Gleichzeitig ist es aber für die Zusammenarbeit mit Japanern im Betrieb oder für die längerfristige Kooperation mit japanischen Geschäftspartnern sehr nützlich, auch deren Individualität wahrzunehmen.

Im Dampfkessel – Besuch in einem Onsen

Françoise Hauser

Es dampft und brodelt, in der Luft hängt der dezente Duft von Limonen. Hin und wieder lichtet ein kühler Luftzug den Dampf, gibt den Blick frei auf einige wenige Besucher des Badebeckens. Ein wohliger Seufzer, leises Wasserplätschern – nur das Rauschen des Hirose-Flusses vor dem Fenster unterbricht die Stille. Wer im Onsen von Sakunami in die heißen Fluten sinkt, sucht die Erholung vom Alltag, die totale Entspannung. Und wird fündig.

Übersetzt bedeutet Onsen schlicht »heiße Quelle« – und steht doch für ein ganzes Erholungskonzept, das auch Nicht-Japaner nach nur einem Besuch geradezu abhängig macht. Der Kern: Baden hat erst einmal wenig mit Säubern zu tun. Die nötige Körperpflege erledigt der Besucher des Onsen noch vor dem Bad. Viel wichtiger ist die völlige Entspannung von Körper und Geist zugleich: Beruf und Alltag in Japan fordern viel Einsatz und Anpassungsgabe. Im Onsen freilich entdeckt Japan seine Verbundenheit mit der Natur. Während die mehr als vierzig Grad heißen gemeinschaftlichen Thermalbecken auch die härteste Muskelverspannung geradezu wegschmelzen, darf der Blick über die Landschaft wandern. Das entspannt den Geist; lädt ihn ein zum Träumen und reinigt die Seele. So kommt es, dass Onsenbäder eigentlich immer an landschaftlich schöner Stelle liegen, oft an rauschenden Bächen oder malerischen Seen. Wohl auch aus diesem Grund hat Kitsch in den Onsen nichts zu suchen. Geschmackvoll, unaufdringlich und architektonisch meist traditionell, sind sie vor allem in Holz und Stein gehalten.

Sofern möglich, verfügt jedes Onsen auch über eine Rotemburo-Außenanlage. Hinter dem Begriff verbergen sich Felspools inmitten japanischer Gärten. Egal ob unter rosa Kirschblüten oder rotem Ahorn, auch hier ist die Aussicht liebevoll gestaltet, kein Grashalm dem Zufall überlassen. Schon bei der Planung achten die Gärtner darauf, dass dem Auge zu jeder Jahreszeit eine harmonische Aussicht geboten wird. Besonders im Winter, der in Japan bitterkalt werden kann, erfreuen sich die Rotemburo größter Beliebtheit. Mit etwas Glück wirbeln dem Besucher die Schneeflocken um den Kopf, hängen schwere Eiszapfen von den Felsen am Beckenrand, während er selbst gemütlich im heißen Wasser sitzt. Oft auch Männer und Frauen gemischt – eine echte Überraschung für den westlichen Besucher, der sich erst einmal in der falschen Abteilung wähnt.

Seite an Seite köchelt hier die Verkäuferin mit dem Arzt und dem Hausmeister des nahe gelegenen Pachinko-Spielsalons – vor den strengen Regeln des Onsen sind alle gleich. Und gerade die Regeln sind es, die dem Geist Halt geben: Jeder Schritt ist ritualisiert, von geradezu meditativer Qualität. Wer in Japan aufwächst, braucht keine weiteren Onsen-Erläuterungen. Der Ausländer wohl – kein Wunder, dass er schnell zu einer potenziellen Störquelle wird: Alle Meter, scheint es, steht ein Schuhwechsel an. Am Eingang in die Onsenanlage (Schuhwechsel), einige Meter über die frischen Tatami-Matten (Schuhwechsel), in den Außenbereich (Schuhwechsel) und irgendwann ganz sicher auch der Besuch auf dem stillen Örtchen (Schuhwechsel). Gerade hier lauern die Fettnäpfchen. Allzu oft vergisst der Besucher von auswärts, sich der Toilettenschlappen wieder zu entledigen, und trägt sie zum Entsetzen der einheimischen Besucher direkt bis zum Beckenrand.

Die Mär, viele Onsen würden fremdländische Besucher daher abweisen, bewahrheitet sich meist jedoch nicht: Längst hat man sich darauf verlegt, mit einem kurzen Etikette-Briefing für ausländische Disziplin zu sorgen. Glaubt man den englischsprachigen Handouts, haben die Onsenbesitzer vom Wäschewaschen im Becken, Kopfsprung und Taucherbrille bis zum Stöpselziehen nach dem Bad schon so ziemlich jeden Fauxpas gesehen.

Wer sich den Regeln unterwirft, wird jedoch belohnt, auch wenn der Aufenthalt in den heißen Quellen sich als unterschätzte Disziplin herausstellt: Während der geübte Onsengänger mit fünfundvierzig Grad scheinbar mühelos umgeht, gehört beim fremden Besucher immer auch ein kleines Tänzchen am Beckenrand und viel Luftholen dazu: Onsen sind heiß! Wirklich heiß! Nur wer sich Zeit lässt, hat eine Chance, bis zur Halskrause im Wasser zu landen. Dann allerdings setzt die berühmte Muskelentspannung ein, die jeder Beschreibung trotzt. Schön machen Onsen allerdings eher auf lange Sicht: Das heiße Bad kurbelt die Hautdurchblutung an, kein Wunder, dass mancher Ausländer mit knallrotem Kopf geradezu zu verglühen scheint. Wie entspannend der Onsenaufenthalt wirklich ist, merkt der Gast meist erst auf der Taxifahrt nach Hause. Keine fünf Minuten dauert es, da kippt der Kopf an die Rückenlehne und der Geist in die entspannte Willenlosigkeit.

Bei allen Ritualen – kein Onsen gleicht dem anderen. Viele Japaner und manch ein Tourist setzen sich daher die ambitionierte Aufgabe, möglichst viele Thermen zu probieren – immerhin hundertvierzig Millionen Besucher zählen die japanischen Onsen jährlich! –, und führen leidenschaftliche Fachgespräche über die Vorzüge der verschiedenen Badeorte. Gelegenheit gibt es dazu allemal, ja selbst die Hoffnung, es könne sich die eine oder andere neue Quelle auftun, ist keinesfalls überzogen: Die japanischen Inseln sind noch immer in Bewegung. Gleich drei tektonische Platten reiben sich hier aneinander und häufen dabei das Inselreich auf. Die Nebenerscheinungen sind sprichwörtlich erschütternd: Erdbeben in so großer Zahl, dass sie kaum einer mehr zählt, aktive Vulkane im ganzen Land. Und heiße Quellen, überall.

Wer die Onsen besucht, ist also immer live dabei, wenn die Geotektonik zuschlägt. Die Hitze in den Knochen, mit dampfender Haut und weichem Gang, fällt es leicht, an die Bewegung der Erdplatten unter den Füßen zu glauben.

Japanische Gehversuche

Cees Nooteboom

Wenn ich je ein anderes Leben bekommen könnte, dann müsste es eines in einem Land sein mit einer anderen Schrift. Mehrwert, der ästhetische Anblick von etwas, bei dem das Gezeichnete durch die Zeichnung neben der Bedeutung zusätzlich noch etwas bedeutet, behauptet, heraufbeschwört, Sho, Kalligrafie. Ich wollte, ich könnte es, aber ich bekomme es nicht, dieses andere Leben, ich habe bereits das Alter des »zu spät« erreicht. Kein Grund zur Trauer, das »nie mehr« hat seinen eigenen bitteren Reiz.

Das Zimmer, in dem mir diese Gedanken durch den Kopf gehen, liegt in Tsumago, einem Dorf im südlichen Teil des Bezirks Kiso in der Präfektur Nagano. In diesem Zimmer steht kein Stuhl, es ist kalt, ich schreibe im Knien in mein *High Grade Note Book*. Der Einband ist hellbraun, ähnlich wie Packpapier. Er weist drei Linien auf, aber ich weiß nicht, was ich auf sie schreiben soll. Also nichts. Innen hat die Kladde andere Linien, die verächtlichen Hilfsmittel für jemanden, der ohne Sho leben muss und der jetzt, da er weder Stuhl noch Tisch hat, einen etwas lächerlichen Anblick abgibt. Aber niemand sieht mich. Die Linien wollen Worte, auch wenn der Schreiber dieser noch nicht existierenden Worte sich dafür tief bücken muss. Ich überdenke den vorangegangenen Tag.

In Tokyo habe ich eine Reise zusammengestellt von einem Gasthof zum nächsten. Für jedes Minshuku bekommt man ein vervielfältigtes Blatt mit einem Plan, einer Strategie, um dorthin zu kommen. Die Besitzer der Minshuku sprechen so gut wie nie Englisch, aber sie wissen, in welchen Bereichen wir für gewöhnlich ein törichtes Benehmen an den Tag legen. Die Reise ist nicht immer ganz einfach. Umsteigen, in einer entlegenen Provinzstadt ankommen. Da und da soll der Bus stehen. Man vergleicht die Zeichen mit den erhaltenen Anweisungen. Es sieht ganz ähnlich aus, aber stimmt es wirklich? Ist dies der Bus nach Tsumago? Ja. In Japan verkehrt alles pünktlich, man weiß, wie lange der Bus brauchen wird, die räumliche Ankunft muss sich mit der zeitlichen decken. Man kann sich der Landschaft hingeben.

Schmale Straßen, Regen. Düstere, nasse Wälder, viele Bäume noch kahl. Auf dem Land Wagen, gebückte Menschen bei der Feldarbeit. An jeder Haltestelle die automatische Stimme, in der langen Wortreihe meine ich, den Klang des Wortes »Tsumago« zu erkennen, und meine Uhr sagt, dass ich aussteigen muss. Jetzt nach rechts, der Koffer rollt hinter mir her. Wir überqueren die Straße, und zwar an ihrem Ende, und dort muss es liegen, an der Straße nach Magome. Ich vergleiche das Zeichen für Magome mit einem Wegweiser. Dies ist es. Ein flaches Gebäude, davor ein steinerner Fuchs in einer fröhlichen Jacke. Er soll Glück bringen. Ich stehe etwas verloren in einer Art Laden, das Minshuku liegt viel weiter außerhalb des Dorfes, als ich gedacht hatte, und ich frage mich, was ich tun soll, wenn es so weiterregnet. Der Besitzer erscheint und verbeugt sich, und plötzlich, wie aus dem Nichts aufgetaucht, steht eine sich verneigende Frau neben ihm. Sie lachen und verbeugen sich, ich verbeuge mich und lache. »Oranda«, sagen sie, »Holland«, und so ist es. Ich werde hinaufgeführt. Die Frau bedeutet mir, die Schuhe in der Diele auszuziehen, mehrere Paare

sehr große Pantoffeln stehen schon bereit, Menschen aus
Oranda sind unglaublich groß. Sie zeigt mir noch das WC auf
dem Flur und streckt einen befehlenden Finger zu den Pantoffeln aus, die dort stehen. Rein, unrein, Schuhe fürs Zimmer
trägt man nicht im WC. Der Unterschied ist deutlich, denn
die Pantoffeln der Unreinheit sind mit einer Schnur zusam-
mengebunden, damit der Dummkopf, der ich bin, nicht doch
mit ihnen auf den Flur tritt. Dann lässt sie mich allein. Es ist
sehr still, sie ist plötzlich lautlos verschwunden. Das Zimmer
ist klein, mein Koffer sieht aufdringlich aus. Ich ziehe meinen
durchnässten Regenmantel aus, aber auch er wirkt plötzlich
obszön, er gehört nicht hierher, ist zu dick, hier ist alles nach
Zentimetern eingeteilt. Ich erkenne die *Dinge:* die Shoji, Fenster aus Reispapier, die man zur Seite schieben kann, sie geben
dem Raum ein weißgraues, nicht glänzendes Licht. Die Tatami, Schilfmatten, die sich unter den Füßen leicht wölben, als
befände sich darunter ein besonders stark federndes Moos.
Der Kotatsu, in der Zimmermitte, ein kleiner Tisch, vor dem
vier flache Kissen liegen. Darüber ist ein schlichtes Tuch ausgebreitet, auf dem ein glänzendes rundes Tablett steht. Es ist
kalt hier im Raum, ich sehe nirgends eine Heizung, weiß aber,
dass unter dem Kotatsu ein kleiner elektrischer Heizofen stehen muss. Ich versuche, möglichst viel von dem, was ich bei
mir habe, in den Schiebeschränken unterzubringen, um so
das Bild des Zimmers intakt zu lassen, doch da kommt die
Frau schon wieder mit Tee und Keksen. Ich möchte wissen,
wie lange ich spazieren gehen und ob ich danach noch ein Bad
nehmen kann, und wir führen ein Mimodram um meine Uhr
auf; sie streckt Finger in die Höhe, legt andere quer darüber,
ich zeige auf mein Zifferblatt, und sie tut, als habe sie so ein
Ding noch nie gesehen, und dabei lachen wir die ganze Zeit.
Sie gießt den Tee ein und verneigt sich, und als sie weg ist, bleibe ich auf den Knien hocken und schlürfe das heiße, grüne

Getränk, aber dann ist sie plötzlich unter vielen gemurmelten Entschuldigungen wieder da und macht den Ofen unter dem Kotatsu an und bedeutet mir, die Beine darunterzustrecken. Nach zwanzig Minuten ist mein Rücken eiskalt, und meine Füße sind am Verbrennen. In der Tokonoma, dem Alkoven mir gegenüber, hängt eine Kalligrafie, und wieder überkommt es mich, dieses Gefühl von Neid. Diesen Kampf von Weiß gegen Schwarz, des Zeichens, das man gegen das umringende, gefräßige Nichts machen will, den würde ich auch gern führen. Aber ich habe nur mein mit vier Wörtern benanntes *High Grade Note Book,* um darin meine *high grade notes* dieses Tages niederzuschreiben. Ohne Kenntnis der Sprache kommt Sho mir wie ein leeres, eitles Exerzitium vor, das Nachäffen von Zeichen als pure Form, ihre Bedeutung nicht aus der Sprache heraus empfunden, Nipponnerie.

Es gibt Augenblicke, in denen man sich hoffnungslos fremd vorkommt. Da sitze ich also, in meinem noch nicht einmal zehn Tatami großen Zimmerchen. Wo die Shoji etwas aufgeschoben sind, sehe ich einen griesgrämigen Himmel aus gut gefüllten Wolken, Regentropfen das einzige Geräusch, im Haus sind alle gestorben. Die Matten riechen wirklich noch ein wenig nach Schilf, und ich sitze da und schaue so vor mich hin. Nach dem Millionentanz von Tokyo ist dies das absolute Kontrastprogramm, ich weiß noch nicht recht, was ich damit anfangen soll. Fünf Uhr. Wenn ich die Frau richtig verstanden habe, kann ich noch eineinhalb Stunden spazieren gehen. In der Diele unten finde ich meine freundlichen Schuhe wieder, und plötzlich steht die Frau auch wieder da wie eine Geistererscheinung und gibt mir einen viel zu kleinen orangen Mädchenschirm. Ich beschließe, nicht ins Dorf zu gehen, sondern nach links, Richtung Magome, es muss einen Waldweg geben, der dorthin führt. Bevor ich weiß, wie mir geschieht, habe ich mich verirrt, aber das macht nichts, es ist jetzt besser, kein Ziel zu haben. Der Regen tickt leise auf meinen zu kleinen Schirm. Von alten Bildern kenne ich sie, gebückte Männer im Regen unter einem Karakasa, einem altmodischen Regenschirm aus geöltem Papier, ähnlich dem, was die buddhistischen Mönche in Birma gegen die Sonne haben. Wie anders klänge das Geräusch des Regens auf dem harten, pergamentartigen Papier. Er würde trommeln, peitschen, ich hätte Gesellschaft. Der Weg zieht sich in einer langsamen Schleife bergan. Die meisten Bäume sind noch kahl, sehr zart und dünn in Regenschleiern. Wie ist es eigentlich, fordert eine bestimmte Landschaft eine besondere Malweise heraus, oder wird der Eindruck, den man von einer Landschaft hat, von den Bildern geprägt, die man gesehen hat? Haben die Hügel tatsächlich andere Formen, steigen sie bizarrer und jäher in der nebligen Ferne auf, oder ist es nur so, weil ich dies so oft auf japanischen Bildern gesehen habe? Und umgekehrt, hat die Natur sich hier wirklich mit Tusche in abrupten, plötzlich ganz feinen Strichen aufs Papier bannen lassen?

Ich denke an einige Wandschirme von Hasegawa Tohaku, die ich – gestern erst – im Nationalmuseum in Tokyo gesehen habe. Sie stammen vom Ende des 16., Anfang des 17. Jahrhunderts, aber als ich um mich blicke, sehe ich auch nur Wandschirme, jemand hat sich die Mühe gemacht, die Schirme eines frühen Abends aufzustellen und darauf die Geister von Bäumen zu malen. Kiefern waren es, und auch von ihnen sehe ich hier einige, dunkel die am nächsten gelegenen, und die entfernteren mit immer hellerer Tusche oder leichteren Bewegungen gemalt, eine Farbe vielleicht nur, ein Schwarz; das alles in sich birgt, das grünlich oder grau sein kann, ein Baum, der in der Erde steht, und ein schwebender Baum, immer ein einzelner Baum und zugleich ein Wald.

Meine Füße versinken im nassen Boden, der kleine Regenschirm schützt mich schon lange nicht mehr, ich spüre, wie mir die Kälte bis in die Knochen dringt. An einer Weggabelung steht ein Baumstrunk, in den Zeichen geritzt sind, die man weiß angemalt hat. Sie lachen mich aus mit ihren Schleifen und Rundungen, sie sagen etwas, und ich kann sie nicht verstehen, sie brüllen vor Lachen über diesen albernen Mann mit dem orangefarbigen Ding über dem Kopf. Ich entscheide mich für einen der beiden, den steileren Weg, höre einen Bergbach, aber sehe ihn nicht. Dann ist plötzlich ein Glöckchen zu hören, und ich bereite mich auf Schritte vor, eine menschliche Gestalt in den Regenwolken, doch das Glöckchen wird vom Wind bewegt, gehört nicht an den Hals einer Ziege oder in Menschenhände. Es hängt an der Veranda eines verschlossenen Hauses, niemand zu sehen. Ich setze mich in eine Ecke der Veranda, trocken, mit angezogenen Knien, und schaue auf das Glöckchen, wenn der Wind es berührt, bewegt es sich. Nein, ich brauche hier, später, jetzt, wo ich es aufschreibe, den Klang dieses Glöckchens nicht nachzumachen. Ich suchte ein Wort für diesen Augenblick, und das Wort, das sich anbot, war *poignancy,* als wollte sich alles, eine ganze Reise, in diesem Augenblick ballen, sodass man unbeweglich sitzen bleibt und sich wünscht, er möge ewig dauern. Furin heißt so ein Glöckchen, und plötzlich weiß ich, wo ich zuletzt eines gehört habe, bei einem Maler, der in der Wüste New Mexicos in einem Waggon lebt, Bruce Lowney. Er lebte dort allein und hatte seine Furin, wie er sagte, um die Stille zu akzentuieren. *Poignancy, mono no aware,* das Pathos der Dinge.

Unglücklicherweise bin ich so beschaffen, dass ich immer hinter den nächsten Hügel gucken will und noch immer nicht gelernt habe, dass dahinter wieder ein Hügel liegt. Was erwarte ich denn eigentlich (und schon so lange)? Eine besondere Begegnung, eine Wunderlandschaft, das Meer? Du erwartest etwas, das du dir nicht ausdenken könntest, Trottel. Geh zurück nach Hause (Hause?), du bist klatschnass, und es wird dunkel, ringsum bilden sich dunkle Löcher, Löcher, die die Darstellungen von Sträuchern und Zweigen aufsaugen, plötzlich sind sie nicht mehr da, der Wald schrumpft und kommt auf dich zu. Aber ich will noch weiter, und dann führt der Weg in einem wilden Schlenker abwärts, und ich gerate in offenes Gelände. Wieder ein Haus, ebenfalls verschlossen. Wohnen in dieser Gegend überhaupt Menschen? Es ist alt, dieses Haus, das Holz ist so dunkel wie die hereinbrechende Nacht. Ein Schild mit einem wie ein Gedicht aussehenden Text hängt da, seitlich vom Haus ein nasses Feld, über das man Schilf gelegt hat, um es vor dem Regen zu schützen. Verbrannte Holzklötze, ein Büschel geschnittener Bambus. Das Gedicht kann ich nicht lesen, also mache ich selbst eines, japanische Spiele.

Das verlassene Haus in den Bergen –
wenn ich es war, der das Schilf schnitt,
bin ich dann der Mann, der hier wohnt?

und sogleich antwortet die Natur, denn ein Bussard fliegt langsam aus einem Baum hinter dem Haus auf

der Wipfel streckt die Flügel aus
und fliegt davon –
ein Bussard in den Hügeln bei Magome.

Aber ich bin ja nicht in der Nähe von Magome. Schon möglich, aber wo dann? Jetzt kommen Geister, die mich mögen. Der Weg ist breiter geworden und mündet in eine schmale Asphaltstraße. Dort hockt ein kleiner steinerner Mann mit einem roten Lätzchen um den Hals und einem aus Schilf geflochtenen Hut. Das Lätzchen ist nass, der Hut durchweicht, aber das kümmert ihn nicht. Seine steinernen Beine sind völlig waagrecht und gekreuzt, er hat die Augen geschlossen und trägt einen Stab in der rechten Hand, die aus dem weiten Faltenwurf seines Mantels hervorschaut. Ich weiß, dass er Jizo heißt. Die beiden Teile seines Namens bedeuten Erde und Gebärmutter, oder Wiege und Grab, und auf dem Weg dazwischen ist er die kleine kahlköpfige Gottheit, die uns beschützen soll, er sieht aus, als ob es kann, Gott, Berggeist oder Geist der Landschaft, ich brauche ihn, ich muss nach Hause. Ich zerre ein wenig an seiner unendlichen Ruhe, vor ihm liegen zwei durchweichte Süßigkeiten, und ich stehe hier mit leeren Händen, aber das ist ihm offenbar einerlei, denn nun hält ein Jeep mit einem Bauern vor mir, der mich ansieht und die Hände fragend vom Lenkrad nimmt. Ich lache und verstaue diesen blödsinnigen Regenschirm und sage »Minshuku, Tsumago«, und er fährt an sechs Hügeln vorbei, und schon sind wir da, ich war nicht weit weg und doch sehr weit.

Als ich das Minshuku betrete, rieche ich Essensdüfte. Andere Gäste sehe ich immer noch nicht: Es muss jetzt Zeit fürs Bad sein. In meinem Zimmer liegt ein Yukata bereit, ein leichter Kimono aus blauer Baumwolle. Ich ziehe mich um und gehe hinunter und wollte, es gäbe ein Glöckchen, das mir vorangine. Besonders groß bin ich nicht, aber vor allem, wenn die Behausung so klein ist und man sich selbst noch nicht heimisch fühlt, empfindet man seine eigene Anwesenheit als etwas Plumpes und Täppisches. Womöglich jage ich anderen noch einen Schrecken ein. Aber der Mann steht bereits in dem halbdunklen Raum, in dem ich nachher anscheinend essen soll.

»O-furo?«, frage ich zögernd.

»Hai!«

Es gibt genug Geschichten über Japaner, die sich in Europa ausgiebigst außerhalb der Badewanne waschen, bevor sie sich endlich hineinsetzen, und so nach unserem Empfinden eine riesige Schweinerei veranstalten, und andererseits auch genug Geschichten über Europäer, die in Japan das klare Wasser mit ihrem Schmutz und ihrer Seife verunreinigen und damit in den Augen der Japaner eine schreckliche Ferkelei begehen. Diesen Fehler mache ich nicht mehr. Beide Seiten haben Anweisungen erhalten, wie man Scham und Schande vermeidet, und meinen Teil habe ich auswendig gelernt. Man wienert, scheuert, schrubbt und begießt sich so lange mit Wasser, bis kein Fitzelchen Schmutz mehr am nackten Leib ist, erst dann darf man in die Wanne. Wenn Japaner dabei sind, spürt man, dass sie aufpassen, denn unser Ruf ist weit gedrungen. Handelt es sich um ein Gemeinschaftsbad, dann steigen sie manchmal in dem Moment aus, in dem man selber hineinsteigt, selbst wenn man sich noch so gründlich geschrubbt hat, auch das ist mir schon passiert. Hier bin ich jedoch allein, der Raum ist zu klein, man wechselt sich hier offenbar ab, das Bad ist zwar gemeinschaftlich, aber das Gemeinschaftliche spielt sich nicht zur selben Zeit ab. Der Mann zeigt mir, wo ich meinen Yukata aufhängen soll, deutet auf die Seife, die Bürste, den Wasserhahn, mich, den niedrigen dreibeinigen Holzschemel, auf dem ich sitzen, das runde Holzgefäß, mit dem ich mir Wasser über den Kopf gießen soll. In der Ecke steht, leicht drohend, ein rechteckiger Holzzuber, bis oben hin mit schimmerndem Wasser gefüllt, das durch eine unsichtbare Öffnung nachgefüllt zu werden scheint, denn ich höre leises Gebrodel, ohne etwas zu sehen. Dampf steigt auf, so dicht wie die Nebelschwaden in den Hügeln, das Wasser muss glühend heiß sein. Ich führe die vorgeschriebenen Übungen aus und noch mal und noch mal, das Ritual der Reinigung, die Ablution, ich werde zum saubersten Mann auf Erden. Natürlich haben sie recht, welch blöde Angewohnheit von uns, im eigenen schmutzigen Badewasser zu sitzen, so wird man die Sünde, die Befleckung, den Zeitlauf nie los. Sauberer denn je seit meiner Geburt, nachdem ich Züge und Busse, Schlammspaziergang, Nerven, Druckerschwärze, Leben von mir abgespült habe, gehe ich schließlich, immer noch mit einem gewissen Zögern, auf O-furo zu, tauche die Hand hinein wie eine Katze und weiß sofort: Hier drin kann ich unmöglich sitzen. Ausgeschlossen. Also strecke ich vorsichtig einen Fuß hinein und, als der gekocht ist, einen Fußknöchel, eine stämmige Wanderwade, die Keule, Menschenfilet, Lende, Rippchen, Bruststück, Dichterschulter, das Schmorfleisch meines Nackens, bis alles, Steiß, Sitzbeinhöcker, Oberarm und Brustspitze, zweite Keule, Hinterknie und Schinken leise zu garen und zu zischen anfängt. Eine Zeit lang versuche ich noch, durch Gedanken in dem als einzigen über Wasser gebliebenen Teil geistige Distanz zu diesem Prozess zu schaffen, aber es ist schon zu spät, zwischen Kamm, Nasenspiegel und Scheitel befindet sich keine ordnende Instanz mehr, und alles, was sich darunter befindet, zerfließt in der maßlosen Hitze, ich löse mich geistig auf, völlige Zersetzung des Reisenden, des Aufschreibers, der Person. Es ist folglich auch fast niemand mehr, der sich eine halbe Stunde später zum Gemeinschaftsmahl niederlässt, das mangels anderer Leute nur an Niemand verabreicht wird. Niemand ist glücklich, fischt die großen Meeresschnecken aus ihren Schalen, zeigt dem ängstlichen Hausherrn, dass er weiß, wie er die so eleganten rohen Makrelenscheiben des Sashimi in seinen noch übrig gebliebenen Mund befördern muss. Wie er die Suimono schlürfen muss, wie er die Symmetrie der Krabbe brechen, die gerösteten Hühnerstücke mit seinen großen Zähnen von den Yakitori-Spießen ziehen muss und sogar einzelne Reiskörner zwischen den Hashi halten kann, ein Wunder. Es ist dann schon halb acht oder so, die Kännchen mit Sake, die auf sein wiederholtes Sumimasen herbeigebracht wurden, haben die Hitze des Bades erhalten, und als Jemand in sein Zimmer zurückkommt, ist der Kotatsu bereits weg, und der Futon liegt, so merkwürdig in der Mitte des Zimmers, auf dem Boden bereit, er braucht sich bloß hinzulegen, und es ist Nacht. Sehr kalt ist es im Zimmer, sein Atem macht Wölkchen, aber das kümmert ihn nicht, und auch nicht die Dunkelheit, die Stille, die leisen Regentropfen darin. Er will sich noch etwas für den morgigen Tag überlegen, aber auch der weigert sich, Form anzunehmen, und so zerfließt er, ohne Konturen, noch einmal im Schleierreich des Schlafes.

Phänomen Manga

Jaqueline Berndt

In Japan werden jährlich über zwei Milliarden Mangazeitschriften und -bücher verkauft. Ein Drittel aller Druckerzeugnisse sind mittlerweile Manga. Monatlich erscheinen rund dreihundert Mangazeitschriften und vierhundert entsprechende Buchtitel. Ungefähr hundertdreißig der rund viertausend Verlage in Japan bringen Manga heraus, wobei die drei Großen Shueisha, Kodansha und Shogakukan diesen Markt zu siebzig Prozent beherrschen. Sie publizieren Zeitschriften mit Millionenauflagen sowie Manga in Buchform mit Erstauflagen von 300 000 bis 500 000.

Als kommerzielles Erfolgsbeispiel kann die Manga-Wochenzeitschrift für Jungen *Shonen Jump* (Shueisha-Verlag) gelten. Gegründet 1968 mit einer anfänglichen Auflage von etwa 100 000 und spezialisiert auf Manga für Jungen – eine Gattung, die sich in den Sechziger- und Siebzigerjahren nahezu ausschließlich durch aktionsbetonte Geschichten um Freundschaft, Kampf und Sieg auszeichnete –, sorgte sie bereits im Jahr 1984 mit dem Überschreiten der Vier-Millionen-Grenze für eine Sensation und erscheint seit 1991 mit einer Auflage von mehr als sechs Millionen. Das Gegenstück dazu bilden die Mädchenmanga. Deren zu Beginn der Neunzigerjahre populärste Zeitschriften – *Nakayoshi, Ciao* und *Ribon,* alle monatlich – setzen zusammen fünf Millionen Exemplare ab. Sicherlich hat der allgemeine Zeitschriftenboom im Japan der

Achtzigerjahre hier die Zahlen in die Höhe getrieben, aber auch bei Manga in Buchform stiegen Produktion und Verkauf sprunghaft an. Über den Verkauf von Druckerzeugnissen hinaus garantieren Manga den Verlagen ein einträgliches Geschäft durch das Merchandising beliebter Figuren, wie Doraemon, als Spielzeug, auf Kleidung, Geschirr, Schreibwaren und Süßigkeitenverpackungen sowie durch die Multimediaverwertung, die nun neben dem Videomarkt für die Trickfilmversionen auch die Computerspiele umfasst. In jüngster Zeit bietet man darüber hinaus kombinierte Monatszeitschriften für Manga, Trickfilme und Computerspiele an, wie beispielsweise *V Jump* (seit 1992); *Hao* (seit 1993) und *GAME ON!* (seit 1993).

Während in Deutschland oder Frankreich Comics mit einem herstellungstechnisch vergleichsweise großen Aufwand publiziert werden, das teure Album der Regelfall bei den an Erwachsene und Jugendliche gerichteten Comics ist und man in den letzten Jahren auch einen Trend zum bibliophilen und luxuriösen Comicbuch feststellen kann, sind für Japan die vorwiegend monochromen Mangazeitschriften auf stark holzhaltigem Papier typisch, die ungefähr ein bis zwei Dutzend in Fortsetzungsfolgen erscheinende Comicgeschichten verschiedener Zeichner enthalten. Bei *Shonen Jump* beispielsweise sind es achtzehn Serien in jeder Ausgabe, und diejenigen, die bei den Lesern keinen Anklang finden; werden in der Regel bereits nach zehn Wochen abgesetzt. Diese serielle Publikation in Wochenzeitschriften, die – zumindest im Jungen- und Jugendmanga – seit den späten Sechzigerjahren überwiegt, begründet medial auch den außergewöhnlichen Seitenumfang der Comicromane in Japan.

Manga sind so billig, dass sie sich als Wegwerflektüre verbrauchen lassen. Der durchschnittliche Preis einer Wochenzeitschrift – bis zu vierhundert Seiten stark – liegt unter

vierhundert Yen und der von Mangabüchern zwischen vierhundert und tausend Yen. Der Shogakukan-Verlag beispielsweise bringt Mangabücher zunächst für dreihundertneunzig
Yen als Taschenbuch mit einer Auflage von 300 000 auf den
Markt und schiebt bei Erfolg eine »teure« Hardcoverversion
zum Preis von rund tausendzweihundert Yen in einer Auflage von 30 000 nach. Ein Band des Manga *Akira* von Otomo
Katsuhiro, über vierhundert Seiten umfassend und veröffentlicht von der Zeitschrift *Young Magazine,* ist für tausendzweihundert Yen zu haben, wohingegen ein Album der deutschen
Ausgabe bei etwa hundertzwanzig, allerdings kolorierten Seiten knapp zwanzig Euro kostet. Zusätzlich zu den verschiedenen Mangaausgaben bieten die japanischen Verlage ihren Lesern noch sogenannte Illustrationsbücher beliebter Zeichner,
die auf Glanzpapier und überwiegend in Farbe mit Einzelbil-
dern der Mangahelden, an Titel- oder Zwischentitelseiten er-
innernden Gestaltungen sowie modisch gestylten Gruppen-
darstellungen auf ihre Art die Idolisierung unterstützen und
für die Comicromane des jeweiligen Zeichners werben.

Mit »Manga« meint man gegenwärtig in erster Linie Story-Manga, literarischen Erzählmustern folgende Comics mit
Längen von sechzehn, zweiunddreißig oder mehr als vierund-
sechzig Seiten, die oft über Jahre als Serie in Zeitschriften und
anschließend in vielbändigen Buchausgaben erscheinen. Diese Story-Manga dominieren das Feld seit den Sechzigerjahren, doch das Wort »Manga« umfasst ein weiteres Spektrum.
Ursprünglich wird es mit zwei chinesischen Schriftzeichen
(Kanji) geschrieben, von denen das erste, Man gelesen für
»komisch, witzig, verzerrt« steht (so findet es sich auch in
der Bezeichnung der volkstümlichen Bühnenposse Manzai)
und das zweite, ga, für gemalte, gezeichnete oder gedruckte
Bilder. Der Ukiyoe-Holzschnittkünstler Katsushika Hokusai (1760–1849) verwendete dieses Wort für seine von 1814

an publizierten Skizzenbänder, und der Zeichner Kitazawa Rakuten (1876–1955) griff 1899 auf Hokusai zurück, um seine Cartoons und Comicstrips in der Sonntagsbeilage der Zeitung *Jiji Shinpo* mit diesem Namen aufzuwerten. Heute zieht man die Schreibung des Wortes in Katakana- oder Hiragana-Silben, die schlicht die Lesung wiedergeben, den Kanji zunehmend vor, weil diese zu eng das komisch Verzerrte und dessen Comictradition konnotieren. Damit wird man der Breite des Spektrums eher gerecht und kann auch den Zeichentrickfilm mit einschließen.

Das *Verzeichnis japanischer Manga-Zeichner (Nippon Mangaka Meikan),* ein Nachschlagewerk, das fünfhundert Namen aufführt, unterscheidet sieben Kategorien:

1. meist satirische Cartoons oder Comicstrips als Manga über Politisches oder Alltägliches (Seiji Fuzoku-Manga)
2. gleichermaßen die Kurzformen bevorzugende Gag- und Nonsens-Manga (wobei einzuräumen ist, dass es bis in die Siebzigerjahre Gag und Nonsens auch in der Form des Story-Manga gab)
3. Story-Manga (auch »Gekiga« oder »Comic« genannt – der Story-Manga ist jedoch keineswegs vollständig mit dem Gekiga zu identifizieren)
4. Mädchenmanga (Shojo-Manga)
5. Lady's Comic
6. »Fanzine-Comics« (Dojinshi-Manga – vorrangig auf der Basis nichtkommerzieller Fangruppen-Zeitschriften von Amateurzeichnern wie auch jüngeren Profis) und erstaunlicherweise als eigentlich kunsthistorische Kategorie
7. acht Meister des »Edo-Manga«, die im 19. Jahrhundert Ukiyoe- und Giga-Holzschnitte schufen.

Der Sachcomic als Story-Manga war eine Neuheit der Achtzigerjahre. Für seinen Durchbruch steht – fast schon legendär –

Ishinomori Shotaros *Nihon Keizai Nyumon* von 1986, der vier
Jahre später in deutscher Übersetzung unter dem Titel *Japan
GmbH. Eine Einführung in die japanische Wirtschaft* erschien.
Dieser Manga wurde vom Verlag der renommierten Wirt-
schaftszeitung *Nihon Keizai Shinbun* als Hardcover herausge-
bracht, womit er – damals ungewöhnlich für einen Manga –
im Vertrieb unter der Sparte »Buch« rangierte. Der Kunstgriff
des Zeichners, nicht einfach nur Informationen zu bebildern,
sondern die Möglichkeiten des Story-Manga für ein Vermitteln von Wissen in fiktionalem Gewand zu nutzen (welches
im Übrigen stark an die Erzählmuster japanischer Fernseh-
serien erinnert), schlug sich 1988 in einem Verkaufserfolg von
einer Million Exemplaren nieder. Japanische Studenten, Angestellte, Office Ladys und Hausfrauen greifen heute zu diesen
neuen Sachbüchern, um sich auf unangestrengte und unter-
haltsame Weise zu bilden. Darstellungen beispielsweise zur
japanischen oder Weltgeschichte und neuerdings sogar zur
modernen Kunst, in denen Mangaszenen den Leser nach Art
historischer Romane in konkrete Situationen versetzen und
durch einige Seiten mit Fotos und sachlichen Informationen
unterbrochen werden, sind nicht nur jugendlichen Lesern,
sondern auch Eltern und Lehrern als didaktisch ausgeklügelte
Kinderbücher willkommen.

Ob mit sachbezogenen oder erfundenen Geschichten, der
Manga verfügt inzwischen über einen erstaunlich breiten Le-
serkreis. Seit der Vorkriegszeit in seiner erzählenden Form vor
allem ein Medium für Kinder und seit den Sechzigerjahren
auch für Jugendliche, gehören heute zur »Manga-Generation«
selbst die erwachsen gewordenen Leser von einst. So publiziert neuerdings der Shogakukan-Verlag eine Mangazeit-
schrift für Firmenangestellte namens *Chairman,* und es gibt
allmählich sogar sogenannte »Silver Manga« für im Dienst
der Firma ergraute Pensionäre, die das »zweite Leben« nach

Beendigung der Arbeit thematisieren. Die Mädchenmanga-Zeichnerin Satonaka Machiko äußerte in einem Fernsehinterview die Ansicht, dass sich der Manga in dem Moment als Kultur etabliert, da seine Beschränkung auf bestimmte Altersgruppen fällt, und so wünscht sie dem Rentnermanga recht bald eigene Zeitschriften.

Mit der Ausweitung seiner Lesergeschichten, denen je spezielle Zeitschriften und Buchreihen gehören, nahm die Diversifizierung des Manga seit 1970 stetig zu. Wirkten bereits beim frühen Story-Manga für Kinder die geschlechtertrennenden Momente der modernen japanischen Kultur dahin gehend, dass sich Manga für Jungen und – etwas verzögert – Manga für Mädchen als zwei eigenständige Gattungen herausbildeten, so erschien in dieser Traditionslinie auf dem Markt der Achtzigerjahre der sogenannte Lady's Comic, mit dem Frauen ab Mitte zwanzig als eine der letzten Gruppen ihre eigene Mangagattung bekamen. Eingeleitet wurde dieser Trend durch die 1980 vom Kodansha-Verlag gegründete Zeitschrift *BE LOVE*. 1984 gab es bereits vier, 1985 siebzehn, 1986 einundzwanzig derartige Journale mit einer durchschnittlichen Auflage von 200 000. Aufsehen erregten sie vor allem durch ihre direkten Sexdarstellungen. Die Geschichten, die um Liebe und Seitensprünge, Ehe und Arbeit kreisen und zum großen Teil glücklich ausgehen, folgen – je nach Konzept der Zeitschrift – den Grundmustern des Mädchenmanga oder aber der Nachfrage nach erotischen Comics durch erwachsene Frauen.

Der Einfluss des Manga reicht heute bis in die Literatur hinein. Der SF-Autor Noa Azusa beispielsweise gesteht, eine Mangageschichte von Sato Marino literarisiert zu haben, als die Zeitschrift *SF Magazine* eine Erzählung von ihm haben wollte. Die Autorin Umeda Kyoko hat sich für ihr 1986 mit dem Bungeisho-Literaturpreis ausgezeichnetes Werk *Sieges-Pitcher* auf einen Baseballmanga von Mizushima Shinji (1982) gestützt, und Sagisawa Megumu, ebenfalls ein Literaturpreisträger, war für *Der Weg am Fluss (Kawaberi no Michi)* einem Manga der Zeichnerin Yoshida Akimi gefolgt. Junge Bestsellerautorinnen wie Yamada Eimi, die sich früher selbst als Mangazeichnerin versuchte, oder Yoshimoto Banana, deren ältere Schwester unter dem Namen Haruno Yoiko Manga publiziert, bekennen sich zu ihrer Prägung durch den Mädchenmanga und nehmen dessen Stimmungsmalereien literarisch auf. So verhandelt Yoshimoto Banana in *Kitchen,* ihrem 1988er-Erstling (der 1992 in deutscher Übersetzung erschien) – wie in anderen Werken auch –, Liebe und Tod als Erfahrungen der Jugend, die losgelöst von einer bestimmten Zeit und einem bestimmten Ort simuliert werden. Aber weniger Jugend als solche wird atmosphärisch umkreist, vielmehr ein Bild der Mädchenzeit, wie man es aus dem Mädchenmanga kennt, als begrenzte »Ewigkeit« vor dem Eintritt in die Welt, die Erwachsenen ebenso wie jungen Männern kaum zugänglich, ein »Moratorium«, das den Mythos Kindheit ebenso feiert, wie es die Ahnung späterer Zwänge schon durchzieht. In dem Mädchenmanga ähnlicher Weise spricht Yoshimoto Banana ihre Leserschaft – zu über neunzig Prozent Mädchen und Frauen – auf eine persönliche, exklusive Weise emotional an.

Aber die Infiltration Japans durch den Manga reicht weiter. Sie lässt sich in Computerspielen, auf T-Shirts und Handtüchern, im Verpackungs- und Posterdesign wie in der Fernsehwerbung entdecken. Das Maskottchen für das 1200-Jahre-Jubiläum der altehrwürdigen Kaiserstadt Kyoto 1994 war ein rundliches, herziges kleines Mädchen im Heian-Zeit-Look, das alles andere assoziieren ließ als die Traditionen einer verfeinerten Hofkultur. Auf dem Bildschirm von Geldautomaten sowie den hoch technologischen öffentlichen Telefonen des Internationalen Flughafens Kansai wird man von einem Comicfräulein begrüßt, das sich anschließend zum Dank für die Benutzung höflich verbeugt. Manche Banken geben Kontobücher mit Männchen-Aufdruck heraus, und Faltblätter von Behörden oder kommunale Informationsbroschüren im Mangastil sind, da die zuständigen Beamten mittleren Alters selbst Mangaleser sind, keine Seltenheit mehr. Gebrauchsanweisungen von Geräten und Zubereitungshinweise für Instantgerichte stellen auch für den Ausländer kaum eine Hürde dar, kann er doch den Bildchen folgen und diese mit den angegebenen Ziffern verbinden. Wo man andernorts auf die sachliche Erklärungskraft der Worte baut oder mit deren ironischen Verkehrungen spielt, findet man sich in Japan in eine freundliche, oft verniedlichende, kindlich-naiv anmutende Bilderwelt versetzt, die Geborgenheit suggeriert.

Schritt für Schritt erlangte der Manga in den Achtzigerjahren kulturelle Anerkennung. Zuvor überwog die Ansicht, Manga seien triviale Unterhaltung und hätten einen schädlichen Einfluss auf Kinder, hielten sie doch vom Lernen ab. Dahinter mögen sowohl Ängste vor dem Konkurrenten der Schriftkultur gestanden haben als auch ideologische Vorbehalte, etwa gegenüber dem Manga als Gegenkultur und dessen Befürwortung durch die Neue Linke, wie sie Tsurumi Shunsuke in seiner *Geschichte der Massenkultur Nachkriegsjapans 1945–1980,* einem Klassiker japanischer Massenkulturforschung, beschreibt. Vor allem Eltern und Lehrer erheben bis heute Einspruch gegen Manga, in denen Gewalt oder Sex dargestellt werden, selbst wenn diese – wie die Mangamacher meinen – mit Pornografie nichts zu tun haben, und sie erwirkten zu Beginn der Neunzigerjahre in Tokyo und Osaka zum wiederholten Mal, dass gegen »jugendgefährdende Comics« gerichtlich eingeschritten wurde. Gegen pauschale, ästhetische Kriterien außer Acht lassende Bannsprüche setzten sich Mangazeichner und -verleger 1992 erstmals mit öffentlichen Protesten zur Wehr und organisierten sich in einer »Vereinigung zur Wahrung der Freiheit von Comicdarstellungen«, als deren Vertreter Ishinomori Shotaro auftrat.

Auch wenn es ab und zu heftige Reaktionen gibt, Skandale dienen dem Geschäft, und im Übrigen wird der Manga – mit Differenzierungen – durchaus akzeptiert. 1986 erstellte die »Nationale Konferenz für Schulbibliotheken« einen Kriterienkatalog. Zu den Manga, die als Lehrbuch verwendet werden dürfen, gehört beispielsweise die Comicversion der klassischen *Geschichte vom Prinzen Genji,* 1980 publiziert von der Zeichnerin Yamato Waki unter dem Titel *Asakiyumemishi,* die seit 1992 auch in einer deutschen Übersetzung vorliegt. Mangabesprechungen in Zeitungen sind seit etwa 1977 üblich. Und ein deutliches Signal der Anerkennung war 1983 die Verleihung des japanischen SF-Literatur-Preises an Otomo Katsuhiro für *Kindertraum (Domu;* deutsche Übersetzung unter dem Titel *Das Selbstmordparadies),* wozu es in der Laudatio hieß, er zeige, dass der Ausdruck des dramatisch erzählenden Manga durchaus den des Romans übertreffen könne.

Der Manga ist für Japan neben Fernsehen, Video und Tonträgern eines der wichtigsten Massenmedien geworden. Schon ist von einer Mangaisierung der Printmedien die Rede und von einer Mangaisierung des Fernsehens, wegen der wöchentlich bis zu sechzig Trickfilme auf dem Bildschirm. Die Zweitverwertung populärer Manga in bewegten Bildern ist gang und gäbe. Erinnert sei beispielsweise an *Kimba, der weiße Löwe,* der auf Tezuka Osamus Manga von 1951 *Herrscher des Dschungels (Janguru Taitei)* basiert, sowie an *Astroboy,* ebenfalls als Manga von Tezuka unter dem Titel *Tetsuwan Atomu* erschienen, der 1963 als zweite japanische Zeichentrickserie für das Fernsehen produziert wurde. Seit den Achtzigerjahren gelang es dem Zeichner Miyazaki Hayao, mit seinen abendfüllenden Trickfilmen zunehmend auch Erwachsene zu interessieren. Dies begann 1984 mit dem Trickfilm in Kinolänge

Nausikaä aus dem Tal des Windes (Kaze no Tani no Naushika), der sich auf die ersten beiden Bände des von 1982 bis 1994 in der Zeitschrift *Animage* publizierten Story-Manga stützt. Die Zeichnerin Sakura Momoko erreichte mit ihren funnyartigen Geschichten um die kleine Maruko *(Chibi Maruko-chan)* in Buchform 1990 eine Erstauflage von 2,4 Millionen, an die sich sogleich eine Trickfilmserie für das Fernsehen anschloss, die auf Wunsch der Zeichnerin 1992 auslief. Auch für Spielfilme liefern Manga die Vorlage. Um nur drei Beispiele zu nennen, die sogar zu den von der Filmzeitschrift *Kinema Junpo* gekürten zehn besten japanischen des Jahres 1990 gehörten: *Der Kirschgarten (Sakura no Sono)* des Regisseurs Nakahara Shun beruht auf dem gleichnamigen Manga von Yoshida Akimi, das Regiedebüt von Matsuoko Joji *Mit den Füßen paddelnder Goldfisch (Bataashi no Kingyo)* auf dem ersten Manga von Mochizuki Minetaro und *Kindheit (Shonen Jidai)* von Shinoda Masahiro auf einem Manga von Fujiko Fujio, der wiederum von dem Autor Kashiwabara Hyozo literarisiert worden war.

Mancher Japaner versteht den Manga schon ganz unspektakulär als drittes Hieroglyphensystem neben den japanische Texte konstituierenden ursprünglich chinesischen Schriftzeichen (Kanji) und den japanischen Silbenalphabeten (Kana). Welche Rolle der Manga als eigene Sprache, als Medium des Selbstausdrucks für Schüler und Studenten spielt, zeigen die von der Präfektur Köchi jährlich veranstalteten Wettbewerbe für die Manga-Arbeitsgemeinschaften von Oberschulen. Im August 1992 wurden zum ersten Mal zwanzig Oberschulzirkel von insgesamt 296, die sich beworben hatten, eingeladen und nach den Ergebnissen ihrer zu vorgegebenen Themen vor Ort zu schaffenden Manga prämiert.

Viele Jugendliche verwandeln sich von Lesern in Amateurzeichner, schaffen sich mit dem Manga ihre eigene Welt in Fangruppen und treffen sich zum Verkauf ihrer Fanzines

und Büchlein auf Comicmärkten. Deren erster, als Abkür-
zung für Comic-Market »Comike« oder »Comiket« genannt,
wurde 1975 in Tokyo/Harumi organisiert. Waren damals nur
zweiunddreißig Fangruppen beteiligt und siebenhundert Besucher, so fand der Markt bald einen Zulauf, den sich die Ver-
anstalter am Anfang nicht zu erträumen gewagt hätten: 1982
waren schon mehr als eintausend Gruppen vertreten, denn
durch den Erfolg der Trickfilmversion des SF-Manga *Kosmi-
sches Schlachtschiff Yamato (Uchu Senkan Yamato)* von Matsu-
moto Reiji fühlten sich auch Fernsehkinder angezogen, und
gegenwärtig bietet man 10 000 Gruppen und 20 000 Besu-
chern Raum.

Heutzutage gibt es jährlich einen landesweiten Veranstal-
tungsplan für Comicmärkte, auf dem Großstädte wie Nagoya,
Osaka, Kitakyushu, Kyoto stehen. Aus der Amateurgemeinde
heraus ist ein regelrechter Markt entstanden, den die Verlage
und Großhändler argwöhnisch verfolgen, zumal es sich neben
dem Verkauf auf den Fantreffen auch eingebürgert hat, dass
manche Buchläden den Amateuren Manga direkt abnehmen
und bei sich auslegen.

Die Zahl der Mangazeichner in Japan schätzt man auf ungefähr zweitausendfünfhundert. Realistisch betrachtet sind
davon rund zwanzig Prozent kontinuierlich tätig. Publizisten
rechnen etwa einhundert Männer und einhundert Frauen zu
den populären Zeichnern. Viele von ihnen sind per Exklusiv-
vertrag an ihre Verlage gebunden. Vor einigen Jahrzehnten
noch galten Mangazeichner als gesellschaftliche Außenseiter,
heute sind viele von ihnen anerkannte Persönlichkeiten des
öffentlichen Lebens oder manchmal auch Medienstars, denn
mit dem steigenden Alter der Leser wurde der Manga immer
selbstverständlicher in den Alltag integriert. Die Aufmerksamkeit der Verlage hatte bis in die späten Sechzigerjahre vor
allem den Zeichnern gegolten, seither erfahren jedoch – re-

sultierend aus dem Zwang zur Arbeitsteiligkeit – auch die Szenaristen zunehmende Anerkennung. Diese Veränderung verbindet man gemeinhin mit dem Autor Kajiwara Ikki (alias Takamori Asao), der mit seinen Szenarien für den Baseballmanga *Stern der Giants* (*Kyojin no Hoshi,* seit 1966) und die Geschichte um einen Boxer *Jo von morgen* (*Ashita no Jo,* seit 1968) zu einem der Träger des besonders in den Sechzigerjahren populären Sportmanga wurde. In seinem Gefolge traten beispielsweise Koike Kazuo, der Autor von *Crying Freeman* (1986), sowie Kariya Tetsu als Verfasser des Gourmetcomics der fetten Bubble-Jahre *Oishimbo* (1985) hervor. Die Zeitschrift *Shonen Sunday* setzt mittlerweile jährlich einen Großen Preis für Szenarien aus, und *Shukan Shonen Jump* unterhält eine Schwesterzeitschrift, *Jump Novel,* in der literarische Fassungen populärer Manga mit Illustrationen der jeweiligen Zeichner publiziert werden.

Das Auge isst mit –
Die Genüsse der japanischen Küche
Gert Anhalt

Das wichtigste Wort der japanischen Küche ist nicht, wie man vermutet, Sushi, sondern Shun. Der Begriff bezeichnet die Jahreszeit, in der dieses oder jenes Gemüse, Obst oder Meeresgetier am besten schmeckt und am gesündesten ist. Wir kennen das freilich auch als »Spargelzeit« oder »Miesmuschelsaison«, aber unsere Küche ist längst nicht so vielfältig, traditionsreich und unverfälscht – und nicht so eng mit den Jahreszeiten und ihren jeweiligen Angeboten verzahnt wie die japanische. So gut wie jedes Gericht aus der japanischen Hochküche ist an einen Monat gebunden, ist eine Verbeugung vor der Natur und eine Feier derselben.

Die Bambussprossen kommen im April, nach der Kirschblüte. Die dicken, weißen Daikon-Rüben im Winter. Die berüchtigten Kugelfische im November, so auch die Krebse aus dem Japanmeer. Rapsblüten und Chrysanthemenblätter findet man nur in der Frühlingssuppe. Die erste Ladung der Sanma, der Makrelenhechte, im nordjapanischen Fischerort Kessennuma ist im Herbst ein nationales Ereignis: Der Aal wurde schon im 8. Jahrhundert als geeignete Speise gegen die erdrückende Sommerhitze gepriesen, und der späte Oktober bringt den Matsutake-Pilz.

Von jeher waren Fisch und Meeresfrüchte der Grundstock der japanischen Küche. Nicht verwunderlich, wenn ein Land mitten im Meer liegt und von den fischreichsten Gewässern der Welt umspült ist. Fleisch und tierische Fette waren seit der Ausbreitung des Buddhismus ab dem 6. Jahrhundert zumindest öffentlich verpönt. Beim Fisch waren die Japaner wohl am ehesten geneigt, eine Ausnahme zu machen. Trotz der gloriosen Geschichte einer hoch entwickelten fleischfreien Klosterküche haben es Vegetarier übrigens bis heute in Japan überaus schwer. Und wer sagt: »Bitte, kein Fleisch!«, der wird zu hören bekommen: »Was denn – nicht mal Fisch? Oder wenigstens Huhn?«

Ihre wohl höchste Vollendung findet die japanische Küche in der Form des Kaiseki (Haute Cuisine), die in teuren Spezialitätenrestaurants und den Herbergen, den Ryokan, serviert wird.

Für sich genommen hat keines der delikaten Gerichte, die zu einer ausgewachsenen Kaiseki-Mahlzeit gehören, einen starken eigenen Geschmack. Auch die Standardgewürze sind recht mild: etwa Sojasoße, Kochwein (Mirin), Sojapaste (Miso) und Essig. Zusätzlichen Geschmack steuern Kräuter und Wurzeln bei: grüner Rettich (Wasabi), Ingwer, Schwarznessel, Gelbholz. Es ist vielmehr das Zusammenwirken verschiedener Zutaten und Gewürze zu einem perfekt vorausgeplanten Gesamtgenuss.

Langes Kochen, Dünsten und Garen sind nicht die Sache eines japanischen Kochs: Viel wichtiger sind die Präsentation der Speisen, das Erlebnis des Servierens und die farbliche Abstimmung, die Anordnung und die feinen Anspielungen auf die Jahreszeit. Wichtig ist die ästhetische Balance der Formen, Größen und Strukturen, die Harmonie zwischen Aussehen und Geschmack. Deswegen kennt die japanische Küche auch keine Gedecke: Jeder Bissen, jeder Gang wird auf einem anderen Teller, in einer anderen Schale dargereicht. Ein hochklassiges japanisches Essen hat kein Hauptgericht. Es gibt viele kleine Höhepunkte, etwas Rohes und etwas Gebratenes, eine Suppe, etwas Gedünstetes und einen Eintopf, der erst am Tisch angegart wird, etwas Frittiertes. Man isst sich an einer solchen Mahlzeit nicht satt – man isst sich zufrieden.

Viele Ausländer und Durchreisende lassen sich von den manchmal fremdartigen, gleichwohl allesamt köstlichen oder zumindest gesunden Speisen dieses Landes leicht einschüchtern und verpassen dadurch unglaubliche Genüsse. Als schwebe eine drohende Hungergefahr über diesem Land, ist das Angebot an Imbissen und kleinen Leckereien so breit gefächert und vielfältig, dass einem die heimische Currywurst bald erscheinen will wie ein wirklich armes Würstchen. Und wenn Sie immer wieder hören, dass Japan und Tokyo so teuer sind, dass man dort eigentlich gar nichts essen kann, dann seien Sie gewiss, dass keiner dieser köstlichen Imbisse Sie üblicherweise mehr als zehn Euro kosten wird. Apropos Curry – Curryreis ist eine der beliebtesten Schnellmahlzeiten: ein Teller Reis mit einer im günstigen Falle reichhaltigen Soße aus Fleisch, Karotten und Zwiebeln.

Die japanische Version unseres Butterbrotes heißt Onigiri, in getrockneten Seetang und mit diversen Füllungen – von sauer eingelegten Pflaumen bis Lachs oder Thunfischmayonnaise – eingewickelte Reisdreiecke.

Von den allfälligen Spießchen abgesehen, sind diese beiden Happen die einzigen Schnellgerichte, die üblicherweise nicht mit Stäbchen verzehrt, sondern gelöffelt (der Curryreis) oder aus der Hand (Onigiri) gegessen werden. Falls Sie Schwierigkeiten haben sollten, mit Stäbchen zu essen, brauchen Sie sich wirklich nicht zu schämen. Im Gegenteil. Offenbar gehen die meisten Japaner nach wie vor davon aus, dass wir Gaijin (Ausländer) ohne Messer und Gabel schlichtweg aufgeschmissen sind, und reagieren oft mit übertriebener Bewunderung, wenn wir unsere Mahlzeit tatsächlich auf die landesübliche Art und Weise einnehmen.

Was uns die Pommes frites, sind dem Japaner die Nudeln, insbesondere Soba, dunkle Buchweizennudeln in würziger Brühe. Man serviert sie meist mit diversen Zugaben wie frittierten Shrimps oder grünem Gemüse. Wahlweise findet man auch dicke weiße und etwas glitschige Nudeln in der Suppe. Dann heißen sie Udon, gehorchen anderen physikalischen Gesetzen und sind für Anfänger etwas schwieriger mit Stäbchen zu essen.

Im Sommer werden die Soba übrigens oft kalt serviert, dazu eine würzige Tunkebrühe mit Schnittlauch und Wasabi (dem scharfen, grünen Meerrettich, der auch zu Sushi und Sashimi gereicht wird und von dem einige Wissenschaftler überzeugt sind, er enthalte nukleare Brennstoffe). Kalt serviert nennt man die dunklen Nudeln Zarusoba, und ich könnte Ihnen eine für mich sehr peinliche Episode beschreiben, die sich ereignete, als ich vor vielen Jahren zum ersten Mal voller japanologischer Rechtschaffenheit und in fließendem Hochjapanisch Zarusoba bestellte. Aber zum Glück würde das den Rahmen sprengen. Merken Sie sich einfach, dass die erwähnte würzige Brühe eine Tunke (!) ist und keine kalte Suppe (!) und Sie die Nudeln darin eintunken und nicht die Nudeln essen und dann und wann einen Schluck der mutmaßlichen Suppe zu sich nehmen sollten …

Und noch ein kleiner Überlebenstipp: Die meisten modernen Soba-Theken nehmen kein Bargeld, sondern erwarten vom Gast, dass er sich am Automaten ein Ticket zieht. Dies setzt jedoch eine wenigstens rudimentäre Kenntnis japanischer Schriftzeichen voraus oder entsprechende Abenteuerlust und kulinarische Flexibilität.

Wo ich gerade vom Rahmen sprach: Dies ist die zweite grundlegende japanische Nudel-Erfahrung: Raamen. Auch diese weißen, leicht gelockten Nudeln schwimmen in einer herrlich reichhaltigen Suppe. Meist in Gesellschaft von Bambussprossen und Sojakeimlingen, gekochtem Ei und Scheibchen vom Schweinsbraten. Diese Nudelsuppengerichte werden unter Freisetzung mitunter herzhafter Schlürfgeräusche nicht einfach nur gegessen, sondern regelrecht eingesogen, ja eingeatmet. Wobei Fachleute schwören, dass sich durch fachgerechtes Schlürfen der Genuss tatsächlich noch erhöhen ließe. Dieses Geheimnis werden wir Gaijin nie wirklich ergründen, denn wir sind in der Regel grauenhafte Schlürfer. Entweder sippeln wir allzu vorsichtig, wobei wir uns immer wieder durch Seitenblicke vergewissern, dass wir nicht unangenehm auffallen, oder wir lassen die von unseren braven Müttern eingeimpften Schlürfhemmungen endlich sausen und werden so laut, dass sich selbst die Japaner nach uns umdrehen.

Sie wissen bestimmt, dass auch Sushi als Fast Food und am Fließband konsumiert werden kann, weil sich das weltweit längst durchgesetzt hat und weil auch in Ihrer Nachbarschaft unlängst ein solches Restaurant eröffnet hat. (Unnötig zu sagen, dass selbst das japanische Drehsushi das durchschnittliche europäische oder amerikanische Restaurantsushi noch an Qualität weit übertrifft.)

Während die leckeren Nudelsuppen meist in festen Gebäuden, an Theken, im Falle des Soba auch gerne an rund um die Uhr geöffneten Stehtheken – besonders beliebt an Autobahnraststätten oder auf Bahnsteigen –, gereicht werden, ist das reichhaltigste Angebot an traditionellem Fast Food an den bunten Straßenständen und Buden zu finden. Die ballen sich immer dort, wo gerade was los ist – meist bei den Matsuri, den Schreinfesten, an den großen Gärten zur Kirschblüte, bei Volksfesten und Rockkonzerten. Das wichtigste Wort, das in diesem Zusammenhang zu lernen wäre, heißt Yaki – es bezieht sich auf alles, was gebraten ist.

Auf heißen Platten und Grills brutzeln Yakitori (Hühner-spießchen mit Lauch), Takoyaki (Teigbällchen mit Tinten-fisch), Okonomiyaki (Pfannkuchen mit Kohl, Ingwer und Ei) und Yakisoba (Bratnudeln mit Kohl, Ingwer und ohne Ei). Da-neben bereitet man Rindfleischspieße und Bananen im Scho-koladenmantel, Würstchen am Spieß (die auf Japanisch Fu-rankufuruto heißen – also genau so wie die deutsche Stadt am Main, die man sich in Japan wohl als eine Art Wurstparadies vorstellt) und gedämpfte Kartoffeln, und wenn man Glück hat, auch Sakana-shioyaki – gesalzenen und gegrillten Flussfisch am Spieß. Das alles wird in Plastik- und Styroporgeschirr ser-viert, mit Einwegstäbchen – beides nicht nur umwelttechnisch bedenklich. Nach der Mahlzeit steht man nicht selten vor dem schwerwiegenden Problem, wie das Werkzeug zu entsorgen ist, denn Japaner halten nichts von öffentlichen Mülleimern. Also schaut man, wo schon andere verzweifelte Mitesser ihren Müll abgeladen haben; und legt seinen verschämt daneben, in der nicht ganz irrigen Annahme, dass hinterher schon einer kommen und den Abfall wegräumen wird.

Jedes japanische Restaurant, auch jede bessere Nudeltheke und viele Geschäfte – die alteingesessenen sowieso – haben über ihren Eingängen die sogenannten Noren aufgehängt. Das sind eingeschlitzte Ladenvorhänge. Früher waren sie meist blau und mit weißen Schriftzeichen versehen. Heute kommen sie in allen erdenklichen Farben vor, und ihnen ist gemein, dass darauf der Name des Etablissements und, sofern vorhanden, auch das Wappen aufgedruckt oder eingewebt sind. Diese Vorhänge hingen schon im 8. Jahrhundert an japa-nischen Häusern, um Sand und Staub draußen zu halten. Heu-te zeigen sie vor allem an: Herzlich willkommen, wir haben geöffnet. Noren sind nicht nur Vorhänge – in ihnen offenbart sich der Stolz und die Identität des Ladenbesitzers. Das Wör-terbuch definiert beispielsweise einen altbewährten Laden als

»Noren-no furui mise« – einen Laden mit einem alten Noren. Und diese Noren zwingen, ob das nun Absicht ist oder nicht, den eintretenden Kunden und Gast zu einer zumindest symbolischen Verbeugung, was auf jeden Fall angemessen ist und zu einer insgesamt harmonischen Atmosphäre beiträgt.

Im Ring mit einem Sumotori

Marc Fischer

Angeblich soll es ja Jahre dauern, bis ein Junge zum Mann reift, doch manchmal geschieht es auch ganz schnell, in ein paar Sekunden. Bei Hiroyuki Koga war das so. Er hatte schon in den Jahren zuvor gut gekämpft und ein paar Turniere gewonnen, wodurch er bis in die höchste Liga der Sumoringer aufgestiegen war, die Makuuchi, in der sich die besten zweiunddreißig der insgesamt etwa achthundert Sumotori des Landes um die Spitzenplätze streiten. Stars wie Akebono, Musoyama und Takanohana hatten Respekt, wenn Hiroyuki unter seinem Kampfnamen Kaio vor ihnen im Ring stand, denn Kaio galt als großes Talent – doch immer, wenn es wirklich drauf ankam, versagte er. Mal war es das schwache Knie, das unter den hundertvierundsiebzig Kilogramm Körpergewicht fast zerbrach, mal war Kaio unkonzentriert und entschied sich für die falsche Taktik. Und manchmal hatte er auch noch Restalkohol vom Saketrinken am Abend davor im Blut, wenn er zum Kampf antrat.

Kaio, sagt sein Trainer vom Tomozunaheya, einem Sumocenter in Tokyos Innenstadt, sei lange Zeit das gewesen, was man unzuverlässig nenne – ein Junge mit einem Riesenpotenzial, das er nicht ausgeschöpft habe. Bis zum Anfang dieses Jahres. Seitdem ist Kaio ein Sieger.

Heute befragt, weiß Kaio, der in einer riesigen, weißen Yukata am Rand des Dohyo (des Übungsrings) von Tomozuna sitzt, auch nicht genau, was bei dem Turnier im Februar anders war. Er kann sich nicht mehr erinnern, ob er sich gegen die anderen Kämpfer eine spezielle Taktik vornahm, ja, ob er sich überhaupt irgendetwas vornahm oder irgendetwas dachte. Alles, was er weiß, ist, dass er das Turnier mit einem Verhältnis von dreizehn Siegen zu nur zwei Niederlagen gewann und auch den Großmeister Musashimaru aus dem Ring fegte, der als unbesiegbar gegolten hatte – und dass Kaio nach seinem Aufstieg im letzten Jahr zum zweithöchsten Rang, genannt Ozeki, nun in greifbare Nähe zum Meisterchampion, dem Yokozuna, gerückt ist. In der Welt des Sumo zum Gott also. Und darum lächelt Kaio nur, wenn man ihn nach all diesen Dingen befragt. Er lächelt still und leise in sich hinein, weil er weiß, dass er nun, mit gerade mal achtundzwanzig Jahren, dort angekommen ist, wo er immer sein wollte, seit er sein kleines Dorf in der Nähe von Fukuoka auf der südlichen Hauptinsel Kyushu verließ und nach Tokyo kam, um hier zu einem Meisterringer zu werden. Und wenn er mal was sagt, ist es ein Satz wie dieser: »Ich habe über mich selbst gesiegt.« So was klingt immer wieder gut und wird gern zitiert.

Es ist ein heißer Tag, die Strahlen der Mittagssonne treffen direkt auf das dünne Dach des Tomozuna-Centers, das völlig unscheinbar in einem Wohngebiet in der Nähe von Tokyos Downtownbezirk liegt; die Strahlen heizen den Übungsraum auf wie ein türkisches Dampfbad, doch die zwanzig Rikishi, die Kämpfer, stört das nicht. Oder vielmehr: Es darf sie nicht stören, solange sie vor Coach Tomozuna trainieren.

Wie alt und wie klassisch verankert im japanischen Herr- und-Diener-System die Welt des Sumo noch ist, wird nirgends so deutlich wie beim Training der Ringer in ihren Klubs. Zwar wird auch bei den Kämpfen der sechs Turniere, die pro Jahr in Tokyo, Osaka, Nagoya und Fukuoka stattfinden, größter Wert auf die Reinigungsrituale des Salzwerfens und Aufstampfens gelegt. Doch weil das Fernsehen alles überträgt, werden die Duelle der Ringer so knapp und routiniert durchgeführt wie Videoclips – und so wirkt ein Besuch im Tokyoter Ryogoku-Stadion manchmal wie ein gigantischer Wrestling-Schaukampf, zu dem das Publikum Bier trinkt und Snacks knabbert – wie ein hübsches Unterhaltungsprogramm also.

Beim Training aber ist alles noch genau so, wie es schon vor mehr als eineinhalb Jahrtausenden war, als in den Dörfern von Honshu die ersten Sumokämpfe durchgeführt wurden. Streng abgeschirmt von der Außenwelt, die nur Zutritt bekommt, wenn der mächtige Sumoverband, eine Art Ältestenrat, seine Zustimmung gibt, leben die Akteure in ihrem Klub wie in einer Art Mönchskloster. Unter dem strengen Blick des Trainers, der nur von den wenigen Meisterkämpfern, die sich in einem Klub befinden, direkt angesprochen werden darf und so wirkt, als könne ihn nicht mal ein Bombenhagel zu einer Reaktion zwingen, schwitzen, schreien und stöhnen junge und alte Ringer in dem gezirkelten Kreis des Dohyo.

Anstatt Kraftübungen an Geräten zu machen, stärken sie die Muskeln unter der Körpermasse durch den ständigen Kampf nach dem Erschöpfungsprinzip: Zwei fangen an, der Gewinner bleibt im Ring und kämpft so lange gegen die anderen, die sich schreiend anbieten, bis er verliert und vom Nächsten abgelöst wird.

»Der ewige Kampf im Ring«, sagt Trainer Tomozuna-san, der vor vielen Jahren selber ein Champion war, »ist das beste Training für einen Sumotori.«

Kaio, der neben Tomozuna sitzt, nickt beifällig, während er die anderen dabei beobachtet, wie sie versuchen, den Gegner gleich nach dem ersten Zusammenstoß der Oberkörper, dem Tachi-ai, aus dem Ring zu schieben oder ihn auf die Knie zu zwingen. Manchmal zeigt er auf einen der jüngeren Sumotori, denn sie erinnern ihn daran, wie er selbst mal angefangen hat. Sie erinnern ihn an eine Zeit, die er gehasst hat.

Denn die Ausbildung zum Sumokämpfer ist nicht vergleichbar mit der Ausbildung zum Baseball- oder Tennisspieler: Bei diesen Sportarten wird man aufgrund seines Talents irgendwann in ein Team geholt, wo man gehätschelt und angespornt wird und seine Fertigkeiten verbessern kann – die Ausbildung zum Sumotori dagegen beginnt mit einer jahrelangen Kette von Erniedrigungen.

Als Kaio noch nicht der Gewinner von heute war, sondern nur ein schmächtiger Anwärter mit der Hoffnung, aus der niedrigsten Kaste der Jonokuchi in die Makuuchi-Riege aufzusteigen, war sein erster Job nach dem Einzug in den Klub das Säubern der Toiletten, das Schrubben der Wände und das Abwischen des Schweißes der besseren Kämpfer. Kaio musste ihnen Wasser bringen, wenn sie durstig waren, er musste ihnen den Hüftgürtel Mawashi knoten, ihre schmutzigen Kleider waschen und ihnen den deftigen Sechstausend-Kalorien-Eintopf aus Kartoffeln, Fleisch und Gemüse kochen, den sie nach dem Training verschlingen.

Der Weg des Sumoringers ist Entbehrung – und weil das Kaio manchmal etwas zu viel war, trank er abends gern mal ein paar Flaschen mehr, als ihm wirklich guttat.

Erst als er sich bei ein paar kleineren Turnieren bewährt hatte, durfte auch er sich den Eintopf kochen und sich Handtücher hinterhertragen lassen. Erst dann begann Kaio Geld zu verdienen; inzwischen mehrere Zehntausend Dollar im Monat; und erst jetzt behandeln ihn auch die anderen Kämpfer mit Respekt – was in der Welt des Sumo bedeutet, dass alle gegen ihn kämpfen wollen in der Hoffnung, Kaio zu besiegen, weil sie dann in der Rangliste aufsteigen.

Kein leichter Job: Wie viele Klassen Kaio im Moment von

den anderen Sumotori im Tomozuna-Klub entfernt ist, wird klar, als er endlich den Ring betritt und nun Kämpfer für Kämpfer fast mühelos ins Abseits schiebt, egal, wie sehr sie auch versuchen, sich gegen ihn zu stemmen. Mal weicht er dem Angreifer aus und schubst ihn mit einem Okuridashi-Wurf über das Seil, das den Ring begrenzt; mal hebt er ihn mit dem Griff Uchigake oder greift den Gegner an dessen Mawa-shi und schleudert ihn mit seinem Lieblingswurf Uwatenage fast in den Schoß von Tomozuna-san, der nicht mal ausweicht, sondern ruhig seine Zigarette weiterraucht.

Mehr als achtzig Würfe und Griffe gibt es im Sumo, Kaio beherrscht fast jeden von ihnen perfekt. Und trotz seines Killergewichts und des tief sitzenden Schwerpunkts wirkt er nicht wie eine Dampfwalze, wenn er kämpft, sondern leicht, fast tänzerisch. Seine Bewegungen sind schnell und wendig, und wenn er zupackt, ist der Kampf schon fast entschieden.

Technik, Intelligenz und Stil – auf diese Eigenschaften kommt es an bei einem guten Kämpfer. Und wenn auch Base-ball und Fußball populärer sind und nur noch wenige Jungen gleich nach der Schule in einen Sumoklub eintreten, weil das Schönheitsideal des Westens überall auf Plakaten und in Wer-bespots zu sehen ist und keiner mehr so dick werden will, dass er in der U-Bahn drei Plätze belegen muss, so ist Japan ohne seinen Nationalsport nicht denkbar. Auch die erneuten An-schuldigungen, viele der Kämpfe seien getürkt, und die mafi-ose Struktur des Sumoverbandes stören da nicht wirklich.

»Sumo«, sagt einer der Journalisten von der *Japan Times,* der Kaio beim Training zuguckt, »verankert unser Land in sei-ner Geschichte. Es ist das Einzige, was uns wirklich geblieben ist, seit es kaum noch Geishas gibt, kein Japaner unter vierzig mehr eine vernünftige Teezeremonie durchführen kann und Kaiser Hirohito damals seinen Götterstatus aufgab.«

Irgendwie sei Sumo ja auch ganz modern, sagt ein anderer

Sportreporter mit philosophischem Blick in den Augen – wenn man die zwei Männer beobachte, die auf kleinstem Raum um ihren Platz im Ring kämpften und sich mit aller Kraft gegeneinanderstemmten, sei das fast wie der Kampf des modernen Menschen um seinen Platz in der Gesellschaft. »Es ist wie das Leben in Tokyo – sehr wenig Raum, aber viel Energie und ständige Zusammenstöße.«

In letzter Zeit aber ist im Sumo noch eine andere Sache wichtig geworden: die Fähigkeit, sich zu vermarkten und eine gute Show für ein möglichst breites Publikum hinzulegen.

Seit Mitte der Sechzigerjahre der Hawaiianer Jesse Kuhaulua unter seinem Kampfnamen Takamiyama einer der ersten Ausländer überhaupt war, der in der Meisterklasse mitmachen durfte, folgten in den Achtziger- und Neunzigerjahren immer mehr hawaiische Ringer seinem Vorbild. Zuerst schickte sich Konishiki an, zum Champion, zum Yokozuna, zu werden, aber erst seinen Landsleuten Akebono und Musashimaru gelang der Griff nach der höchsten Krone.

Nach anfänglicher Skepsis lieben die Japaner die Hawaiianer nun, weil sie hart an sich arbeiten und fast alle die japanische Staatsbürgerschaft annehmen. Und dass Konishiki es nur bis zum Ozeki, dem zweithöchsten Rang, schaffte, hat ihm das Publikum verziehen, weil er charmant ist, eine Japanerin heiratete und auch nach seiner Pensionierung und dem Abschneiden seines Zopfes täglich in den Zeitungen und im Fernsehen zu sehen ist. Konishiki nimmt Rapplatten auf, macht Werbung für Whiskey und Bier und erscheint so ziemlich auf jeder Party, die in Tokyo stattfindet – er ist vom Sumoringer zum Popstar geworden, bei dem kleine Mädchen kreischen, wenn sie ihn auf der Straße sehen.

An Konishiki orientieren sich nun auch viele japanische Sumopensionäre: Mainoumi zum Beispiel, ein eher schmächtiger Ex-Kämpfer, der sich Silikon in die Kopfdecke spritzen ließ, um die Sumomindestgröße von hundertdreiundsiebzig Zentimetern zu erfüllen, arbeitet heute als Kommentator für Fuji-TV und wirbt für die Kirin-Brauerei. »Konishiki«, so Mainoumi, der heute wie ein ganz normaler Zweiunddreißigjähriger wirkt in seinen Jeans und Lederturnschuhen, »hat Standards gesetzt, was das Nachleben eines Sumotori betrifft – man muss als Rentner jetzt nicht mehr unbedingt Trainer werden oder sich um Aufnahme in den Zentralrat des Sumoverbandes bewerben.«

Wird Mainoumi auch rappen?

»Lieber verbessere ich mein Handicap im Golf«, sagt er.

Im Tomozuna-Klub wirft Kaio Gegner für Gegner aus dem Ring, während der Trainer bloß zuguckt, denn beibringen kann er Kaio nicht mehr viel. Wenn der so weitermacht und vom Sake wegbleibt, hat er gute Chancen, auch das nächste Turnier zu gewinnen, das zweite in Folge, und dadurch zum Yokozuna zu werden – und später dann, in ein paar Jahren, auch mal zu so einer Art Konishiki. Denn Charme genug hat Kaios stilles Lächeln.

»He, Kaio!«, ruft einer der Journalisten nach dem Training. »Gibt es irgendetwas, wovor du Angst hast?«

Alle sehen Kaio an, den Hundertvierundsiebzig-Kilo-Mann. Kaio überlegt.

»Flugzeuge«, sagt er dann. »Ich habe eine wahnsinnige Angst vor Flugzeugen.«

Da grinst sogar Tomozuna-san zum ersten Mal an diesem Tag über beide Backen, denn auf einmal wirkt Kaio wieder wie ein kleiner Junge.

Vom Strafmal zur Körperkunst –
Kleine Geschichte der Tätowierung
Wolfgang Herbert

Ein Sirren liegt in der Luft. Es riecht nach einem Gemisch aus Tusche, Schweiß und Tabakrauch. Das zikadenartige Geräusch schwillt an und ab. Die Beleuchtung ist leicht schummrig. Nur unter dem Lichtkegel einer Art Leselampe mit verstellbarem Arm ist es hell. Dort liegt bäuchlings ein Mann auf einem Futon. Neben ihm sitzt der Meister in der Hocke und bearbeitet den Rücken des Kunden mit einer Maschine, die diesen gedämpft nähmaschinenähnlichen Ton von sich gibt. Um ihn verstreut stehen etliche Tiegel mit verschiedenen Farben, zwei Bottiche mit Wasser. Nadeln, elektrische Tätowierapparate und anderes Handwerkszeug liegen griffbereit. Der Spiegel an der Wand trägt groß die Schriftzeichen für »Horitsune«, den Künstlernamen des Tätowierers. Einige buddhistische Altarbilder zieren die Wände. Sie sind von Horitsune gemalt und verleihen dem Ort eine nahezu sakrale Atmosphäre. Wir sind im Studio eines japanischen Horishi – so heißen hier die Hautbildner. Bei der Arbeit spricht er so gut wie nichts. Er arbeitet stundenlang konzentriert und nahezu pausenlos. Horitsune ist ein Tätowierkünstler. Und um hohe – wenngleich bislang verfemte – Kunst geht es hier in der Tat. Um die Kunst des Hautstichs. Spitze Kunst.

Abends entspannt sich Horitsune, bürgerlich heißt er Aki-
mitsu Yosuke, im Lokal seiner Frau, das sich gleich unter dem
Studio befindet. Er genehmigt sich seinen täglichen Shochu –
ein rund vierzigprozentiges schnapsartiges Getränk –, wird
gesprächig und gesellig, raucht genüsslich und plaudert mit
den Gästen. Zu diesen zählen biedere Angestellte und Arbeiter ebenso wie ein Querschnitt durch die oberen und unteren Randbezirke der japanischen Gesellschaft: Ex-Boxer,
Sumostallbesitzer, aktive und ehemalige Yakuza, Nachtclub-
angestellte, Rock- und Reggaemusiker, Lokalpolitiker, Univer-
sitätslehrer, Transvestiten, Journalisten oder Polizeibeamte.
Letztere kommen manchmal aus beruflichen Gründen, wenn
es zum Beispiel um die Identifizierung einer tätowierten Leiche geht und Horitsune um einen Hinweis gebeten wird, von
wem ein bestimmtes Hautbild stammen könnte. Kaum jemand kann sich der Aura Horitsunes entziehen. Er strahlt Bescheidenheit, Willensstärke, In-sich-Ruhen und vor allem eine
enorme Verständnisbereitschaft aus, hat er es doch mit Le-
bensverlierern und -gewinnern jeder Couleur zu tun und hegt
instinktiv Sympathie mit allen Ausgegrenzten. Zudem hat er
den gefestigten Charakter dessen, der sich in einer »solide«
und sonstige Lebensbahnen kräftig bis unausweichlich vor-
spurenden Gesellschaft außerhalb dieser »durchgekämpft«
hat. Ich beobachte in Japan immer wieder – besonders auch
bei Frauen –, dass Leute, die sich gegen den Strich sozialer Erwartungen ihrem Lebenstraum, ihrer Traumbeschäftigung
verschrieben haben, markige, starke, interessante Charaktere
entwickeln – bläst ihnen doch der soziale Gegenwind viel stärker entgegen als in offeneren Umgebungen. Horitsune hat sich
buchstäblich mit Haut und Haaren seinem Gewerbe hingege-
ben – und eine Contenance, die signalisiert, dass er seinen Sitz
im Leben gefunden hat.

Wir sind in Nihonbashi, nicht weit entfernt vom allabendlichen Gewimmel des Vergnügungsviertels Nanba, mitten in Osaka. Vom Bahnhof Nanbo geht man einige Hundert Meter durch den seit Edo-Zeiten bestehenden Fischmarkt Kuramors. Aus dem Beton- und Glaskastendschungel tritt man in eine Einkaufspassage, die einem richtig »asiatisch« anmutet. Es – tut mir leid – stinkt nach Fisch, Händler preisen mit heiseren, sonoren Stimmen ihre Waren an und feilschen mit den Kunden und Kundinnen. An der Ecke spielen etwas zwielichtige Männer Mah-Jongg auf der Straße. Keine fünfzig Meter weiter stößt man auf das Schild des Meisters, auf dem Horitsune Nidaime steht (er ist also der Zweite = Nidaime in einer Meisterlinie). Hier befindet sich auch das Lokal, das seine Frau betreibt. Sie trägt eine prunkvolle Kannon an einem Wasserfall als Hautbild (ein »Frühwerk« ihres Mannes) auf dem Rücken. Dieses bekommen indessen höchstens (weibliche) Mitbenutzer des nahe gelegenen öffentlichen Bades zu Gesicht. Deren Kommentare variieren, aber viele seien davon fasziniert, wie mir die Wirtin erzählt. Ehefrauen von Horishi sind angeblich häufig tätowiert. Natürlich auch der Meister selbst. Und als solcher ist er im Sento, dem Badehaus in der Nachbarschaft, sofort zu erkennen. (Viele Sento oder Onsen, also Kurbäder über Thermalquellen, untersagen allerdings Hautdekorierten den Zutritt.) Sein Oberkörper wurde von seinem Lehrherrn kunstvoll verziert. Aber die Beine! Horishi pflegen in ihrer Lehrzeit an ihrem eigenen Körper zu experimentieren und haben deshalb in der Regel wild zerstochene Beine mit allerlei unfertigen und unzusammenhängenden Bildchen. Sie bleiben durch diese Probesticheleien ein Leben lang gezeichnet. Diese sind aber auch Ausweis dafür, dass sie die verschiedenen Techniken fleißig geübt haben. »Je mehr Patchwork und Pasticcio auf den Beinen, desto besser«, meint Horitsune belustigt, gilt dies doch als sichtbarer Beweis für hingabevolles Training. »Früher hieß es, man möge mit drei

Tage lang getrockneten Rettichen üben, diese hätten eine ähnliche Konsistenz wie die menschliche Epidermis, aber mir war dies zu langweilig, ich habe gleich bei mir selbst den Anfang gemacht«, fügt er hinzu. Die Rettich-Angabe hatte er in einem Buch gefunden, das er in allen Ehren aufbewahrt und als die »Bibel für Tätowierer« bezeichnet. Es handelt sich um das 1956 in der begrenzten Auflage von tausend Stück bei Bunsendo erschienene *Bunshin hyakushi* von Tamabayoshi Haruo, der damit in sitten- und gebräuchegeschichtlicher Absicht eine penible Geschichte der japanischen Tätowierkunst vorgelegt hat (Tamabayashi 1956). Er ist für den folgenden groben diachronen Abriss mein Kronzeuge, den ich nicht im Einzelnen zitieren werde. Allzu viel zitierbare Literatur gibt es ohnedies nicht – das Thema gilt »seriösen« Wissenschaftlern wohl als zu vulgär und unschicklich.

Sucht man nach den ersten schriftlich dokumentierten Hinweisen auf Tätowierung in Japan, so findet man jene in den mythologischen »Geschichtsquellen« *Aufzeichnungen alter Begebenheiten* und *Japanische Annalen*. Im Letzteren ist Tätowierung über den Augen (als Strafe?) bezeugt. Neben der Straftätowierung sollen sich auch Angehörige niederer Stände (etwa Pferdeknechte, Schweine- oder Vogelhalter) mit einer Hautzeichnung versehen haben. Die Straftätowierung ist in der Ära Taika (während der großen Reformen zwischen 645 und 649) verschwunden, wenngleich in einem für den Kriegerstand erlassenen Gesetzeskodex des Hojo Yasutoki aus dem Jahr 1232 wiederum angesprochen. Seit der Kamakura-Zeit (die genaue Periodisierung ist umstritten: Ende 12. bis erstes Drittel des 14. Jahrhunderts) gab es allerdings Brandmale als »peinliche« Strafe. 1720 wurde vom achten Shogun Yoshimune die Straftätowierung neben Prügelstrafe, Ohren- und Nasenabschneiden wieder institutionalisiert. Damit hat sich die Assoziation »tätowiert = vorbestraft« in den Köpfen der braven Bürger und Bürgerinnen eingenistet. Bedacht wurden mit (hier:) Hautverunzierungen kleine Diebe, Betrüger oder Hehler. Auf schlimmere Verbrechen waren ja Verbannung oder Enthauptung schnell zur Hand.

In Edo (dem Tokyo der Tokugawa- oder Edo-Zeit, 1603–1868) bestand die entsprechende Hautzeichnung in zwei durchgehenden, circa neun Millimeter breiten Streifen, die knapp unterhalb des Ellbogens eingestochen wurden. Derart bestraft wurden nicht nur erwachsene Männer, es sind auch Fälle von Minderjährigen und Frauen dokumentiert. Freilich gab es Leute, die versuchten, dieses Strafmal zu löschen, meist durch Ansengen der Haut, aber auch solche, die mit diesem »Kainszeichen« in erpresserischer Manier Drohgebärden machten und Leute einschüchterten. Bei Wiederholungstätern wurde zuweilen ein dritter Streifen eingestochen, insbesondere nach Ausbruch aus den »Arbeitslagern« der Edo-Zeit, den Jinsoku yoseba, in die Vorbestrafte, Hinin, »arbeitslose« Zuwanderer und so weiter zwangsrekrutiert wurden. Hinin, denen freizügige Mobilität nicht gestattet war, die also ihren Wohnbezirk nicht verlassen durften, wurden nach Versuchen des Untertauchens, mithin der Flucht, ebenfalls ein oder zwei senkrechte Streifen auf den Oberarm straftätowiert. Im Übrigen war die Strafhautzeichnung regional sehr verschieden. Mitunter wurden beide Oberarme mit Tusche traktiert, manchmal nur auf der Schläfe oder Stirn ein Schriftzeichen oder ein anderes Zeichen eingestochen. Die These, dass bildhafte Tätowierungen dazu gedient haben mochten, ein Strafmal zu verdecken, wird von Tamabayashi angefochten. In der Edo-Zeit wurden angeblich beim dekorativen Tätowieren die Arminnenseiten freigelassen, um damit zu zeigen, nicht mit Hilfe eines Hautbildes eine Strafzeichnung zu verbergen. Im Jahr 1870 wurde diese Bestrafungsart dann schließlich abgeschafft. Von der Straf- zur Kunsttätowierung lässt sich keine direkte Linie ziehen, wiewohl auch bei Letzterer Leute zur Unterstreichung ihres Imponiergehabes oder zum Respekt- oder Angsteinflößen das üble Image der Hautmalerei bewusst eingesetzt haben mögen.

Neben der sträflich aufgezwungenen Tätowierung kamen in der Edo-Zeit vorerst Tuschezeichen mit Talisman- oder Schwurcharakter auf. Liebesmale (Irebokuro) sind schon bei Ihara Saikaku (1642–1693), dem Chronisten und chronischen Verehrer der Freudenviertel, erwähnt. Sie galten als Unterpfand ewigen Liebesversprechens. Dabei wurde zwischen dem Zeigefinger und Daumen ein Punkt eingestochen (daher der Name: Hokuro ist ein Muttermal, Irebokuro demgemäß ein künstlicher »Schönheitsfleck«). Besonders verbreitet war dies unter Prostituierten. Es ist literarisch mehrfach dokumentiert, dass sich diese im Gram Fingerglieder kappten, Fingernägel zogen, Haare abschnitten oder eben ein Irebokuro anbrachten. Letztere Liebesfanale sind zu einer regelrechten Mode ausgeufert und galten als elegante Methode, sich körperliche Pein zuzufügen. Daneben haben sich Prostituierte und Geishas zuweilen auf ihren Armen die Namen ihrer bevorzugten Kunden oder Liebhaber eingestochen (und nicht selten wieder ausgelöscht, übertüncht oder besser übertuscht – analoge Vertuschungen kommen bis heute vor, und zwar nach dem »Verewigen« des Syndikatsemblems unter Yakuza, die ihre Gang und damit auch ihr Daimon = Gruppensymbol wechseln). Tätowiert haben sich Irebokuro Kunde und Gunstgewerblerin gegenseitig. Von Letzterer gestochen zu werden, galt als besonders galant, als Auszeichnung. Vor allem in Büchern der feinen Lebensart (Sharebon) aus dem Genre der zum Spaß geschriebenen Literatur (Gesaku) sind Irebokuro abseits der offiziellen Geschichtsschreibung immer wieder erwähnt, sie sind regelrecht zu einem »normalen« Phänomen geworden. In der Bunka-/Bunsei-Ära (1804–1830) mit ihrer ersten Hochblüte einer städtischen Kultur sind Irebokuro auch im Theater zu sehen, ebenso werden sie in den humorvollen Gedichten des Senryu erwähnt. Es gibt auch Langgedichte (Nagauta), in denen von diesen Liebesmalen die Rede ist.

Eine alternative Form der Irebokuro bestand – wie schon angeführt – darin, den Namen der/des Geliebten am Oberarm, nahe der Innenseite, mit Tusche einzuschreiben, wobei der Schriftzug mit dem Zeichen für Leben (Inochi) abgeschlossen wurde (dies hieß auch Gelübde, Versprechen, Gelöbnis = Kishobori, Kisho). Wurde diese Hingabe bereut, wurde die einst schriftlich auf lebenslänglich geschworene Liebe wieder gelöscht (meist mit Moxibustion). Diese Kishobori waren bis in die Meiji-Zeit (1868–1912) in entsprechenden Kreisen recht verbreitet, sind in der Taisho-Zeit (1912–1926) rarer geworden, indes nicht völlig von der Hautfläche verschwunden.

Seit Beginn des 18. Jahrhunderts ist vereinzelt dokumentiert, dass neben den Irebokuro der Liebespaare auch Schriftzeichen (etwa die Mantra-ähnliche Anrufung »Namu amida butsu«, mit der Amithaba, ein volkstümlicher Buddha des Mahayana, um Gnade gebeten wird) auf Händen oder Rücken eingestochen worden sind. Aus der Ära Meiwa (1764–1772) sind die ersten Fälle von Trägern von Bildmotiven (etwa einem Drachen) auf der Haut überliefert. Die Hautmalerei blieb aber noch fragmentarisch, auf einzelne Tätowierungen beschränkt.

Hatten die bisherigen Tätowierungen eine Art Schwur- oder Amulettcharakter (von Tamabayashi »allegorische Tätowierung« genannt), so kam im späten 18. Jahrhundert die bildende Hautkunst auf, das heißt die Tätowierung von Bildern, die selbst den Bildern der fließend vergänglichen Welt (Ukiyo'e) nicht nachstünden. Diese Hautzeichnungsform kann füglich mit Kunsttätowierung betitelt werden. Schon aus dem Jahr 1811 ist hingegen ein Tätowierverbot bekannt, was auf die rasche Verbreitung von Hautgemälden hinweist.

Wer ließ sich nun in Edo tätowieren? In erster Linie Feuerwehrmänner, Sänftenträger und andere Angehörige von »Nacktberufen«. Anfang des 18. Jahrhunderts wurden die Tobi in verschiedenen Gilden organisiert und als Stadtfeuerlöscher (Machi hikeshi) angestellt. Sie waren nicht nur wichtige Katastrophenverhüter, sondern auch raue Kerle, die gerne mit ihrer Kraft (und ihrem Hautschmuck) protzten und sich regelmäßig prächtige Schlägereien lieferten. Es sind Großkeilereien mit Hunderten Beteiligten überliefert. Mitte des 19. Jahrhunderts waren etwa 9000 Tobi bei der Feuerwehr tätig, die meisten von ihnen waren tätowiert, was schon eine ganz beträchtliche Zahl von Körperverzierten bedeutete. Ebenso ließen sich die Gaen (Feuerwehr mit Aufgaben der Feuerwacht) ihre Haut verzieren. Weiter sind Hautaccessoires unter Schaustellern, zum Beispiel Kraftprotzen, bekannt. Auch unter den professionellen Glücksspielern (Bakuto) waren Ganzkörpertätowierungen Anfang des 19. Jahrhunderts *de rigueur*. Auch ließen sich Räuber, Flößer, Fährmänner, Pferdetreiber, Zimmerleute, Körperarbeiter aller Art, Halb- und Unterwelt den endgültigen Modeschmuck verpassen, aber auch Intellektuelle. Tamabayashi nennt aus der Meiji-Zeit einen Politiker, Filmproduzenten, Universitätsprofessor, Kabuki-Schauspieler und einen Richter aus Nagasaki, der seine prunkvolle Tätowierung immer durch die halb offene Robe sehen ließ, sodass auch die hartgesottensten Ganoven Respekt und Reue gezeigt haben sollen. Diese breite Streuung der Klientel von Horishi gilt bis heute und widerspricht dem verbreiteten Vorurteil, nach dem Tätowierung in ausschließlichen Zusammenhang mit organisierten Kriminellen (Yakuza) gebracht wird. Unter diesen hat dies durchaus die Funktion eines Zugehörigkeitssymbols und Initiationsritus. Ein Monmon ist auch Zeichen dafür, sich für immer aus der Normalgesellschaft abgesondert zu haben. Nach älteren polizeilichen Untersuchungen sind etwa siebzig Prozent der Yakuza hautdekoriert. Die meisten geben als Tätowierwunsch an, es sehe gut aus und sei männlich, nur zehn Prozent setzen auf die bedrohliche Wirkung. In letzter Zeit sollen aber junge Yakuza vermehrt vor den hohen Kosten und Schmerzen eines Horimono zurückscheuen, ja, nicht wenige Bosse raten ihren Gefolgsleuten, kein Monmon stechen zu lassen, dieses werde nur zu einem Hindernis für den Wiedereinstieg in die »normale« Berufswelt.

Das Einkommen der Tätowiermeister war (und ist) unbeständig. Viele Horishi boten früher Hautpflege gegen Kost und Logis bei Glücksspielern oder anderen Yakuza an. Nicht selten kam es vor, dass Tätowierungen unvollendet blieben oder im Laufe des Lebens von mehreren verschiedenen Meistern zu Ende geführt wurden, weil anfangs der Preis (Finanzen und Schmerzen) zu hoch erschien. Im Regelfall werden die Tätowierer nach der aufgewendeten Zeit und nicht nach der Größe der Bildfläche entlohnt. Auch zu Horitsune kommen nicht selten Klienten mit Hautmalereien, die vollendet werden sollen.

Aus der Meiji-Zeit wird als Kuriosum beschrieben, dass es Tätowierungen gab, die erst in der Reih-und-Glied-Stellung der Tätowierten ein Gesamtbild ergaben, so bei drei Männern, deren Rücken – wenn nebeneinander gereiht – einen Riesendrachen ergaben, von einem Bild, das erst mit sechs »Gezeichneten« vollständig war, ist gar die Rede. Auch wurden Klubs von Tätowierten gegründet, so etwa die *Kurikaramonmon ren,* deren Mitglieder als Tattoomotive neben etlichen Suikoden-Helden, Hannya (eine weibliche Dämonenfratze), Fudo Myoo (Sanskrit: Acala, ein wilder Hüter der Lehre und Proselytenmacher) oder drei bis neun Drachen trugen. Auf der Jagd nach Bizarrem wurden auch abgeschlagene Köpfe oder Riesenschlangen eingestochen.

Zu den Bildmotiven gehören Bodhisattvas, der Sturm- oder Donnergott, die Darstellung von Tieren (Hund, Katze, Krebs, Drache, Karpfen, Schlange, Spinne, Löwe, Tiger, Schmetterling, Fledermaus, Adler) und Pflanzen (Päonie, Kirschblüten, Winde, Ahornblätter, Zierapfelbaumblüte, Pflaumenblüten). Auch Gruselmotive wie Gespenster, abgeschlagene Köpfe oder eine Hannya sind nicht selten.

Traditionelle Motive der »allegorischen Tätowierung« sind Schriftzüge (zum Beispiel »Namida amida butsu«), eine Sakeschale oder Blumen als Gelöbnis, mit dem Trinken aufzuhören, religiöse Motive, Berufsabzeichen, etwa ein Fuchs oder Spinnen bei Prostituierten (viele Kunden sollen ins Netz gehen), Fischhändler lassen sich Fische stechen, Geishas eine Shamisen, Seeleute einen Anker, Glücksspieler einen Würfel, Feuerwehrleute ihr Gruppenabzeichen (Matoi), Prostituierte das Familienwappen eines bevorzugten Kunden oder Liebhabers. Mir wurde gar von einem buddhistischen Priester erzählt, dessen Rücken eine hinduistische Schutzgottheit zierte. Als kosmetisches Mittel dient die Tätowierung auch, um dünne Augenbrauen nachzudunkeln oder Glatzenansätze zu verdecken.

Tätowierverbote wurde immer wieder ausgesprochen, offiziell blieb das Hautmarkieren in Japan bis nach dem Zweiten Weltkrieg unter Strafdrohung gestellt. Zum Verbot aus dem Jahr 1811 gibt es indes über tatsächliche Verurteilungen keine Aufzeichnungen, dasselbe gilt für eine wieder erlassene Prohibition in der Ära Tempo (1830–1844). In der Meiji-Zeit wurde die Tätowierung erneut verboten, im Jahr 1908 kam es zu einer weiteren Verschärfung. Allerdings gab es keine echte Strafverfolgung, die innerhalb von sechs Monaten nach dem Stechen hätte erfolgen sollen. Unter diesen Bedingungen war der Tätowierakt ein Zeichen der Auflehnung gegen Behörden und Staatsgewalt. Das Meiji-zeitliche Verbot sollte dazu dienen, dem Ausland nicht das Bild zu vermitteln, »barbarische Sitten« zu pflegen. Trotz laxer Strafverfolgung wurden bei Razzien hingegen nicht wenige Tätowiervorlagen beschlagnahmt und zerstört, was wiederum als »barbarisch« gelten darf.

Kurioserweise waren es aber gerade die Ausländer, die höchstes Interesse an japanischen Horimono zeigten. Hohe Aristokraten aus England, Wales oder Russland zählten ebenso zur Kundschaft von in Yokohama »lizensiert« operierenden Horishi wie Seeleute, die seit dem 19. Jahrhundert in Meerhäfen aller Welt in eigenen Salons ganze Bildergalerien »unter die Haut gehen« lassen konnten.

Das Erdbeben von Kanto – Vierundvierzig Sekunden, die Japan veränderten

Uwe Schmitt

Im Morgengrauen des 1. September 1923 hatte es in Tokyo, Yokohama und in der ganzen Kanto-Ebene geregnet. Der Regen war willkommen, die Spätsommerschwüle wurde durch eine frische Brise erträglicher. Die Leute gingen zur Arbeit, es wurde viel über Politik diskutiert. Es sollte der Tag sein, an dem der Premierminister Admiral Yamamoto Gombei sein neues Kabinett vorstellen würde. Dann, um 11.58 Uhr, brach die Welt zusammen. Ein gewaltiger Erdstoß (man rekonstruierte die Stärke Jahrzehnte später mit 7,9 Punkten auf der Richterskala) erschütterte Yokohama und erreichte in weniger als einer Minute Tokyo. Dutzende von Nachbeben breiteten sich in nordöstlicher Richtung aus. Menschen wurden von der Gewalt emporgeschleudert, von den Holzbalken ihrer Häuser erschlagen, unter Trümmern erstickt. Brände brachen aus.

Überall war gerade das Mittagessen zubereitet worden; die Holzkohlenherde waren umgestürzt oder von den ins Freie flüchtenden Menschen verlassen worden. Gerade in Tokyo waren es diese kleinen Haushaltsbrände, die sich in den engen Gassen der Holzhäuser ineinandersaugten und zu infernalischen Feuersbrünsten anschwollen, die die meisten Opfer forderten. Die Menschen drängten auf freie Flächen und

zum Wasser und gingen oft in die Falle. Der östliche Stadtteil
Honjo wurde Schauplatz des entsetzlichsten Massensterbens
in Tokyo. Die Überlebenden des Bebens wähnten sich gerade
dort sicher, weil sie zu wissen glaubten, wo sie vor den Bränden sicher seien: Sie zogen mit Gepäck und Möbeln zu einem
acht Hektar großen Freigelände. Bald waren es Tausende, gegen fünfzehn Uhr drängten sich 40 000 Menschen auf dem
Platz. Sie begriffen, dass es keine Rettung gab, als die Flammen
sie von drei Seiten einschlossen. Wenige Hundert überlebten
das Grauen von Honjo.

In anderen Stadtteilen versuchten Zehntausende Flüchtlinge, die Ufer des Sumida-Flusses zu erreichen, doch die einzige
Brücke war bis auf einige Stahlträger zerstört. Panik brach aus,
viele wurden zu Tode getrampelt. Doch ins Wasser zu gehen,
bedeutete nicht immer die Rettung. In den Teichen und Ka-
nälen der Innenstadt trieben noch nach Tagen Leichen, die
nicht verbrannt und seltsam unversehrt aussahen: Sie waren
bei lebendigem Leib gekocht worden. In den zeitgenössischen
Darstellungen wird von den entsetzlichsten Leiden berichtet.
Von jenen Verzweifelten etwa, die auf der Flucht im heißen
Teer der Straßen stecken blieben und elend umkamen, oder
von denen, die in dem Inferno Selbstmord begingen, weil sie
Angehörige oder ihnen Anvertraute nicht retten konnten.
Alle Berichte sind sich einig darin, dass durch die Disziplin
und Opferbereitschaft der Bevölkerung noch Schlimmeres in
dem allgemeinen Chaos verhindert wurde. Es kam kaum zu
Raubüberfällen oder Plünderungen. Dass eine erregte Menge auf der Flucht vor den Bränden die Polizeiabsperrungen
um den Kaiserpalast durchbrach und tagelang in den äußeren Gärten kampierte, wurde von den überforderten Behörden geduldet. Die Armee baute Zelte auf, 150 000 waren es,
bei 3,9 Millionen Einwohnern allein in Tokyo. Als dort die
Brände nach etwa zweiundvierzig Stunden nachließen, war

das ganze Ausmaß der Katastrophe noch nicht zu ermessen. Erst nach Monaten wusste man es genauer: Das *Kanto dai shinsai* hatte 140 000 Menschenleben gefordert; 570 000 Häuser und 9000 Fabriken waren zerstört; Tokyo, wo die Brände am schlimmsten gewütet hatten, war zu zwei Dritteln, Yokohama, das von den Erdstößen schlimmer betroffen war, zu vier Fünfteln dem Erdboden gleichgemacht. Der Sachschaden wird, nach heutigem Geldwert, auf über fünfzig Milliarden Dollar beziffert, damals fast vierzig Prozent des japanischen Bruttosozialprodukts.

Es war eine Zeitenwende. Unterschied man vor dem 1. September 1923 in Japan wie anderswo in die Zeit vor und nach dem Ersten Weltkrieg, sprach man künftig von der Zeit vor und nach dem Großen Beben. Edwin O. Reischauer, in den Sechzigerjahren amerikanischer Botschafter in Japan, erlebte das Erdbeben als Dreizehnjähriger, wenngleich aus sicherer Entfernung. In seinen Lebenserinnerungen erzählt der Diplomat, wie er nach dem Erdstoß von den Bergen des Ferienorts Karuizawa die Rauchsäulen über dem hundert Meilen entfernten Tokyo aufsteigen sah und Tage später Flüchtlinge an der Bahnstation versorgte. Fast dreißig Jahre lang, so notierte Reischauer, sei er über den Schock nicht hinweggekommen, jedes Erdbeben habe ihn in hellen Schrecken versetzt. Von Reischauer stammt auch die oft zitierte Wortprägung von der »Taifun-Mentalität« der Japaner, die treffend ihr schicksalergebenes Verhältnis zu Naturgewalten beschreibt: Der besonders schöne, klare Himmel nach dem Durchzug eines Taifuns versöhne sie gleichsam mit dem Schrecken. Diese über Jahrtausende erworbene Lebenskunst, nach jedem Vulkanausbruch, nach jedem Erdbeben und Taifun vergessen und neu anfangen zu können, ist in der Tat beneidenswert. Doch sie hat ihre düsteren Seiten.

Vergessen wird in Japan zum Beispiel leicht, dass es nicht

nur die Naturgewalt, die Feuer, die Selbstmorde waren, die in den ersten Septembertagen des Jahres 1923 Opfer forderten. Es waren die Staatsgewalt selbst und ein von ihr geduldeter Mob von rechtsextremistischen »Selbstschutzorganisationen«, die schon wenige Stunden nach dem Beben die Wirren dazu benutzten, um alte Rechnungen zu begleichen. Opfer wurden koreanische Zwangsarbeiter, bekannte Sozialisten, progressive Arbeiter. »Rebellische Koreaner«, so lautete das ausgestreute Gerücht, lieferten sich Schlachten mit der Polizei; sie hätten Geschäfte geplündert und Brunnen vergiftet. Der Chef der nationalen Polizeibehörde schickte am 3. September um acht Uhr morgens ein Telegramm an alle Gouverneure, in dem hartes Durchgreifen gegen die Koreaner gefordert wird, die »Bomben besitzen und mittels Öl Feuer legen«. Schon am 2. September war das Kriegsrecht mit einer nächtlichen Ausgangssperre über Teile von Tokyo und seine angrenzenden Präfekturen verhängt worden. Bis zum 15. November blieben in diesen »Kriegsgebieten« alle bürgerlichen und politischen Freiheiten entzogen. Mindestens 1300 Sozialisten wurden festgenommen, viele gefoltert oder vom Mob aus den Gefängnissen geholt und ermordet; zwischen 1000 und 4000 Koreaner wurden Opfer der ungezügelten Rachegelüste ihrer Kolonialherren. Takayoshi Matsuo nannte 1963 in seinem Aufsatz über »Politische Freiheit« in Japan den »weißen Terror« nach dem großen Kanto-Erdbeben einen »dunklen Fleck in der modernen Geschichte Japans, Zeichen der Schuld, die Menschen wie Göttern nicht verziehen werden kann«.

Jahrzehnte später sollte man vielleicht verzeihen können. Es wäre dies eine der wenigen Lehren, die sich für das nächste »Killerbeben« ziehen ließe. Dass es kommt, ist gewiss, seit man das Zusammentreffen von gleich vier tektonischen Platten unter Tokyo entdeckt hat, deren Wirkung einem gigantischen Federbrett gleichkommt. Man weiß auch, wo die Erde beben wird, nämlich in der Sagami Bucht, achtzig Kilometer südwestlich von Tokyo. Nur wann? Manche japanische Seismologen sprechen von zehn Prozent Wahrscheinlichkeit für ein Beben der Stärke acht innerhalb der nächsten Jahre. Auf vierzig Prozent Wahrscheinlichkeit kommt man für ein Chokkagata-Beben in dreißig Kilometern Tiefe direkt unterhalb von Tokyo; es gilt als harmloser, weil es nur im Radius von zwanzig Kilometern wirksam sein soll. Tokyo müsste längst geräumt und verlassen sein, wären andere nicht weitaus vorsichtiger. Aus dem Nationalen Institut für Erdbebenforschung etwa hörte man jüngst: »Alles, was ich jetzt sagen kann, ist vielleicht, dass es nicht morgen geschieht.« So erklärte ein Mitarbeiter Ende Februar (und behielt recht) die Lage. Er berichtete, im Norden der Bucht von Tokyo sei ein 3000 Meter tiefer Schacht für einen Seismometer gebohrt worden und man plane noch weitere zwölf. Er warb um Verständnis für das schwierige Geschäft der Vorhersage: »Es ist, als wollte man etwas durch eine Matratze ertasten.« Kaum mehr Zuversicht verbreiten manche Szenarien für das Große Beben. Vor einigen Jahren sagte die nationale Landbehörde voraus, ein Erdbeben in Tokyo werde über 150 000 Menschenleben fordern, fast vierzig Prozent aller Häuser zerstören und Sachschaden in der unvorstellbaren Höhe von einer Billion Dollar anrichten. Welche Schockwellen das für die internationale Finanzwirtschaft bedeutete, hat der britische Journalist Peter Hadfield in seinem Buch *60 Sekunden, die die Welt verändern könnten* hochgerechnet. Zöge Japan, der größte Kreditgeber der Welt, innerhalb kürzester Zeit sein Kapital ab, bräche die Wirtschaft in den Schuldnerländern zusammen: Das Beben in Tokyo würde eine Weltwirtschaftskrise auslösen.

Wer wollte also nicht verstehen, dass sich die Tokyoter Bürger mit Verdrängung für den Ernstfall wappnen. Nur fünfunddreißig Prozent der Befragten erklärten 1991 in einer Umfrage, Vorsorge für ein Erdbeben getroffen zu haben. Selbst die Hersteller von Katastrophenausrüstung geben zu, dass sie ihre gewöhnlich guten Umsätze, vor allem um den 1. September herum, der Tauglichkeit ihrer »survival-kits« für Bergtouren und Safaris verdanken. Das Neueste soll ein Transistorradio sein, das mit der Hitze einer Kerze zu betreiben ist. Wer das Geld für diese Hightechnotverpflegung nicht aufbringen will, kann sich stattdessen mit alten Ratschlägen behelfen. Die Stadtregierung von Tokyo bietet sie in ganzseitigen Zeitungsanzeigen mit sinnvollen Comicstrips auch in Englisch für Ausländer. Doch schon die ersten beiden der acht Regeln widersprechen einander: »Begeben Sie sich unter einen Türrahmen oder Tisch«, heißt es zunächst, und darauf: »Stellen Sie Ihren Herd und die Heizung ab.« Im Übrigen möge man, sofern in einem Stadion, Kaufhaus oder Theater, den Anweisungen des Personals folgen; beim Autofahren vom Beben überrascht, hat man den Wagen an den linken Straßenrand zu lenken und den Motor abzustellen, sich zum ausgewiesenen Evakuierungsgebiet (»wegen möglicher Panik oder Verletzungen«) nicht laufend, sondern ruhig gehend zu begeben. Zum guten Schluss rät die Stadt Tokyo noch, man möge »auf irgendwelche Gerüchte nicht achten«. Nicht zu helfen ist dem, der sich da nicht wohl gerüstet fühlte für das Warten auf das nächste »Große Kanto-Beben«.

Unter weiblichem Regiment –
Gebietende Gattin und mächtige Mutter
Kazuyuki Kitamura

»Die Gattin ist der Oberkörper« (und der Gatte der untere Teil des Körpers), lautet ein Sprichwort, wodurch gesagt wird, dass die Familie in ihrem Wohlergehen zur Hälfte von der Arbeit und Intelligenz der Frau abhängt. Der Oberkörper ist nicht nur Sitz des Geistes, sondern auch der lebensspendenden Gebärmutter. Die Vorstellung von der weiblichen Überlegenheit, die ursprünglich mit der religiösen Vormachtstellung der Frau zu tun hat, ist in ländlichen Gebieten noch immer zu finden, der misogynen Welle zwischen dem 17. Jahrhundert und 1945 zum Trotz. In der Tat sind die Bauern direkt vom Kreislauf der Natur abhängig, der dem weiblichen Prinzip untergeordnet ist. In Nordjapan wird die Bäuerin »Oberhaupt der Familie« genannt, andernorts »ehrenwerter Herd« (der für den geweihten Mittelpunkt des Hauses gilt) oder auch »Brauerin des Familiensake« (diese ehrwürdige Beschäftigung stand einst einzig den Frauen zu).

Schon immer haben die Bäuerinnen die wichtigen Angelegenheiten des täglichen Lebens erledigt. Viele Legenden zielen in diese Richtung: Eine intelligente Frau begegnet einem plumpen, dummen oder faulen Mann. Sie fühlt, dass er sich entwickeln könnte, heiratet ihn und steht ihm mit Rat

und Tat bei, bis er Glück und Reichtum erwirbt. Der dumme
Gatte ist übrigens das beliebte Thema unzähliger Geschicht-
chen. Kürzlich hat die Presse nicht gezögert, die Pensionierten
»Schaben« oder »fetten Unrat« zu nennen, weil sie zu Hause,
der Bastion der Frau, untätig verweichlichten. Die Betroffenen
selbst protestierten nicht, was nicht nur von ihrem Realitäts-
sinn, sondern auch von einer der Würde nicht entbehrenden
Selbstironie zeugt.

Im Frühling 1982 nahm der ehemalige Ministerpräsident
Fukuda an einer Versammlung teil, mit der ein Mitglied seiner »Clique« in der Kandidatur für die Senatswahl unterstützt
werden sollte. Vor den Wählerinnen – mehreren Hundert
Krankenschwestern – begann er seine Rede wie folgt: »Ich bin
verwirrt, an diesem Ort, einem Feld voller Blumen ähnlich, zu
sein. Ich stamme aus der Gegend von Joshu, dem ›Königreich
der Ehefrauen‹, und werde unter dem Hintern meiner Frau er-
drückt, sodass ich vor so vielen Ehefrauen nicht aussprechen
kann, was ich sagen möchte …«

»Das Königreich der Ehefrauen« ist die Frauenherrschaft,
die in der Gegend von Nagano in Mitteljapan ausgeübt wurde.
Die ländlichen Riten mit ihrer Verehrung des Weiblichen und
die Seidenraupenzucht haben diese Tradition am Leben erhalten. Heute bezeichnet der Ausdruck »Königreich der Ehefrauen« wie auch »Paradies der schrecklichen Ehefrauen« ein
Haus, in dem die Frau den Familienangelegenheiten vorsteht.
Ein Fremder lässt sich durch die bewusste Zurückhaltung der
japanischen Frau leicht täuschen, vor allem weil diese vor einer Drittperson oft die respektvolle Gattin spielt. Laut einer
Umfrage von 1980 in den Außenbezirken Tokyos überlassen
mehr als neunzig Prozent der Männer die Verwaltung ihres
Lohnes der Frau, und nur fünf Prozent geben sich selbst damit
ab. Da über siebenundsiebzig Prozent der aktiven Bevölkerung Lohnempfänger sind, handelt es sich hier also um einen

allgemeinen Brauch. Bis vor etwa fünfzehn Jahren übergaben die Angestellten ihr gesamtes Monatsgehalt ihrer Frau; heute wird es auf das Kontokorrent des Mannes überwiesen, und die Frau, die über dieses Konto eine Vollmacht hat, erteilt der Bank die nötigen Aufträge. Das gesamte Familienbudget wird von der Frau geplant. Jeden Tag oder jeden Monat teilt sie ihrem Mann ein Taschengeld zu, der sich oft über die Knausrigkeit seiner Frau beklagt. Und während der Mann seufzt und jammert, eröffnet die Frau unabhängig von den Sparheften einen Familienfonds für Notfälle. Dieser Fundus heißt Hesokuri (»dem Bauchnabel bezahltes Geld«), was wieder auf die Mutterschaft anspielt. Gewisse Männer glauben sich besonders schlau und versuchen, das Geld mit einer Bankkarte abzuheben. Oft aber verwehrt es ihnen die Maschine mit der Begründung, das Konto sei leer. Die Ehefrau hat auch da vorgesorgt! Verschiedene Wochenzeitschriften veröffentlichen regelmäßig die Familienbudgets ihrer Leserinnen, sodass die Hausfrauen über Sparmöglichkeiten sehr wohl auf dem Laufenden sind.

Um das durch die Inflation angeschlagene Budget etwas aufzubessern, nehmen immer mehr Hausfrauen eine Teilzeitarbeit an. Damit verstärken sie ihre Verantwortung für die Familienfinanzen. Wo hingegen genügend Mittel vorhanden sind, tätigt die Ehefrau nicht selten Investitionen. Die Initiative dazu ergreift meistens sie, denn von ihrer Stelle aus vermag sie die finanziellen Aussichten besser zu beurteilen als ihr Mann.

Unter diesen Umständen kann der plötzliche Tod der Ehefrau den Mann vollkommen – einmal abgesehen vom seelischen Schmerz – »aus der Bahn« werfen! Es kann vorkommen, dass der Mann unfähig ist, sein unmittelbares Überleben zu sichern. Vielleicht kennt er nicht einmal seine Kontonummer noch die Kombination des Tresorschlosses zu Hause noch den Aufbewahrungsort des Tresorschlüssels und schon gar nicht das Versteck des Hesokuri. Unnötig zu sagen, dass er zumeist auch nicht weiß, wie sich um den Haushalt kümmern.

Auswärts lässt der Mann oft seine Frau bezahlen. Die in den USA lebenden Japanerinnen versetzen die Amerikanerinnen in größtes Erstaunen, wenn sie ohne Wissen ihres Mannes Geld ausgeben. Theoretisch und praktisch kann die Japanerin Geld ausgeben, so viel sie will, und ist niemandem Rechenschaft schuldig. Viele Japanerinnen, die mit einem Abendländer leben, sind empört, dass ihnen das traditionelle weibliche Recht der Budgetplanung nicht zugestanden wird.

Jene wenigen Männer, die finanziell selbstständig sind, nennt man Kampaku-Gatten. (Im Mittelalter bezeichnete Kampaku den Großkanzler.) Solche Art Männer verwandeln ihren Minderwertigkeitskomplex in ein Haustyrannen-Gehabe. Des lieben Friedens willen spielen die Frauen die ergebene Gattin, es sei denn, das Psychodrama ende mit der Scheidung. Der Mann, der sich brüstet, ein Kampaku-Gatte zu sein, erregt meist ein nachsichtiges, aber keineswegs bewunderndes Lächeln.

Die Bezeichnung Kampaku passt übrigens hervorragend zu einem solchen Mann: Im einstigen Japan erschien der Kampaku in seiner politisch-militärischen Umgebung als allmächtig, doch hatte er sich der symbolischen Autorität eines weiblichen Prinzips, nämlich des Kaisers, zu beugen. Und wie der Kaiser den Handlungen seines Ministers zustimmte, so lässt die heutige Ehefrau ihren Kampaku-Mann gewähren.

1981 hat eine Fernsehserie, die während eines Jahres einmal wöchentlich ausgestrahlt wurde, alle Zuschauerrekorde gebrochen (durchschnittlich 34,5 Prozent). Es handelte sich um ein historisches Drama über Hideyoshi (1536–1598), den berühmten Einiger Japans, der zuerst Kampaku, dann Herrscher wurde und dem das traditionelle Bild vom Despot und seiner zurückhaltenden, folgsamen Frau zu verdanken ist. Das von einer Frau verfasste Drehbuch beleuchtet das psychologische Spiel zwischen Hideyoshi und seiner weiblichen Umgebung (Mutter, Frau, Konkubinen). Er, der sich Herr des Landes und Oberhaupt seiner Familie wähnte, wurde in Wirklichkeit von seiner scheinbar ergebenen Frau mit psychologischer Raffinesse manipuliert. Hatte er jedoch Augenblicke des Selbstzweifels, so richtete sie ihn mit energischen und genauen Anordnungen wieder auf. Seine Mutter ihrerseits nahm kein Blatt vor den Mund und hielt ihn so unter ihrer Fuchtel. Auch die Rolle der Konkubinen wird im Film einer subtilen Analyse unterzogen.

Diese Serie in intimem Rahmen – sie wurde unter Verzicht auf groß angelegte Szenen im Studio gedreht – zog Millionen in den Bann, denen bekannte Gefühle entgegenwehten. Die Regisseurin erklärte dazu: »Die Frau, die ihrem Mann zur Seite steht und ihn fördert, erfüllt eine gesellschaftliche Aufgabe.« Im Gegensatz zu vielen Abendländerinnen, die im Haushalt ein Mittel zur Unterdrückung der Frau sehen, betrachtet die Japanerin diese Aufgaben, die Kindererziehung inbegriffen, als einen eigenständigen Beruf. Dank gegenseitiger Wertschätzung zwischen den Eheleuten fühlt sich die Hausfrau durch ihre Arbeit nicht herabgemindert. Deswegen funktionieren auch die meisten japanischen Familien nach dem Modell des »Königreichs der Ehefrau« oder des »Paradieses der schrecklichen Ehefrau«. Die Frau kann sogar, wenn nötig, einen »Haushaltsgeneralstreik« durchführen und ihren Mann sich mit allen Aufgaben alleine herumschlagen lassen, bis sie, von seiner Hilflosigkeit gerührt, wieder zu »Verhandlungen« bereit ist. (Eine in Japan lebende russische Soziologin hat nicht gezögert zu schreiben: »Die japanische Ehefrau ist die gerissenste der Welt.«)

Das respektvolle, ja salbungsvolle Auftreten der Frau ist zwar nur ein konventionelles Spiel, doch fällt die westliche Presse immer wieder darauf herein. Vor Kurzem sind in deutschen Zeitungen verschiedene Artikel erschienen, in denen sogenannte feministische Journalistinnen ihrer Empörung Luft machten. Sie sehen nur den Schein. Man könnte den japanischen Ehemann viel eher mit einem Rennpferd vergleichen, dessen Trainer die Ehefrau ist. Erhält nicht ein gutes Pferd reichlich Futter und ein richtiges Maß an Verweisen und Liebkosungen? Gewisse Karikaturen in der japanischen Presse zeigen den Mann als wildes Tier im Zirkus, das von seiner peitschenbewehrten Dompteuse-Ehefrau in Schach gehalten wird. Die abendländischen Journalisten glauben sogleich, darin den Masochismus des japanischen Mannes erkennen zu müssen.

Auch wenn im Adel und Kriegerstand das Patriarchat allgemein wurde, erhielten sich die weiblichen Vorrechte, namentlich in der Erbfolge, bis zum 14. Jahrhundert. Dank der matriarchalischen Tradition und der matrilinearen Erbfolge durfte die Frau Land besitzen und ein Gut verwalten. Sogar wenn der Mann testamentarisch anderes festgelegt hatte, konnte die Witwe nach Belieben über das Erbe verfügen. Diese Vorrechte verschwanden jedoch im 15. Jahrhundert, als sich mit dem Aufkommen der Kriegergesellschaft auch das Patriarchat verstärkte. Konkret hat das Hauswesen des Samurai als Prototyp der heutigen Familienzelle gedient. Während der Mann weit weg in Schlachten kämpfte, blieb die Frau zu Hause und überwachte die häuslichen Angelegenheiten. Damit sich die Samurai »in Frieden« niedersäbeln konnten, war die Frau moralisch zu Enthaltsamkeit verpflichtet. Ein Keuschheitsgürtel jedoch war keineswegs nötig. Loyalität und Ehrgefühl waren Motiv genug. Im Samurai-Ehrenkodex Bushido (»Weg der Krieger«) bestimmte das Vertrauen des Mannes in seine Frau das Ausmaß ihrer Treue. Und doch erschienen in dieser Kriegergesellschaft viele selbstbewusste Frauen, die ihre Männer manipulierten und die Politik beeinflussten. Die offizielle Geschichte hatte schon immer ihre verborgenen Seiten, wie auch Worte und Taten der Japaner von zwei gegensätzlichen Faktoren, dem Tatemae (»Prinzip«) und dem Honne (»wahre Absicht«), bedingt sind. Die japanische Frau spielt zu Hause dieses Doppelspiel und verbirgt oft vor anderen ihre wahre Macht.

Ahnenkult, Heirat und Familie

Ehre und Schande berühren nach japanischer Auffassung auch immer die Ahnen. In der Umgangssprache sagt man häufig: »Dank dem Geist (der Gottheit) unserer Ahnen …« oder: »Welche Schande, den Geist (die Gottheit) der Ahnen entehrt zu haben!« Auch wenn eifrige Buddhisten täglich vor dem Familienaltar und seiner Buddhastatue beten, wenden sie sich in Wirklichkeit an ihre Ahnen, die durch ein dem Buddha zu Füßen liegendes genealogisches Buch symbolisiert sind. Wenn ein Familienmitglied den Geist der Ahnen entehrt, so kann das den Selbstmord des Vaters oder seinen Rücktritt am Arbeitsplatz zur Folge haben.

Der Ahnenkult spiegelt sich auch in der Gewohnheit, einander sogar unter Nahestehenden mit dem Nachnamen anzureden. Bei einem öffentlichen Anlass spricht die Frau selten von ihrem »Mann«, sondern bezeichnet ihn feierlich mit seinem Familiennamen. Auch kommt gebräuchlicherweise der Familienname vor dem Vornamen, denn die Familie steht über dem Individuum. Ebenso zeigt die neutrale, nicht geschlechtsspezifische Bezeichnung Sama, dass der Zivilstand des Einzelnen (wenn man etwa vorgestellt wird) unwichtig ist. Es geht vielmehr um die Familie. In Japan wird die Heirat als eine Verbindung zwischen zwei Familien angesehen, auch wenn die Beziehungen zwischen ihnen heute immer formalistischer werden.

An der Tür zum Hochzeitsraum verkündet ein Anschlag etwa: »Ehrenwerte Hochzeit zwischen der Familie Miura und der Familie Abe.« Die Vornamen des Brautpaars werden nicht genannt. Jede Hochzeit deutet noch die Erinnerung an die Hierogamie der Ahnengottheiten der betreffenden Familien an. So ist, vor allem in traditionalistischem Milieu und in alten Familien, das gesellschaftliche Gleichgewicht zwischen den beiden Parteien wichtigstes Kriterium für eine Heirat. Das konventionelle Miai-(»Begegnung«)-System ist diesem Zweck vollkommen angepasst.

Die Hochzeitskandidaten bereiten gewissenhaft ihr Curriculum Vitae vor: Zivilstand, Ausbildung, gesellschaftliche und berufliche Stellung aller Familienmitglieder werden genau beschrieben. Die zukünftigen Eheleute werden einer noch genaueren Analyse unterworfen: Diplome, Verdienst und finanzielle Situation werden »durchleuchtet«, ganz zu schweigen von den persönlichen Eigenschaften wie Naturell, Geschmack, Hobbys und so weiter.

Meist leitet ein Bekannter der Eltern Lebenslauf und Fotos weiter. Finden sich die Kandidaten sympathisch und sehen die Eltern kein Ungleichgewicht zwischen den zwei Familien, so vermittelt der Bekannte eine Begegnung. Dieses erste, äußerst steife Rendezvous findet oft in der Empfangshalle eines großen Hotels oder in einem Teesalon statt.

Die von den Eltern umrahmten Heiratskandidaten beobachten sich verstohlen. In einem höchst konventionellen Gespräch prüfen sie einander diskret auf die Punkte im Curriculum. Sind die Eltern zufrieden und die Kandidaten einander zugeneigt, so können sich diese endlich unter vier Augen begegnen. Vor der Verlobung machen die Eltern letzte Stichproben und nehmen dazu oft die Dienste eines Privatdetektivs in Anspruch. Diese extremen Vorsichtsmaßnahmen sollen alle späteren unangenehmen Überraschungen vermeiden helfen. Die Kandidaten, die bei ihrem ersten Miai kein Glück hatten, werden es immer wieder aufs Neue versuchen. Selbstverständlich wird der Vermittler jedes Mal entschädigt.

Viele Miai-Institute arbeiten mit modernsten Mitteln wie Computer oder Videoaufnahmen. Doch haben diese eine geringere Erfolgsquote als die traditionelle Vermittlung.

Nach einer im Jahr 1973 erhobenen Statistik finden sich nur noch siebenunddreißig Prozent der Paare über die Miai-Methode, während dreiundsechzig Prozent der Befragten erklären, sie hätten aus Liebe geheiratet. Die um das Gleichgewicht zwischen den zwei Familien besorgten Eltern stellen sich solchen Verbindungen oft entgegen. Doch hat die familiäre Autorität vielfach ihre Druckmittel eingebüßt, und so bleiben meistens die Verliebten Sieger.

Da der Ahnenkult die Erhaltung des Familienstammbaums verlangt, kommt es oft vor, dass kinderlose Ehepaare, die ihren Namen für die Zukunft zu erhalten wünschen, einen Sohn adoptieren. Gibt es in einer Familie nur Töchter, so überträgt eine von ihnen ihrem Ehemann den Namen, wie dies einst der Brauch war. Damit wird der Mann als seiner Frau unterstellt angesehen. Dieser Brauch war sogar in der Zeit der Frauenfeindlichkeit verbreitet.

Die heutige, aus dem Jahr 1946 stammende Verfassung erlaubt den Jungverheirateten die freie Wahl des Namens. Wer nicht darum losen mag – wie das auch schon vorgekommen ist –, folgt der Konvention: Beinahe alle jungen Ehepaare nennen sich nach dem Familiennamen des Mannes. Keinesfalls aber zwingt man der Japanerin auch noch den Vornamen des Mannes auf, wie das in anderen Ländern noch oft der Fall ist.

Ein weiterer Ausdruck des Ahnenkults ist das Familienwappen. Bis zum 8. Jahrhundert dem Adel vorbehalten, dann ebenfalls von den Samurai übernommen, wurde es vom 17. Jahrhundert an allgemein gebräuchlich. Das Wappen besteht aus symbolischen Motiven in einem geometrischen Schild. Auf den Gebrauchsartikeln erscheint das Wappen kaum mehr, auf dem Zeremoniekimono hingegen ist es an fünf Stellen zu sehen: je eines auf den Ärmeln, zwei auf der Brust und eines zwischen den Schulterblättern.

Die Männer tragen den Zeremoniekimono nur noch selten; die Aufgabe, das Familienwappen bei Beerdigungen, Hochzeiten oder anderen Festen vorzuführen, fällt ihren Frauen zu. Ironie des modernen Schicksals: Der Mann überlässt es der Frau, die Familie – wenn auch nur symbolisch – offiziell zu vertreten. So misst schließlich die Frau, vor allem wenn sie Kinder hat, dem Familienstamm mehr Bedeutung zu als ihr Mann. Das umso mehr, wenn sie von den heute bestehenden fünftausend Wappen das einer alten und bekannten Familie trägt. Auch hat eine Umfrage im Jahr 1981 gezeigt, dass mehr als achtzig Prozent der Ehefrauen regelmäßig das Familiengrab besuchen. So führen sie – oft ohne es zu wissen – den Ahnenkult weiter.

Unter der Meiji-Verfassung (1889–1945) war die Familie offiziell den Regeln des Patriarchats unterstellt. Der älteste Sohn war der Alleinerbe und die direkte Nachfolge materiell und moralisch ausschlaggebend. Nicht selten lebten drei oder vier Generationen unter dem gleichen Dach. Im Schatten des offiziellen Patriarchats übte jedoch die Mutter des Familienoberhaupts eine geheime Macht aus. Vor allem ihre Schwiegertochter musste sich ihr vollkommen unterwerfen, und natürlich versagte es sich die Schwiegermutter nicht, sie zu quälen. Dabei handelte es sich weniger um den klassischen Iokaste-Komplex als um den Verteidigungsreflex der »Mater familias«, die das Haus als ihren persönlichen, geweihten Aufenthaltsort betrachtet.

Nach der Niederlage Japans im Jahr 1945 wurde das strenge Patriarchat offiziell abgeschafft. Der Familienclan zerfiel nach und nach in unabhängige Zellen. Die Japaner nannten das Phänomen zynisch die »Nuklear-Familie«, was nach dem Wirtschaftsboom der Sechzigerjahre seinen vollen Sinn erhielt. Die Form der Großfamilie war gewiss auch durch wirtschaftliche Gründe bedingt; in ländlichem oder konservativem Milieu hat sich diese Familienstruktur noch bis vor Kurzem erhalten.

Dabei war die schwierige Beziehung zwischen Mutter und Schwiegertochter ein ständiger Quell von Problemen. Die meisten Schwiegertöchter fügten sich zwar ohne Weiteres und wagten nur selten Widerspruch oder Ungehorsam. Auch kam es vor, dass sie zu ihren Eltern zurückgingen. Die meisten Männer taten so, als bemerkten sie den Konflikt nicht, oder ergriffen gegen ihre Frau die Partei der Mutter. Nur die wenigsten wagten, sich gegen die mütterliche Autorität aufzulehnen.

In den Sechzigerjahren wurde die aus zwei Generationen (Eltern und Kinder) bestehende »Nuklear-Familie« allgemein. »Ein Haus, ein Auto, aber keine Schwiegermutter«, sagte man. Die zukünftige Gattin stellte die Bedingung, zu Hause selbst bestimmen zu können. Wenn heute etwa die verwitwete Mutter im Hause ihres Sohnes lebt, so ist sie oft ihrer Schwiegertochter unterstellt. Die Vorkriegssitten, nach denen die Schwiegermutter befahl, sind praktisch verschwunden. (Heute gibt es bei den jungen Frauen eine extremistische Tendenz, die mit »Misshandlung der Schwiegermutter« ausgedrückt wird. Doch bleibt die Revanche oft theoretisch, vor allem, wenn die junge Frau im Haus der Schwiegereltern wohnt. Die althergebrachte enge Beziehung der Mutter zu ihrem Haus besteht aber nach wie vor.)

Heute müssen die Japaner für die zu schnelle Verbreitung der »Nuklear-Familie« bezahlen. Früher hat die Schwiegermutter die junge Frau in Gebräuche und Traditionen eingeführt, heute muss diese alleine zurechtkommen. So konnte zu Anfang der Siebzigerjahre ein Buch über Regeln und Gebräuche bei Beerdigungen, Hochzeiten, Geburten und so weiter zum Bestseller werden. Auch Presse und Fernsehen nehmen dieses Thema regelmäßig auf, denn in Japan bestehen zahlreiche, komplizierte Konventionen weiter. Mütter, die ihren Kindern die vielen Nuancen (zum Beispiel die verschiedenen Arten zu grüßen) nicht mehr zu vermitteln wissen, schicken ihre Sprösslinge in eine Schule des guten Benehmens, um sich vielleicht auch selbst die Schmach eines Fauxpas zu ersparen.

Und die Väter?

In Japan werden jährlich etwa hundertsiebzig Kleinkinder unter einem Jahr umgebracht. An der Bevölkerungszahl gemessen, ist diese Zahl gering, doch darf das Phänomen nicht außer Acht gelassen werden. In der Tat sind neunzig Prozent der Schuldigen Frauen, mehrheitlich Familienmütter, die ihre Tat aus einer Erschöpfungsneurose begangen haben: Sie konnten weder auf die Hilfe der Schwiegereltern noch auf jene des Mannes zählen. Dieser dachte nach einem Arbeitstag nur noch an seine eigene Ruhe, Haushalt und Kind blieben der Frau allein. In der Presse werden oft Zuschriften von Frauen veröffentlicht, die sich beklagen, dass ihnen der Mann überhaupt nicht zur Hand gehe. Im Rahmen einer von der Zeitung *Asahi Shimbun* durchgeführten Umfrage schrieb eine dreißigjährige Hausfrau: »Er gibt sich nur mit dem Baby ab, wenn es guter Laune ist. Sobald es weint, tut mein Mann so, als höre er nichts. Manchmal ist er bereit, dem Kind die Windeln zu wechseln, aber nur, wenn diese nass sind, vor dem Anblick von Exkrementen läuft er davon. Er schläft die ganze Nacht mit ruhiger Unbekümmertheit und beachtet das Weinen des Babys nicht. Manchmal muss ich aus dem Bad steigen, um dem schreienden Kind die Flasche zu geben, während er vor dem Fernsehapparat auf dem Diwan hingelümmelt ist. Ihm fehlt das Bewusstsein, der Vater des Babys zu sein.« Solche Gleichgültigkeit kann bei der Ehefrau sehr wohl eine Neurose hervorrufen und im schlimmstem Fall gar zu einem Verbrechen führen. Auch scheint es der Frau schwerzufallen, ihre Sorgen zur Sprache zu bringen, den Dialog zu suchen.

Heute triumphiert weitgehend der Individualismus über den Familiensinn, doch schwanken noch viele Japaner zwischen den beiden. Hin-und hergerissen zwischen ihrer traditionell untergeordneten Rolle und ihrem Wunsch nach Emanzipation, sehen gewisse Frauen schließlich keinen anderen Ausweg, als sich gegen das wehrlose Kind, Grund des »Übels«, zu wenden. Etwa zehn Prozent dieser Kindsmörderinnen sind unverheiratete Mütter unter zwanzig Jahren, die Angst hatten, wegen des Kindes ihren Liebhaber zu verlieren. In der Tat fürchten viele Männer, vor allem unverheiratete, die Verantwortung für ein Kind, und sogar bei verheirateten Männern kommt es mehr und mehr vor, dass sie die Vaterrolle vernachlässigen beziehungsweise aufgeben. Diese Tendenz könnte verheerende Folgen haben.

Bei der überwältigenden Mehrheit der Männer – die vor einem halben Jahrhundert blind den expansionistischen Bestrebungen des totalitären Regimes dienten – rief der abrupte Zusammenbruch der japanischen Macht ein Trauma hervor. Wendigere Charaktere wurden von einem Tag auf den anderen zu perfekten »Demokraten«, die meisten aber flüchteten sich in die Arbeit, um den plötzlichen Wechsel von Regime, Ethik und Sitten auszugleichen. Für diese geprellte Vorkriegsgeneration bedeutete der Wirtschaftsboom, der schon in den Fünfzigerjahren begonnen hatte, eine Form kollektiver Therapie! Die Stellung der Männer in der Industriegesellschaft kompensierte den Verlust der väterlichen Autorität in der Familie, während die Frauen zu Hause ihre Vormachtstellung wieder einnahmen. »Die Nachkriegszeit hat die Strümpfe (dank des Nylons) und die Frauen stark gemacht«, sagt eine bekannte Redensart.

Der von Überstunden geplagte Vater verliert oft den Kontakt zu den Kindern und ist in Fragen der Erziehung und der Sitten nicht mehr auf der Höhe. Kürzlich hat eine Versicherungsgesellschaft in einer Umfrage festgestellt, dass mehr als achtzig Prozent der Kinder das Gespräch mit dem Vater nicht suchen. Für gewisse Kinder ist der Vater nur noch ein Fremder, der übernachten kommt. Am Sonntag versucht der Vater diese Kommunikationsstörung mit materieller Großzügigkeit zu beheben. Psychologen vergleichen diese familiäre Situation mit einem Witwenhaushalt.

Eine Mutter mit Kindern im Schulalter wird oft »Lehrerin-Mama« oder »Ungeheuer Mama-gon« genannt (gon ist ein Suffix aus der Kinosprache und bezeichnet eine neue Generation von Monstern). Die japanischen Mütter haben in der Tat nur die Ausbildung ihrer Kinder im Kopf, vom Kindergarten bis zur Universität und darüber hinaus die künftige Stellung in Beruf und Gesellschaft. Aus dieser Beschäftigung mit der Zukunft der Kinder, der sich die Eltern mehr aus Ehrgeiz denn aus Besorgnis verschreiben, ist in Japan das Phänomen der Parallelausbildung entstanden. Der unerbittliche Wettlauf um Examenserfolge zwingt die Jungen von acht bis achtzehn Jahren, nach dem gewöhnlichen Schultag an eigens dafür eingerichteten Schulen Vorbereitungskurse zu besuchen. Daneben nehmen viele an Kursen für Musik, für traditionelle gesellige Künste oder für die Handhabung des japanischen Rechenbretts teil und betreiben daneben auch noch Sport. Es ist nicht verwunderlich, dass gewisse Schüler unter dieser erzieherischen Maßlosigkeit leiden. Um die fehlende väterliche Präsenz zu kompensieren, missbraucht die Frau oft ihre Autorität, um das Kind zum Lernen zu zwingen. Eine 1982 von Regierungsstellen durchgeführte Untersuchung über die Ausbildung der Kinder zu Hause hat ergeben, dass vierundvierzig Prozent der Eltern – und namentlich der Mütter – mit der Erziehung schwere Probleme haben. Für diese mehr ehrgeizigen als liebevollen »Mama-gon« sind Kurse in Kinderpsychologie eingerichtet worden, während in der japanischen Gesellschaft nach wie vor die traditionellen Tugenden der Liebenswürdigkeit und der Mäßigung hochgehalten werden. Offenbar fehlt den heutigen Müttern – vor allem denen, die nicht außer Haus arbeiten – eine größere menschliche Erfahrung, denn schließlich steht und fällt die Beziehung zum anderen mit der eigenen Selbstachtung.

Seit 1981 weisen die Medien immer wieder auf die Zunahme der Jugendkriminalität, besonders auf die Gewalttätigkeit gegenüber den Eltern hin. Diese neuen Asozialen, zwölf- bis neunzehnjährige Mädchen und Burschen, stammen oft aus wohlhabenden, ja akademischen Kreisen. Es sind wieder die gleichen Faktoren (Verschlechterung des väterlichen Images, übergroße Vormacht der Mutter, Überbewertung des Materiellen), die zu solchen familiären Dramen führen. Es ist schon vorgekommen, dass der verzweifelte Vater sein gewalttätiges, in seinen Augen mit einem entsetzlichen Schandmal behaftetes Kind umbringt.

Das Phänomen der Jugendkriminalität ist – wenn auch glücklicherweise noch kein Problem ersten Ranges – ein Alarmzeichen für die Familie. Der mütterliche Übereifer hemmt das Kind in seiner Entwicklung; die Bezeichnung »Ungeheuer Mama-gon« erhält ihre volle Bedeutung in der Psychoanalyse, die den Kampf mit dem Ungeheuer symbolisch als die Tötung der Mutter und als die zum Erwachsenwerden nötige Befreiung von ihrem Zugriff versteht.

Eine 1980 von der Regierung durchgeführte Umfrage über Fünfzehn- bis Dreiundzwanzigjährige hat übrigens ergeben, dass fünfundfünfzig Prozent der Jungen einen strengen, aber verständnisvollen Vater und neunundvierzig Prozent eine tolerante Mutter wünschen. Nur zwei Prozent der Befragten sehnten sich nach einem autoritären Vater. Interessant ist, dass permissive Eltern kaum gefragt sind: Nur sieben Prozent hätten gerne einen solchen Vater, zehn Prozent eine solche Mutter. Neunundfünfzig Prozent möchten einen Vater, der dem Zuhause den Vorzug gibt, gegen einundvierzig Prozent, die es vorziehen, dass sich der Vater ganz der Arbeit widmet.

Im Januar 1982 startete eine »Vereinigung der Donnerväter« den Versuch, der kindlichen Gewalttätigkeit zu Hause Schranken zu setzen. Ein Mitglied der Vereinigung, ein ehemaliger Boxweltmeister, sagte dazu: »Die Beziehung zwischen Vater und Kind gleicht jener zwischen dem Boxer und seinem Trainer. Der Boxer, der alleine mit dem Sandsack trainiert, entfaltet weniger Energie als in der Gegenwart eines aufmerksamen Trainers. Der Vater ist wie ein Trainer; er lobt oder straft und bleibt dabei fest und gerecht. Das nenne ich einen ›Donnervater‹!« Eine solche Auffassung hat nichts mehr mit dem Klischee vom Patriarchen von einst gemein. Die Botschaft wurde übrigens gehört: Im Handumdrehen hatte die Vereinigung mehr als vierhundert Mitglieder, zumeist Väter, die am betreffenden Problem genauso litten, wie sie daran schuld waren. An einer Monatskonferenz der Vereinigung sagte ein Mitglied, das im Berufsleben eine höhere Kaderposition innehat: »Mitten im wirtschaftlichen Aufschwung, als ich zwischen zwanzig und dreißig war, lebte ich nur für die Arbeit und vernachlässigte mein Zuhause. Die Rezession hat mir Zeit gelassen nachzudenken … Was soll ich für die Erziehung meiner Kinder tun? Sie einfach mit Fausthieben zu traktieren, würde nichts nützen.« Seither werden zahlreiche Psychologiekurse für Väter angeboten. Die Emanzipation des Mannes ist in Japan an der Tagesordnung! Vielleicht werden einige schließlich verstehen, warum sie von ihren Frauen als »Arbeitsroboter« beschimpft werden.

Im Reich der Meerfrauen

Anke Lübbert

Wenn nach vierzig Sekunden das Verlangen nach Sauerstoff unwiderstehlich geworden ist, dann schießt sie dorthin, wo das Licht durch den Wasserspiegel sickert. Atmet ein. Klammert sich an ihren Oke, den schwimmenden Holzbottich, in den sie ihre Beute leert. Sammelt Luft und Kraft, schleudert die Flossen zum Himmel und taucht wieder hinunter.

Masayo Akagi sucht nach Seeigeln. Sie ist eine von sieben Taucherinnen, die heute Morgen in dem siebzehn Meter langen Boot aufs Meer hinausgefahren sind. Die jüngste ist dreiundfünfzig, die älteste zweiundsiebzig. Sie alle kommen aus Yahata, einem Dorf auf der Insel Iki in Südjapan, kennen sich seit ihrer Kindheit und fahren seit Jahren in der gleichen Besetzung zu den Tauchgründen. Am Ende jedes Arbeitstags tun sie sich in kleinen Gruppen zusammen, nehmen die Seeigel aus und verkaufen sie. Man nennt sie Ama, »Frauen der Meere«.

Es ist eine jahrhundertelange Tradition. Auf der Suche nach wertvollen Meeresfrüchten tauchen die Ama täglich sechs Stunden in Tiefen bis zu dreißig Metern – ohne Taucheranzug, ohne Atemgerät. Manche benutzen bis zu zwanzig Kilo schwere Gewichte, mit denen sie schneller nach unten stoßen können. Wichtigstes Utensil ist ein Haken, mit dem sie die Muscheln und Seeigel vom Grund lösen. In Yahata gibt es gut achtzig Taucherinnen.

Jeden Morgen um halb neun steht Masayo Akagi mit ihrem Handkarren am Hafen und begrüßt die anderen Ama. Die Fahrt zu den Tauchgründen dauert zwanzig Minuten. Der Motor tuckert im Aluminiumrumpf, während die Frauen am Bug unter einem Sonnensegel sitzen und tratschen: über ihre Ehemänner, ihre Familien, sie lachen, johlen, schlagen sich auf die Schenkel. Jede hat eine kleine Kosmetiktasche dabei. Auf einer steht »I like to dress up every day«. Sie packen Kämme, Cremes, Bürsten und Make-up aus, zwei ziehen sich Lidstriche und schminken ihre Lippen, machen sich schön füreinander und das Meer. Eine liegt bäuchlings auf dem Bug, Beine in der Luft und Fahrtwind im Haar.

Masayo Akagi sagt, dass sie keinen Baum beim Namen nennen kann, unter Wasser aber irrt sie nie. Es gibt keinen Ort auf der Welt, den sie so gut kennt wie diese sechs Quadratkilometer Wasser, ihr Jagdgebiet. Sie skizziert eine genaue Karte der Landschaft unter Wasser auf ein Blatt Papier: Hügel, Riffe, Schluchten, sie weiß, wo die Strömung besonders stark ist und die Wellen Kraft rauben.

Auf fester Erde spürt sie ihre einundsechzig Jahre, die subtropische Schwüle und ihren Bluthochdruck. »Ich bin für das Wasser gemacht, nicht für das Land«, sagt sie. Wenn sie auf dem schmalen Küstenweg von Iki nach Hause spaziert, braucht sie schon nach einem Kilometer eine Verschnaufpause im Gras.

Iki ist eine kleine Insel, bequem an einem Tag zu umrunden. Etwa 30 000 Menschen leben in den Dörfern an der Küste. Auf den Hügeln sieht man verwitterte, betongraue Bunker, die noch aus dem Zweiten Weltkrieg stammen, Bollwerke gegen den Angriff der Alliierten. Aber es gibt auch friedlichere Attraktionen: In dem Vorgarten eines Insulaners entspringt eine heiße Quelle, die eine öffentliche Badestelle speist. Und mitten im größten Ort der Insel steht ein mannshoher Phallus, vor dem Gläubige um Fruchtbarkeit beten.

Auf Iki wird Masayo Akagi 1947 in eine Welt geboren, in der Männer Tintenfische fangen und Frauen tauchen. Es gibt damals nur eine langsame Fähre zur Hauptinsel Kyushu. Auf grünen Hügeln wuchern wilde Sträucher, Sandwege verbinden die Dörfer, Strände und Hügel sind unberührt. Masayo Akagis Mutter taucht nackt, nur ein Tau um die Hüften geschlungen.

Einundsechzig Jahre später trägt Masayo Akagi Leggins im Leopardenlook, bestellt aus einem Katalog, darüber einen lila Badeanzug mit langen Ärmeln, zwei Paar dicke Socken, die ihre Füße gegen den rauen Meeresgrund schützen sollen, eine Schwimmmaske, Brille, Handschuhe und Flossen. Sie ist eine kleine Frau mit kurz geschnittenen Haaren, lauter Stimme, einem keckernden Lachen, energischen Handbewegungen. »Mir hat keiner das Schwimmen beigebracht«, sagt sie. Sie verbrachte ihre Kindheit an Stränden, Flüssen und auf Booten – und erinnert sich nur daran, dass sie es irgendwann konnte. Mit elf sammelte sie Tengusa aus dem Meer, ein Seegras, rötlich, dicht stehend, in geringen Tiefen wachsend. Mit fünfzehn fuhr sie zum ersten Mal auf einem Boot der Ama mit, sprang wie die anderen ins Wasser und versuchte zu tauchen – so tief und so lange sie konnte. Das war der Anfang.

Masayo Akagi wurde schnell eine gute Taucherin, eine, die besonders tief ins Meer eindrang, die am Ende des Tages die meisten Seeigel in ihrem Oke liegen hatte. Sie heiratete einen Tintenfischfischer aus dem Dorf. Als sie schwanger wurde, suchte sie weiter den Meeresboden nach Seeigeln ab, bis zwei Wochen vor der Geburt. Und fuhr schon kurz danach wieder mit den Booten hinaus.

Damals, Ende der Sechzigerjahre, revolutionierte Masayo Akagi die Arbeit der Ama. Sie brachte aus Kyushu Flossen mit. Die anderen lachten sie aus. Doch sie lachten nur so lange, bis sie sahen, dass Masayo Akagi mit den Flossen noch schneller als zuvor am Meeresgrund war und noch mehr Seeigel erbeutete. Flossen sind die einzige große Erneuerung, an die sie sich erinnert.

Masayo Akagi wird von den anderen Bosu genannt, Boss. Sie ist es, die mit dem Kapitän abspricht, wann sie losfahren, wann Zeit ist für die Mittagspause. Sie sammelt Geld für die Schiffscharter, ist die Erste, die ins Wasser springt. Um zu testen, sagt sie, ob die Stelle günstig ist. Das Meer hier ist warm und flach. Kaum taucht sie den Kopf unter Wasser, knistert es in ihren Ohren. Selbst nach all den Jahren schmerzt der Druck auf das Trommelfell. Zum Schutz steckt sie sich Watte in den Gehörgang, darauf einen Kaugummi.

Die sechs Meter zum Grund überwindet sie mit kräftigen Flossenbewegungen, die Arme an den Oberschenkeln, den Kopf zum Boden geneigt. Während sie bereits die Seeigel vom Boden schneidet, setzen die anderen noch ihre Masken auf, reinigen die Gläser ihrer Schwimmbrillen mit Süßwasser und den Blättern einer Pflanze, die Feuchtigkeit aufsaugt.

Manchmal bringt Masayo Akagi in einem Tauchgang drei, vier Seeigel nach oben. Was sie nicht mehr in der Hand halten kann, steckt sie sich vorne in den Badeanzug. In unregelmäßigen Abständen taucht sie auf; saugt Luft in ihre Lungen und stößt sie in einem langen, pfeifenden Zug wieder aus. Es klingt wie das Stöhnen von Tennisspielerinnen beim Aufschlag, eine Mischung aus Konzentration und Klagelaut. Wenn Masayo Akagi denkt, es sei Zeit für die Mittagspause, winkt sie dem Kapitän, und eine nach der anderen klettert über die Strickleiter an Bord. Sie tauschen die salzigen Badekleider gegen trockene T-Shirts, essen rohen Tintenfisch und Melonenscheiben. Nach einer Stunde tauchen sie wieder ab.

Am Nachmittag, zurück an Land, begibt sich Masayo Akagi mit ihrem Handkarren auf das Gelände der Fischereikooperative. Dort hängt sie ihre Tauchkleidung zum Trocknen auf und schüttet die Beute des Tages auf einen wadenhohen Holztisch. Ein guter alter Freund hilft ihr. Sie sitzen sich auf Schemeln gegenüber, er öffnet die Seeigel mit einer Hebelbewegung in der Mitte, bricht sie auseinander, sie löffelt das Fleisch aus der Kugel in eine Schüssel.

Jede Taucherin arbeitet auf eigene Rechnung, verdient bis zu 20 000 Yen am Tag, ungefähr 120 Euro – abhängig von der Saison, dem Jagdgebiet und der Fitness. Die Saison beginnt im April und endet im Oktober. Obwohl sie selbstständig sind, zahlen die Ama eine Art Steuer an die Kooperative. Warum, weiß Masayo Akagi nicht, es war schon immer so. Die Kooperative hat im Dorf eine besondere Stellung; ihr Kühlturm überragt die Dächer des Ortes wie ein Kirchturm, sie verwaltet den Reichtum der Menschen auf Iki – die Schätze des Meeres. Der Jahresumsatz der Kooperative liegt bei dreieinhalb Millionen Euro, die Taucherinnen erwirtschaften davon etwa zehn Prozent.

Gleich neben dem Grundstück der Kooperative liegt das Haus der Familie Akagi, ein schmuckloser, zweistöckiger Bau. Die Südfenster zeigen auf die Hafenausfahrt. Unter dem Vordach stehen Eimer, Plastiktüten, Wasserflaschen. Drinnen blickt man auf Berge von Tellern, Pfannen und Töpfen, einen überdimensionalen Flachbildschirm und auf ein Durcheinander von Papieren, CDs und Kleidern, die stapelweise im Raum verteilt sind.

Die fünf Zimmer bieten nicht genug Platz für sie, ihren Mann, Sohn, Schwiegertochter, Enkelin und all die Dinge, die ihnen gehören. Der größte Raum des Hauses ist tabu, er ist ein Ort der Andacht, der Wohnort der Götter. Wie Trophäen hängen an den Wänden großformatige Fotos von Thunfischen und Tintenfischen, ein Bild zeigt das fahnengeschmückte Schiff von Masahiro, ihrem Sohn. Jeden Morgen bringt Masayo Akagi den Göttern eine Schale Reis und frisches Wasser.

Traditionell wäre das die Aufgabe des Familienoberhaupts, ihres Mannes Yoshiro. Doch Masayo Akagi ist auch zu Hause der Boss.

In ihrer Welt existiert der Buddhismus friedlich neben dem Shintoismus. Beide Religionen haben ihre eigenen Feiertage; die buddhistischen drehen sich um Tod und Wiedergeburt, die shintoistischen um Erfolg und Glück. Für Masayo Akagi aber sind Feiertage verlorene Tage, die sie lieber auf dem Meeresgrund verbringen würde – auf der Suche nach den Uni, den Seeigeln.

Sie gelten in Japan als besondere Delikatesse. Das Fleisch ist haselnussgroß und ockergelb. Einige Meeresfrüchte, die in Japan zum Frühstück, Mittag- oder Abendessen serviert werden, erinnern beim ersten Bissen an den scharfen Geschmack von Meerwasser. Uni ist anders, ist weich, schmilzt im Mund und schmeckt nach würzigem Käse.

Ein paar Häuser von den Akagis entfernt gibt es ein Restaurant, das Uni-Gerichte für Touristen zubereitet. Der Trumpf des Küchenchefs: Uni No Atsuyaki, eine Art Omelett aus Eiern und Uni, angeblich eine Erfindung der Taucherinnen. Einige verkaufen ihren Fang direkt an das Restaurant, Masayo Akagi gibt ihren an einen Händler, der ihn nach Kyushu und weiter in den Norden bringt. Das Uni-Omelett gehört nicht zu ihren Lieblingsrezepten. Mittags schneidet sie oft nur ein Stück rohen Tintenfisch in Streifen und stellt eine Flasche Sojasauce auf den Tisch. Masayo Akagi hasst es zu kochen.

Ausrangiert und abgestellt –
Wenn Männer nach der Pensionierung
zum Sperrmüll werden

Thomas Fuster

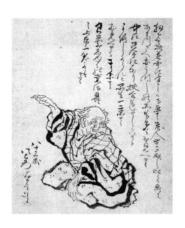

Ihren Namen will sie nicht in der Zeitung lesen. Gleichwohl erzählt Masako Yamada, wie wir die Neunundfünfzigjährige nennen wollen, freimütig von ihrem Plan. Einem Plan, den man der zierlichen Frau, die in der Nähe der japanischen Stadt Kanazawa in vermeintlicher Perfektion die Rolle der fürsorglichen Ehefrau und Mutter spielt, gar nicht zutrauen mag.

Seit über zehn Jahren nämlich, erzählt Yamada, zwacke sie vom Salär ihres Ehemanns jeden Monat einen Betrag ab, lege diesen auf die Seite und träume davon, in einigen Jahren, wenn der Gatte in Pension gehen wird, genügend Geld beisammenzuhaben, um die Scheidung einreichen und einen gemütlichen Lebensabend genießen zu können – ohne materielle Sorgen und vor allem ohne nervtötenden Ehemann. Die Pensionierung warte sie ab, weil ihr Mann dann vom Arbeitgeber eine einmalige Zahlung in der Höhe von zwei Jahreslöhnen erhalten werde, und von diesem Geld beanspruche sie selbstverständlich noch ihren Teil.

Yamada ist keinesfalls die einzige Japanerin, die sich ein Leben mit einem pensionierten Gatten nicht vorstellen kann oder nicht vorstellen will. In keinem anderen Alterssegment nehmen in Japan die Scheidungsraten stärker zu als bei den Rentnern. Hat sich die Zahl der Scheidungen von Paaren, die seit über zwanzig Jahren verheiratet sind, in den zwei Jahrzehnten seit 1985 verdoppelt, ist bei Paaren mit einer mindestens dreißig Jahre langen Ehegeschichte gar eine Vervierfachung zu beobachten. Praktisch immer sind es dabei die Frauen, die eine Trennung beantragen. Eine Abschwächung des Trends ist kaum zu erwarten. Die demografische Entwicklung und gesetzliche Reformen legen eher das Gegenteil nahe: So werden zwischen 2007 und 2009 knapp sieben Millionen »Babyboomer« aus den geburtenstarken Jahrgängen zwischen 1947 und 1949 pensioniert. Außerdem trat 2007 ein Gesetz in Kraft, das geschiedenen Ehefrauen die Hälfte an der Rente des Ehemanns zusichert; das finanzielle Risiko einer Trennung wird somit für Frauen zusehends kleiner.

Das Thema der sogenannten »Scheidungen im reifen Alter« hat sich in Japan einen prominenten Platz in der Öffentlichkeit erobert. Nicht nur TV-Soaps – in Japan ein zuverlässiger Indikator für Volkes Sorgen – widmen sich mit einem nicht zu knappen Maß an Dramatik dem Phänomen. Auch in den Buchläden ist längst ein breites Angebot an Ratgeberliteratur verfügbar. Selbst ein Krankheitsbild haben japanische Mediziner definiert für Frauen, die unter der Bürde pensionierter Gatten leiden: »Retired Husband Syndrom« – kurz: RHS – nennt sich die Stresserkrankung, an deren Symptomen laut Schätzungen sechzig Prozent aller japanischen Ehefrauen mit Männern im Ruhestand leiden. Die krank machenden Pensionäre werden vom weiblichen Volksmund denn auch mit üblen Namen beschimpft: etwa als »Sperrmüll«, weil schwierig zu entsorgen, oder als »feuchtes Laub«, da lästig an den Schuhen klebend. Jede japanische Frau weiß, was gemeint ist.

Selbstverständlich stellt der Ruhestand nicht nur japanische Ehen vor Herausforderungen. Dem Problem kommt hierzulande aber aus kulturellen Gründen besonderes Gewicht zu. So ist für manchen Japaner die Lebenswelt deckungsgleich mit der Arbeitswelt: Mit den Firmenkollegen wird nicht nur die Arbeitszeit geteilt, sondern ebenso der Feierabend beim Umtrunk oder das Wochenende beim Golfspiel. Nicht selten verbringt man selbst die wenigen Ferientage – sofern diese eingezogen werden – mit Mitarbeitern, derweil die Ehefrau mit Freundinnen umherreist. Entsprechend kühl ist das emotionale Verhältnis zwischen Partnern, die kaum Erlebniswelten teilen. Und entsprechend tief ist das Loch, in das pensionierte Männer fallen, die während ihrer Erwerbstätigkeit keine Zeit für Hobbys oder Freunde außerhalb der Firma finden. Manch einer bekämpft die Langeweile, indem er seiner Frau bei der Hausarbeit dreinredet oder von ihr Rechenschaft verlangt über jede Minute, die sie außerhalb des Hauses verbringt.

Während die Männer etwaige Mühe haben, etwas Sinnvolles mit ihrer neu gewonnenen Zeit anzufangen, kennen die Frauen kaum Langeweile. Viele von ihnen haben trotz Belastung durch Haushalt und Kinder während Jahrzehnten gearbeitet oder Privatkurse besucht, andere waren in Vereinen engagiert. Gemeinsam ist ihnen, dass sie über ein dichtes Beziehungsnetz verfügen, das sich auch im Rentenalter als reißfest erweist. Das ist umso wertvoller, als in Japan – dem Land mit der höchsten Lebenserwartung – eine Frau von sechzig Jahren statistisch noch mit sechsundzwanzig weiteren Lebensjahren rechnen darf. Da wiegt die Frage nach der Ausgestaltung des Lebensabends entsprechend schwer. Wenn die Antwort immer öfter zugunsten einer Scheidung ausfällt, dann auch aufgrund der soliden Finanzlage der Rentner. Im sparfreudigen Japan verfügt jedenfalls keine andere Altersschicht über ähnlich hohe Kaufkraft. Und manche Ehefrau eröffnet – wie eingangs erwähnt – schon zu Friedenszeiten eine geheime »Kriegskasse«. Die Gatten wissen von diesen als Hesokuri bezeichneten Geldern zumeist nichts, zumal die Verwaltung des Monetären in Japan eine traditionelle Domäne der Ehefrau darstellt.

Das japanische Sprichwort, wonach ein guter Ehemann ein gesunder Mann außer Hause ist, dürfte auch Nippons Männern geläufig sein. Dennoch trifft es die Rentner oft wie ein Blitz aus heiterem Himmel, wenn sie sich nach ihrer Pensionierung im eigenen Haus breitzumachen beginnen und plötzlich mit der Forderung nach einer Scheidung konfrontiert werden. Viele begreifen die Welt nicht mehr, zumal sie es während Jahrzehnten als ausreichenden Liebesbeweis betrachteten, ihre Berufspflicht zu erfüllen, also bis spätabends zu arbeiten und Ende des Monats den Lohn der Ehefrau abzuliefern. Der Schock ist dabei ein doppelter: Zur sozialen Isolierung – mit dem Austritt aus der Firma löst sich gleichsam das eigene Beziehungsnetz auf – gesellt sich die Unbeholfenheit in Alltagsdingen. Da für Japans Ehemänner der Haushalt in aller Regel Terra incognita darstellt, ist manch einer nicht einmal in der Lage, sich einen Tee zu kochen, geschweige denn seine Kleider zu waschen.

Wen wundert es da, dass neuerdings Kurse, die Lebenshilfen für Jungpensionäre anpreisen, wie Pilze aus dem Boden schießen. Den Senioren soll mehr Unabhängigkeit in der dritten Lebensphase antrainiert werden, etwa mit Kursen in Kochen, Putzen oder partnerschaftlicher Kommunikation, Letztere wohl mit dem Ziel, das maskuline Ehevokabular über die drei klassischen Imperative »Bad! Essen! Bier!« hinaus zu erweitern. Die Zeichen der Zeit erkannt haben jene Salarymen, die sich bereits im Erwerbsalter in Scheidungsprophylaxe üben. Die Tageszeitung *Asahi* berichtete kürzlich von einer Selbsthilfegruppe, in der Männer nach Wegen suchen, um dem Schicksal zu entgehen, von der Gattin dereinst als »Sperrmüll« entsorgt zu werden. Die Gruppenmitglieder – die meisten Mitte fünfzig – erhalten dabei verschiedene Grade »ehelicher Erleuchtung« zugeteilt. Zum fünften Grad auf der Skala von eins bis zehn reicht es jenen, die Händchen haltend mit der Ehefrau einen Spaziergang absolvieren können. Der zehnte und somit schwierigste Grad gebührt jenen, die der Gattin ein »Ich liebe dich« anzuvertrauen vermögen, ohne gleich zu erröten; dies soll bisher noch keinem der zweihundertfünfzig eingeschriebenen Mitglieder gelungen sein. Die Rückeroberung ihrer Ehefrauen ist für die angehenden Pensionäre – und potenziellen Scheidungsopfer – ein hartes Stück Arbeit.

Wie man sich bettet, so schläft man – Der Futon

Brigitte Steger

Das »Bett« des Japaners unterscheidet sich erheblich von den uns bekannten und vertrauten Schlafstätten. Dennoch kennt es jeder: Japanische Futons haben auch in Europa eine breite Anhängerschaft gefunden. Diese Baumwollmatten waren in den Siebziger- und Achtzigerjahren vor allem bei Studenten sehr beliebt. Die ersten Futons waren jedoch sehr schnell durchgelegen und hart. Mit Lagen aus Rosshaar, Latex und Schafwolle sollten sie deshalb bald erhöhten Ansprüchen und einem neuen Gesundheitsbewusstsein Rechnung tragen. In Japan selbst schläft etwa die Hälfte der Japaner in Betten, die Hälfte in Futons.

Japanische Futons sind meist ausschließlich mit Baumwolle gefüllt. Sowohl die Unterlage oder Matratze (Shikibuton) als auch die flache Decke (Kakebuton) heißt Futon. Deshalb legt man sich »in die Futons hinein«, nicht oben drauf. Zum Schlafen sind Futons üblicherweise auf sogenannten Tatami ausgebreitet. Diese Binsenmatten sind auf einem Holzrahmen aufgespannt und mit dicken Lagen Stroh unterlegt, weshalb sie etwas weicher sind als die in den modernen Stadtwohnungen üblichen Holz-, Laminat- oder Teppichböden. Auch moderne japanische Stadtwohnungen haben meist zumindest ein Zimmer, das mit Tatami ausgelegt ist. Japanische Zimmergrößen sind übrigens in Tatami angegeben, wobei eine Einheit in Kyoto etwa 180 mal 90 cm groß ist, in Tokyo etwas kleiner.

Wer sich in Japan aufhält, wird bald bemerken, dass viele Wohnungen einen Balkon haben, der meist südseitig angelegt ist. Doch niemand nutzt den Balkon, um draußen zu sitzen und Kaffee zu trinken. Er dient dem Aushängen der Futons, dem Wäschetrocknen und manchmal als Sperrmülllager. Um in trockenen, flauschigen Futons schlafen zu können, ist es besonders wichtig, die Futons bei schönem Wetter täglich in die Sonne zu hängen. Aufgrund der hohen Luftfeuchtigkeit, die in Japan gewöhnlich herrscht, würden ansonsten die Baumwollfutons nicht nur bald feucht, sondern auch zusammengedrückt und hart werden. Einen flach gedrückten Futon nennt man Senbei-Futon; ein Senbei ist ein Reiscracker. Wer nicht in der glücklichen Lage ist, einen südseitigen Balkon zu besitzen, oder wer ganztägig berufstätig ist, muss sich andere Lösungen suchen. Seit einiger Zeit gibt es daher Futontrockner, eine Art umgekehrten Staubsauger, der trockene, heiße Luft zwischen die Bettdecken bläst.

Das Zusammenrollen dieser Matten, um sie weich zu erhalten, wie das bei uns üblich ist, ist in Japan unbekannt. Futons werden vielmehr tagsüber gefaltet und in einem großen Wandschrank übereinandergestapelt. Dafür sind die Hausfrauen und Mütter zuständig. Meinen Beobachtungen und Befragungen zufolge räumen nur wenige Männer den Futon regelmäßig in den Schrank.

Futons, die tagsüber im Zimmer ausgebreitet bleiben, werden Mannentoko, »10 000-Jahre-Schlafplatz«, genannt. Es gilt als ein Zeichen von Faulheit, die Futons liegen zu lassen. Am Futon lässt sich in vielfacher Weise ablesen, ob eine Frau eine gute, tüchtige Hausfrau ist. Er wird zu einem Indikator für ihre eheliche Liebe und mütterliche Fürsorge. Wann hängt sie den

Futon in die Sonne? Tut sie es überhaupt regelmäßig? Hat sie ihn aufgeräumt, wenn man unverhofft zu Besuch kommt? Wie sieht der Futon aus? Ist er flauschig und weich, oder ist er flach gedrückt und unhygienisch?

Die Menschen in Japan verwendeten nicht schon immer Futons. Die Adligen schliefen vor etwa tausend Jahren auf faltbaren Matten auf dem Holzboden. Aus diesen Matten entwickelten sich später die heute verwendeten Tatami (wörtlich: gefaltet). Dieser Luxus kam aber für die überwiegende Mehrheit nicht infrage. Für die Landbewohner war es viele Jahrhunderte hindurch üblich, in einer Art fensterlosem Abstellraum im hintersten Winkel des Hauses, eng zusammengepfercht auf dem Holz- oder Erdboden, zu schlafen. Wenn es kalt war, verwendeten sie Stroh oder getrocknete Blätter, um ihre Schlafstätte komfortabler zu machen.

Baumwolle war in Japan zwar schon lange bekannt, sie wurde aber erst seit dem 16. Jahrhundert angebaut. Wohlhabende konnten es sich bald leisten, ihre kimonoartigen Kleidungsstücke für den Winter mit Baumwolle füllen zu lassen. Diese wattierten Kimonos schützten sie am Tag vor Kälte und Zugluft und dienten ihnen in der Nacht als Decke und Unterlage. Daraus entwickelten sich mit der Zeit die Futons, die ab dem 17. Jahrhundert in immer mehr Bevölkerungsschichten zu finden waren.

Kopfkissen (Makura) waren auch schon lange Bestandteil der Ausstattung des Schlafplatzes. Wer sich darunter aber ein weiches Federpolster vorstellt, liegt falsch. Man sollte wohl eher von Kopfstützen sprechen. Meistens handelte es sich dabei um ein Holzkästchen, das mit einem mit Buchweizenstreu gefüllten Stoffstück bespannt war, das ausgewechselt werden konnte. Gerade Frauen hohen Standes oder diejenigen in den Freudenvierteln mussten sehr darauf achten, dass auch beim Schlafen ihre Frisur nicht zerstört wurde, weshalb ihr Makura sehr hoch war. In dem Kästchen bewahrte man Schreibuten-silien, Liebesbriefe oder erotische Bilder auf. Letztere heißen deshalb auch Makura-Bilder.

Auch bei der Kopfstütze musste die ärmere Bevölkerung sich lange Zeit mit einem Stück Holz oder einem Bündel Klei-dung behelfen und verwendete später einfache, mit Buchwei-zenstreu oder getrockneten Halmen gefüllte Kissen. Diese sind auch heute noch verbreitet und beliebt, aber Japaner kön-nen aus einer Fülle an Materialien auswählen. Federbetten sind aufgrund der hohen Luftfeuchtigkeit eher selten.

Bemerkenswerterweise wurden Tatami und Futon erst nach der Meiji-Restauration 1868, also nach der Öffnung Ja-pans zum Westen und dem Beginn der Moderne, allgemei-ner Standard im ganzen Land. Die damals neu eingeführten westlichen Bettgestelle und Sprungfedermatratzen hingegen gab es zunächst nur vereinzelt. Die Ersten, die dieses exotische Interieur anschafften, waren die Bordellbesitzer, um damit Kunden anzulocken, so wie man heute in manchen Love Ho-tels zwischen romantischem Himmelbett, Raumschiff, stren-ger Kammer oder Hello-Kitty-Ambiente wählen kann. In den Haushalten waren Betten vor dem Zweiten Weltkrieg prak-tisch kaum anzutreffen. Die Soldaten der kaiserlichen Armee lernten während ihres zweijährigen Wehrdienstes die west-liche Kultur des Schlafens in Betten und Wolldecken zwar kennen, schliefen zu Hause jedoch weiterhin in Futons. Erst während der amerikanischen Besatzungszeit nach dem Ende des Zweiten Weltkrieges wurde es dank Hollywood-Filmen populär, im Schlafzimmer ein Bettgestell aufzustellen.

Babys und Kleinkinder schlafen in der Regel mehrere Jahre bei den Eltern im Futon oder gleich daneben. Als typisch für das japanische Zusammenschlafen gilt das sogenannte Ka-wa no ji, das chinesische Schriftzeichen für Fluss, das aus drei nebeneinanderstehenden Längsstrichen besteht, der mittlere ist etwas kürzer. Das bedeutet, dass das Kind zwischen den Eltern schläft. Tatsächlich ist die Anordnung heute flexibel, meist schläft aber die Mutter in der Mitte. Kommt ein zweites Kind, wechselt das ältere vielleicht auf die Seite des Vaters oder in ein eigenes Zimmer; in Dreigenerationenhaushalten verbringen die älteren Kinder die Nacht oft bei der Großmutter. Oder aber – und das scheint häufig der Fall zu sein – der Vater schläft alleine in seinem Arbeitszimmer, während die Mutter mit den Kindern im Schlafzimmer bleibt.

Amerikanische Forscher hatten das Phänomen des Zusammenschlafens von Eltern und Kindern (damals oft bis weit in die Pubertät hinein) schon in der Nachkriegszeit beobachtet und dafür die engen Wohnverhältnisse verantwortlich gemacht. Bei genauer Untersuchung stellten sie aber fest, dass auch in sehr großen Häusern jeweils bis zu vier Personen in einem Zimmer nächtigten, aber nicht unbedingt die verheirateten Paare beieinanderblieben. Es war vielmehr selbstverständlich, dass die Kinder bei der Mutter und später bei der Großmutter schliefen. Herr Fujii, ein pensionierter Lehrer aus der Stadt Kochi, erzählte mir, dass er zwar zum Studium in einem Studentenheim in Tokyo gelebt hatte, nach seiner Rückkehr schlief er aber wieder bis zum Tag seiner Hochzeit, im Alter von achtundzwanzig Jahren, gemeinsam mit seiner Großmutter im Zimmer.

Heute bekommt fast jedes Kind spätestens beim Schuleintritt ein eigenes Zimmer. Das soll in erster Linie ein ungestörtes Lernen ermöglichen. Während der Nacht lassen sich aber viele Kinder nicht vom Platz neben der Mutter vertreiben. Erst nach und nach bleiben sie auch zum Schlafen in ihrem Zimmer.

Japanische Kindererziehungsbücher setzen sich heute zwar mit westlichen Gewohnheiten auseinander und wissen, dass Eltern in den USA und Mittel- und Nordeuropa das Baby möglichst früh im eigenen Zimmer schlafen lassen, damit es bald selbstständig wird. Sie sind aber fest davon überzeugt, dass es besser ist, wenn das Kind die ersten Jahre nachts bei der Mutter schläft, da sich das Kind weder vor Geistern noch vor der Dunkelheit fürchten muss. Die Mutter beziehungsweise die Eltern vermitteln ihm auch ein Gefühl der Zugehörigkeit. Die Redewendung »außerhalb des Moskitonetzes« (Kaya no soto) drückt aus, dass jemand außerhalb der gemeinschaftlichen Schlafstatt ist, also nicht dazugehört. Die Schlafenszeiten sind nicht streng festgelegt. Die Mutter versucht zwar, das Kind an einen regelmäßigen Rhythmus zu gewöhnen, lässt ihm aber wesentlich mehr Freiheit darüber, wann es schlafen geht, als dies in unseren Breiten üblich ist. Japanische Kinder werden auch nicht zur Strafe früh ins Bett geschickt. Sie empfinden das Schlafengehen deshalb selten als Problem, und es gibt vergleichsweise wenig Konflikte.

Zum Schäferstündchen ins Hotel –
Love Hotels

Andreas Stuhlmann

Es ist Sonntagmorgen in To-kyo, und Sie haben für den Tag noch nichts Bestimmtes vor? Dann gibt Ihnen das *To-kyo Journal* diesen Tipp: Be-sorgen Sie sich einen Klapp-stuhl, stellen Sie ihn auf die andere Straßenseite eines der dreißigtausend Love Hotels in Japan, setzen Sie sich be-quem zurecht, und schauen Sie einfach zu. Von ein paar Überraschungen abgesehen, dürfte Ihr Privatprogramm Folgendes zeigen: Ein alter Mann in Begleitung eines fünfzehnjährigen Mädchens in Schuluni-form eilt ins Hotel, um den günstigen zweistündigen »Ruhe«-Tarif auszunutzen; ein Paar mittleren Alters von außerhalb parkt seinen Wagen und hetzt die fünf Meter zum Eingang, die Gesichter wie Verbrecher verbergend; zwei Teenager stolzie-ren hinein, als wäre es ein McDonald's; und als Zugabe betritt eine soeben angereiste Ausländerin in den Vierzigern mit ih-rem Gepäck fröhlich das Hotel, nur um es drei Minuten später verwirrt und beschämt wieder zu verlassen. So verschaffen Sie sich durch bloßes Dasitzen einen guten Überblick über einen der interessantesten Aspekte der japanischen Kultur.

Im Westen gab ein Paar, das zu heimlichem Stelldichein ein Hotel aufsuchte, an der Rezeption falsche Namen an, Herr und Frau Schmidt zum Beispiel. In Japan dagegen verwenden die

Hotels selbst Decknamen. Man sollte eigentlich nicht mehr von Love Hotels sprechen, denn heutzutage umgehen die Besitzer gern diese jahrzehntealte, schlüpfrige Vorstellungen weckende Bezeichnung. Ein cleverer Unternehmer, der sein Geld in das »Zahl-wenn-du-bumsen-willst«-Gastgewerbe investiert hat, verführt uns lieber mit so glanzvollen neuen Namen wie »Freizeithotel«, »Hotel Boutique«, »Partnerhotel«, »Fashion Hotel«, »Themenhotel« und dergleichen. Aber um jeden Irrtum auszuschließen, bleiben wir in diesem Artikel beim eingeführten alten Namen und hoffen, dass niemand Anstoß nimmt.

Damals, als in Japan Hotels für andere Zwecke als zum Übernachten aufkamen, war Wortklauberei kein Thema. Die Geschichte der Love Hotels geht auf die späte Edo-Ära zurück, als man sie Otebiki-jaya oder Deai-jaya (Privatpension fürs Rendezvous) nannte, was nach dem Zweiten Weltkrieg in Tsurekomi yado (Partnerschafts-Gästehaus) geändert wurde.

Solche Häuser – und das mag Seiner Heiligkeit dem Papst zusätzlich eine Gänsehaut verschaffen – standen zumeist in der Umgebung von Tempeln und Schreinen, damit die Pilger, die dort über die Vergänglichkeit des Daseins meditierten, sich von ihren religiösen Pflichten erholen konnten. Auf diese Weise gingen Tod und Liebe schon immer Hand in Hand. Eingehendere Studien offenbaren übrigens die japanischen Kami als ziemlich brünstige Götterschar, ähnlich den Olympiern der altgriechischen Sagen. Darin lag ja auch die natürliche Einstellung der Japaner zur Sexualität begründet (ehe Westler manch wunderliche Ideen einzuschleusen begannen), die es bis heute so leicht macht, junge Damen darüber zu befragen, was sie von einem Liebeshotel erwarten.

Das Tsurekomi yado (oder Tsurekomi ryokan) war kein Love Hotel im heutigen Sinn, sondern stellte lediglich Räume zur Verfügung, in denen professionelle Dirnen ihren Reis verdienen konnten – ein Bordell, wenn man will. Die Zimmer, spärlich eingerichtet mit Tatamis und Futons, hatten dünne Wände. Seine Schuhe bekam der Kunde erst zurück, nachdem er dem Wirt die Miete ausgehändigt hatte. Meist wurden diese Häuser von Familien betrieben, die über ein paar freie Zimmer verfügten und sich so die Möglichkeit schufen, finanziell über die Runden zu kommen.

1958 gerieten solche praktischen Arrangements mit einem neuen Gesetz in Konflikt, das Prostitution verbot und die Besitzer unter Druck setzte. Die Gewieften unter ihnen kamen nun auf den Einfall, die ungenutzten Zimmer an ehrbare Leute zu vermieten – Paare, die auch einmal eine heiße Liebesnacht ohne horchende Eltern, trocknende Wäsche und geschwätzige *soba* miteinander verbringen wollten. Traditionell leben in Japan mehrere Generationen unter einem Dach, und ein Hausherr begrüßt seine Gäste gewöhnlich mit Formulierungen wie: »Verzeihen Sie uns bitte unsere elende, schmutzige Hütte.« Als Zufluchtsort wurden die Mietzimmer denn auch ein voller Erfolg. Bald konnte – oder musste – ein Tempelbesucher seine eigene Partnerin zu einem »Nachgebetstreffen« mitnehmen. Im Umkreis der heiligen Stätten entstand rasch ein privater Amüsierbetrieb. Das erklärt auch, warum man in der Stadt selten vereinzelt stehende Liebeshotels findet. Sie drängen sich fast alle in einer einzigen lebhaften Gegend wie beispielsweise im Kabuki- oder im Maruyama-Viertel des Shibuya-Bezirks von Tokyo. Das früheste Zentrum der blühenden Liebeshotelkultur befand sich allerdings in Osaka, dessen Bewohner als besonders aufgeschlossen gelten. Im Gegensatz zu den anderswo in Japan üblichen zwei- oder dreistündigen Tarifen bekommt man in den Love Hotels im Kansai-Bezirk auch schon einmal ganztägige Sonderangebote zum Stundenpreis ...

Japans Motorisierung in den Sechzigerjahren brachte einen anderen Prototyp des Love Hotels hervor: Die schlichten, streng funktionalen Motels, die an den Überlandstraßen aus dem Boden schossen. Dann kam die Zeit, als mehr und mehr Leute in exotische fremde Länder zu reisen begannen. Ihnen genügte ein einfaches, von Schaben wimmelndes Tatamizimmer in einem »Liebeshotel« mit dasai (kitschigem) Namen nicht mehr. Vor allem die weibliche Hälfte der japanischen Bevölkerung wünschte, ihre Flitterwochen nochmals zu durchleben, beispielsweise in Etablissements wie dem Hotel Paris mit seinem romantischen französischen Interieur, ganz wie jene entzückende kleine Herberge bei Versailles, die sich ihrer ehelichen Erinnerung so innig eingeprägt hatte. Derartige Häuser bildeten in Japan tatsächlich die Avantgarde der Hotels in westlichem Stil. Obendrein liefern manche davon, etwa das Hotel Chanel, gewissen Modelabels eine dringend benötigte kostenlose Werbung.

Wie das Love Hotel sich in den Siebziger- und Achtzigerjahren entwickelte, mit Attraktionen wie rotierenden Betten, durchsichtigen Badewannen und Deckenspiegeln, lässt sich leicht denken. Lassen Sie uns daher die Veränderungen dieser Phase überspringen und einen Blick werfen in das typische Zimmer eines heutigen Liebeshotels. Während frühere Paare mit einem sauberen Raum zufrieden waren, wo sie sich mit allen Sinnen dem Liebesspiel hingeben konnten, muss es inzwischen schon etwas mehr sein. Ein riesiger Flachbildschirm mit DVDs, eine interne Lasershow, eine Auswahl an Videospielen erfüllen eher die Erwartung. Und wie diese hat auch die mörderische Konkurrenz zugenommen, unter der nur die Besten bestehen.

Love Hotels sind längst keine Familienbetriebe mehr, und sie sind alles andere als kleine Unternehmen. Der Neubau eines erstklassig ausgestatteten Hotels kostet den Eigentümer stolze fünfhundert Millionen Yen (Minimum!). Ein Gesetz von 1985 untersagt normalen Hotels den Verkauf von Kondomen und weist Liebeshotels einen Sonderstatus zu, was die Gewährung von Bankkrediten erschwert. Dazu kommen vertragliche Probleme hinsichtlich der langfristigen Nutzung des betreffenden Grundstücks. Die meisten traditionellen Love Hotels im Stadtkern haben schwer zu kämpfen, wenn sie ihr monatliches Überlebensziel erreichen wollen, nämlich Einnahmen von mindestens fünfhunderttausend Yen pro Zimmer. In letzter Zeit geht daher der Trend zum Bau von wenigen, dafür größeren »Vergnügungszentren« außerhalb der Städte.

Solche Anlagen locken vor allem mit ihrer Atmosphäre von Luxus und Komfort, mit einer großzügigen Raumgestaltung und der neuesten Unterhaltungselektronik nicht nur in den Zimmern selbst. Falls Sie zu den Leuten gehören, die für den Kauf der neusten PlayStation stundenlang Schlange stehen, nur um am Ende zu hören, dass sie ausverkauft ist, gehen Sie doch ins nächstbeste Love Hotel und probieren sie dort aus. Ein zeitgemäßes Haus stellt garantiert in jedem Zimmer eine PlayStation zur Verfügung. Der Spaß fängt schon an, wenn Sie beim Roboterpersonal einchecken. Diese Androiden nehmen Ihnen nicht die Schuhe ab, und Sie brauchen auch nicht wie noch vor zehn Jahren Ihr Gesicht zu verstecken. Sie schieben einfach Ihre Mitgliedskarte ein, worauf Sie der digitalisierte Empfangschef mit einem freundlichen »Hallo, lange nicht gesehen, was gibts Neues?« begrüßt und daran erinnert, öfter zu »kommen«. Wenn Sie dann später gehen, Ihre Nerven überreizt von den multimedialen Wundern, die Sie erlebt haben, kann es sehr wohl sein, dass Sie sich mit demselben metaphysischen Verlangen wie einst die Tempelbesucher fragen: »Wozu kam ich her? Welchen Sinn hat das alles?«

Das Gangstersyndikat Yamaguchi-gumi – Ein Blick in die Unterwelt

Wolfgang Herbert

Ende des 20. Jahrhunderts hatte die Yamaguchi-gumi laut Polizei 18 300 offizielle Vollmitglieder. Damit war schon fast jeder vierte Yakuza diesem Monstersyndikat angehörig. Die nächstgrößten Mobsterkartelle sind statistisch abgeschlagen auf Platz zwei die Sumiyoshi-kai mit 6700 und auf Platz drei die Inagawa-kai mit 5600 polizeilich verzeichneten Mitgliedern. Die »großen Drei« vereinen nahezu drei Viertel der Yakuza-Population – ein Phänomen, das als »Oligopolisierung« bekannt geworden ist. Bis dorthin führte aber ein weiter, streckenweise blutgesäumter Weg.

Die Yamaguchi-gumi wurde 1915 von Yamaguchi Harukichi gegründet. Von ihm hat sie auch ihren Namen. Dies ist bei Yakuzabanden recht häufig: an den Namen des Gründers wird ein -kumi (dann meist weich: -gumi ausgesprochen) angehängt. Dies heißt schlicht: Gruppe. Es findet sich auch häufig bei den Namen von Baufirmen. Das erschwert eine Unterscheidung von den Yakuza, die ja traditionell ins Baugeschäft verwickelt sind. Andere verbreitete Bandenbenennungen sind XX-kai, das bedeutet »Gesellschaft, Verein« oder XX-ikka. Letzteres heißt so viel wie »Familie«, ist aber nur in einem fiktiven, ritualistisch-pseudoverwandtschaftlichen Sinne zu verstehen.

Im Gegensatz zu italienischen Mafiaorganisationen spielen Blutsbande bei den Yakuza kaum eine Rolle. Pino Arlacchi, Mafiaexperte ersten Ranges, hatte sich gar die Mühe gemacht, die Durchschnittsgröße von Mafiafamilien mit denen der »Normalgesellschaft« zu vergleichen, wobei sich zeigt, dass erstere bis zu doppelt so groß sind. Auch ist in Italien eine geschickte Heiratspolitik zur Machterweiterung eine wichtige Strategie – das alles gilt nicht für die Yakuza. Mitglied der »Familie« wird man in den japanischen Gangstergruppen durch ein fiktives Verbrüderungs- oder Adoptionsritual. Dabei wird nach strengem Zeremoniell Sake getrunken, weshalb sich dieses Ritual Sakazuki nennt. Die Familie im verwandtschaftlichen Sinne wird bei den japanischen Yakuza meist aus dem Geschäft raus- und ferngehalten. Selten kommt es vor, dass der Sohn des Vaters Erbe antritt – so geschehen bei der Yamaguchi-gumi durch Yamaguchi Noboru, der die Gang übernahm.

Die Frauen von Yakuzabossen haben zuweilen ziemlichen Einfluss auf die Organisation. Auch hier gibt es ein gutes Beispiel: Taoka Fumiko, die Frau des dritten Bosses der Yamaguchi-gumi, die nach dem Ableben ihres Mannes die Drähte zog und die Nachfolgefrage in ihre Hände nahm. Eher dürfte es aber die Regel sein, dass die Frau als Katagi (Nicht-Yakuza) gilt und (der) Mann sich nicht in sein Business hineinreden lassen will. Häufig ist die Frau einschlägig beschäftigt als Animierstubenhostess oder Mama einer Bar. Ihr Gatte kauft ihr ein Lokal, das gleichzeitig zur Geldwäsche dienen und auf dem Finanzamt als legitime Einnahmequelle deklariert werden kann. Kinder von Yakuza werden häufig auf gute (Privat-)Schulen geschickt, damit sie es einmal »besser haben« mögen.

Das Yamaguchi-Syndikat kam zu seiner Größe unter Taoka Kazuo, der es bis zu seinem Ableben nach einem Herzinfarkt im Juli 1981 ganze fünfunddreißig Jahre lang gelenkt hatte. Taoka wurde 1913 in einem kleinen Dorf auf Shikoku, der viertgrößten Insel im Südwesten Japans geboren. Früh Waise, wurde er nach Kobe zur Hafenarbeit geschickt. Dort begann er sich im Umfeld der Gang von Yamaguchi Noboru zu bewegen. Er erledigte kleine Aufträge für sie, diente dem Boss und bezahlte sein Lehrgeld. 1936 wurde er offiziell per Sakazuki in die Yamaguchi-gumi aufgenommen und noch im selben Jahr wegen Ermordung eines Angehörigen einer rivalisierenden Gang ins Gefängnis bugsiert. Kuma, »der Bär«, war Taokas Spitzname aufgrund seiner enormen Brutalität und Tüchtigkeit im Straßenkampf. Seine »Spezialtechnik« bestand darin, dem Gegner zwei gespreizte Finger in die Augen zu rammen. Bis 1943 saß er im Knast. Nach Entlassung fand er seine Gang dezimiert, da viele zur Armee eingezogen worden waren. Ein Jahr nach Kriegsende wurde Taoka der Oyabun der Yamaguchi-gumi, da Yamaguchi Noboru wegen Krankheit verstarb. Damit begann der beispiellose Aufstieg des größten Mobsyndikats Japans.

Taoka war gerade dreiunddreißig Jahre alt, die Gang hatte um die fünfundzwanzig Mitglieder. Der »Bär« vereinte Organisationstalent und erbarmungslose (Zurück-)Schlagkraft bei Querelen. Er begann, die Hafen- und Dockarbeitsvermittlung zu übernehmen und sich in der lokalen Glücksspielszene breitzumachen. Schutzgelderpressung wurde ausgeweitet, und bald kam es zu den ersten Konfrontationen mit anderen Gangs. Vorerst begab er sich in Allianz mit der Honda-kai, der größten damaligen Bakuto-Gang. Ein kleiner Streit und Taokas Ehrgeiz führten zu einem Bandenkrieg, in dem sich die gnadenlosen Killer Taokas durchsetzten. Die Honda-kai wurde absorbiert, ebenso wie die in rascher Folge in Scharmützel verwickelte Meiyu-kai, eine Koreaner-Gang, und die Minamoto-kai. Damit weitete Taoka sein Revier nach Osaka aus.

Gleichzeitig diversifizierte er sein Business. Zentral blieben die Docks von Kōbe, in denen er bis zu achtzig Prozent der Cargo-Verladungen kontrollierte. »Bär« Taoka stieg ins Transportwesen ein und hatte bald an die vierzehn Firmen unter seiner Kontrolle. 1964 hatte er dreihundertdreiundvierzig Banden unter sich und rund zehntausend Gefolgsleute. In den Siebzigerjahren brachte Taoka ganze Branchen des Showbusiness unter seine Obhut: im Besonderen Puroresu, Catchen, aber auch Box- und U-Musik-Veranstaltungen. Bekannt ist, dass Misora Hibari, ein Megastar der Enka-Szene, eine Protegée von Taoka war, der sie im zarten Teenageralter quasi »entdeckte« und förderte. Hibaris Bruder war selbst Yakuza.

Mit Taoka hatte eine neue Ära begonnen: Bis dato waren Yakuza vornehmlich auf lokale Gemeinschaften beschränkt, erfüllten dort gewisse Funktionen wie Arbeitsvermittlung, Glücksspielangebot, Zivilschutz, Konfliktmanagement oder Festbudenverkauf. Sie hatten genau begrenzte Territorien, die ebenso beachtet wie vehement verteidigt wurden. Taoka hingegen begann mit Guerillataktiken, sein angestammtes Revier durch Invasion und Einverleibung der Operationsgebiete schwächerer Gangs rücksichtslos zu vergrößern. Seine Aggressivität und seine ungezügelte Kampfbereitschaft wurden zum Markenzeichen seines Führungsstils und Syndikats.

»Bär« Taoka wurde in seinen letzten Jahren gerne als gesetzter, gütiger Übervater geschildert, der sich rührend um seine Kobun kümmere, deren Wohlergehen sein vornehmliches Interesse sei. Das gehört zum Repertoire der Yakuza-paten-Hagiografie, die die Gokudo-Journalisten unfehlbar beherrschen. Tatsächlich gibt es wie beim Malen einer byzantinischen Ikone gewisse Elemente, die hier nicht fehlen dürfen: Immer heißt es, der gerade beschriebene Oyabun (Vorsteher) sei in seiner Jugend und in seiner Yakuzalehrzeit ein kaltblütiger, allseits gefürchteter Kämpe und Kämpfer gewesen.

Das ist faktisch ein wichtiges Moment, um innerhalb der Yakuza in jungen Jahren Aufmerksamkeit auf sich zu ziehen und
schnell Karriere zu machen. Die unerschrockene Bereitschaft,
Haftjahre abzudienen, zählt ebenso zu den wünschenswerten
Eigenschaften eines kommenden Bosses. Steigt der Kandidat die Karriereleiter empor, verlagert sich die Attributsska-
la auf Geschäftstüchtigkeit, Führungsqualitäten, Fähigkeiten
im Streitschlichten (mit friedlichen Mitteln), Großzügigkeit,
Umsicht und Fürsorge gegenüber den Kobun, Ansehen und
Prestige im Gewerbe und in der bürgerlichen Gesellschaft.
Dabei gibt es nahezu ein vorgestanztes Vokabular, mit dem
die zu Yakuza-Buddhas stilisierten Granden bedacht werden.
Immer haben sie eine mächtige Aura, Charisma, Herzens-
größe, sie strotzen nur so von Friedfertigkeit und Barmherzigkeit. Damit wird die ganze Ambivalenz des Yakuzadaseins
und -images in eine Biografie verpackt: Yakuza gelten zwar als
gefährlich, unberechenbar, brutal und gewalttätig (biografisch
auf die jungen Jahre verlegt), gleichzeitig als traditionsverhaf-
tet, gerecht, hilfsbereit, warm- und großherzig (das wird mit
dem japanischen Ninjo assoziiert und den Yakuza immer at-
testiert). Besonders in Boulevardzeitschriften finden derartige Lebensdarstellungen von Yakuzapaten ihr Forum.

»Bär« Taokas Militanz hatte einen hohen Preis ad perso-
nam. An einem Juliabend des Jahres 1978 saß er in Kyoto im
Nachtclub Bel Ami. Da trat plötzlich ein junger Mann auf ihn
zu, zückte eine Pistole und schoss auf ihn. Taoka wurde am
Hals verwundet und unverzüglich in seinem kugelsicheren
Cadillac von seinen Bodyguards ins nächste Spital gebracht.
Der Attentäter, Narumi Kiyoshi, wurde wenige Wochen später
auf einem Bergabhang in Kobe brutal gelyncht aufgefunden.
Er war Mitglied der Dai-Nippon Seigidan, einer Untergruppe
der Matsuda-Gang, deren Boss im Revierstreit mit der Yama-
guchi-gumi 1975 umgekommen war. Narumi und andere

Gangmitglieder hatten damals mit dem Schwur der Rache die Asche ihres Bosses geschluckt. Die Vergeltungsaktion führte zu einem ausgedehnten Bandenkrieg, in dem mindestens fünf weitere Mitglieder der Matsuda-gumi ermordet wurden.

Dieser Vorfall stellt für die Yamaguchi-gumi eine wichtige Zäsur dar: Zum einen markiert er das Ende der Ära Taoka, der mehrere Monate aus dem Verkehr gezogen war und 1981 an den Spätfolgen starb. Zum anderen kam es zu Schießereien auf offener Straße, in denen zunehmend Nicht-Yakuza in Mitleidenschaft gezogen wurden. Die Stimmung der Bevölkerung begann sich daraufhin gegen die Yakuza zu wenden, die stets beansprucht hatten, den einfachen Bürger nicht zu behelligen.

Welt der Riten und Rituale

Dieser Aspekt des Yakuzadaseins ist sowohl der bekannteste wie verkannteste zugleich. Rituale spielen zweifelsohne eine gewichtige Rolle im Leben eines Yakuza. Ihre Eigenart und – auch für Japanerinnen – ihre Exotik sichert ihnen ein hohes Maß an Aufmerksamkeit seitens der Nicht-Yakuza. Zudem, und dies gilt auch für alle möglichen anderen »Geheimgesellschaften«, gelten sie als mysteriös und nur Eingeweihten zugänglich. Schlicht, es wird in sie weit mehr an Bedeutung hineingeheimnist, als ihnen wirklich zusteht. Daher kommt kein Yakuzafilm, kein Boulevardmagazin ohne lange und breite Schilderungen dieser so obskuren und eigentümlichen Zeremonien aus. Die als Sakazuki bekannten fiktiven Adoptions- und Verbrüderungsrituale werden heutzutage von professionellen Kamerateams gefilmt und als Videoaufnahme an Yakuzaberufskollegen im ganzen Land verschickt. Auch Nicht-Yakuza können relativ leicht in den Besitz solcher

Aufnahmen gelangen. Bis hin zum Soundtrack sind die filmischen Aufnahmen bestens ediert. Meist sind sie mit Enka-Schmachtfetzen untermalt, in denen Treue bis in den Tod und ähnliche Yakuzaideale beschworen werden.

Das berühmteste Ritual der Yakuza ist wohl das Opfer eines Fingergliedes (Yubitsume oder unter Yakuza auch Enkozume). Selbst Hollywoodmovies, in denen Yakuza auftreten, kommen ohne eine entsprechende Szene nicht aus. Im *Yakuza* betitelten Film mit Robert Mitchum in der Hauptrolle ist es gar jener selbst, der sich die Kuppe seines kleinen Fingers abtrennt. Ungerührt natürlich, auch treu seinem Motto, das er in Drehbüchern an die Ränder der Seiten schrieb, die seinen Auftritt betrafen: »*No acting required* – kein Schauspiel vonnöten!« Das Abtrennen eines Fingergliedes, meist des kleinen Fingers der linken Hand, geschieht als Geste der Entschuldigung, nachdem ein Yakuza arg gepfuscht oder etwas verpfuscht hat. Das kann präventiv zur Besänftigung des vorhersehbaren Zornes des Oyabun geschehen oder auf dessen Anordnung. Ein wegen eines Schnitzers abgetrennter Finger gilt als »tot«. Ein »lebender« Finger ist eine abgetrennte Kuppe, die als Unterpfand und Siegel eines Versprechens oder eines festen Entschlusses herhalten muss. Dabei geht es oft um die Beilegung von Zwistigkeiten zwischen Banden oder deren Mitgliedern.

Woher die schmerzhafte Sitte stammt, ist nicht ganz klar. Es heißt, dass das Abtrennen eines Fingergliedes das Halten und präzise Führen eines Schwertes schwieriger mache. Symbolisch ist dabei auch an das Wenden des Schwertes gegen den eigenen Boss gedacht. Widerstand gegen diesen soll durch Fingercision gebrochen, umgewendet werden, wodurch die Loyalität gestärkt und sichtlich bewiesen wird. Wann diese (Un-)Sitte aufkam, ist nicht geklärt. Von Shimizu no Jirocho (1820–1893), einer alten Yakuzalegende, wird erzählt, er habe drei Gegnern nach deren Gefangennahme als Bestrafung den kleinen Finger sowie Ring- und Mittelfinger der rechten Hand abgetrennt. Das Verschonen von Daumen und Zeigefinger sollte ausdrücken, dass den Gemaßregelten gerade noch das Essen erlaubt sei, nicht aber die Führung einer Waffe.

Aus der japanischen Tradition ist ein anderer Kontext bekannt, in dem der Brauch des Fingerabschneidens eine seltsame Blüte getrieben hat. Kurtisanen der Edo-Zeit, die oft von der Gunst und finanziell guten Laune eines Stammkunden und Gönners abhängig waren, brachten diesem als Treuebeweis und (häufig auch geheuchelte) Liebesschwurbeigabe Haarlocken oder gezogene Fingernägel dar. Tätowierungen galten ihnen auch als endgültiger Hingabebeleg. Das Ultimum aber war das Abschneiden des kleinen Fingers.

Hier wurde die Ernsthaftigkeit der Zuneigung einer Kurtisane zu ihrem Kunden kaum in Zweifel gezogen. Auch in diesem Fall diente diese peinvolle Geste also als Loyalitätsbeweis. Selbst wenn man dem Oyabun-Kobun-Verhältnis homoerotische Motive unterstellt, dürfte nur in einem übertragenen Sinne irgendeine Verbindung zwischen diesen beiden Welten und der ihnen gemeinsamen Fingercision herstellbar sein. Heute ist Yubitsume nur noch unter Yakuza üblich. Aber selbst dort verliert diese Sitte an Boden.

Anfang der Siebzigerjahre hatte noch fast die Hälfte der Yakuza mindestens ein abgeschnittenes Fingerglied. In den Achtzigerjahren hat sich dieser Anteil auf rund ein Drittel reduziert. Viele junge Yakuza (und Bosse) ziehen es vor, statt einer Fingercision für gröberes Fehlverhalten eine Geldstrafe zu bezahlen. Ein gekürzter Finger ist ein allzu auffälliges Merkmal. Nicht wenige junge Yakuza denken daran, was sie einmal nach einer Yakuzakarriere tun könnten. Da kann das fehlende Fingerglied einer bürgerlichen Anstellung im Wege stehen. Mittlerweile lassen sich Aussteiger, um ein solches Manko und Mal zu beseitigen, bei Schönheitschirurgen kleine Zehen amputieren und an die Stelle des fehlenden Fingergliedes annähen. Auch gibt es unterdessen bei Spezialisten Attrappen zu kaufen, die ein Yakuza bei Bedarf einem Fingerstummel überstülpen kann, zum Beispiel für die Urlaubs- oder Geschäftsreise nach Hawaii. Die amerikanischen Immigrationsbeamten sind nämlich angewiesen, Fingeramputierte und Ganzkörpertätowierte nicht einreisen zu lassen. Beides gilt als untrügliches Signum des Yakuza- und damit Unerwünschtseins.

Zur technischen Seite der Schnetzelei: In Yakuzafilmen sieht man oft, wie ein zum Abschneiden verdonnerter Kobun seinen Finger auf ein Hackbrett legt und mit einem Küchenmesser über seine Klaue fährt. Oder wie ihn gar sein Boss oder seine Kumpel festhalten und den gewünschten Körperteil abtrennen. Beides kommt auch realiter vor, hat aber wenig Stil. In einem autobiografischen Essay schildert ein Ex-Gangster die üblichen Vorbereitungen und die Tathandlung wie folgt: Der kleine Finger wird am Ansatz mit einer dünnen, aber starken Schnur, zum Beispiel einem Fischersilch oder einer Schnur fürs Drachensteigen, abgebunden, bis er weiß, also blutleer wird. Der Finger wird dann an der Hautfalte vor dem nagelbewehrten Glied auf die Schneide eines kleinen Schwertes (Wakizashi) gelegt. Durch das Gestrecktsein wird der Gegendruck zum von unten hochzuziehenden Kurzschwert oder Dolch so stark, dass das Fingerglied abschnappt. Dieses wird dem Boss präsentiert. Dann tritt der Akteur ab und fährt mit dem Taxi ins nächste Krankenhaus, wo er sich den Finger verarzten lässt. Die Bestellung des Taxis sei Teil einer gut vorbereiteten Zeremonie.

Im Spital sind manche Ärzte bei Yakuza nicht gerade zimperlich. Einem wurde jedenfalls gesagt: »Du hältst das aus!«, als sein Finger ohne Anästhesie zugenäht wurde. Apropos Betäubung: Eines Tages soll ein gut gekleideter junger Mann in die Sprechstunde eines Arztes gekommen sein und um eine lokale Anästhesie seiner linken Hand gebeten haben. Auf Nachfrage gab er an, dass er auf dem Weg zum Büro seines Bosses sei, wo er sich den kleinen Finger zu kürzen habe. Die Anekdote wurde mir mit einem abschätzigen Unterton mitgeteilt, der suggerierte: »Diese verweichlichte, dekadente Jugend hält nichts mehr aus!«

Einiges ausgehalten hatte hingegen ein Yakuza der alten Garde, der insgesamt drei Finger durch zeremonielles Abstückeln verlor. Über ihn gibt es auch eine Anekdote. Er war in einer Viererbande, die einen Paten umzubringen hatte. Am Tatort wurden Projektile aus fünf verschiedenen Handfeuerwaffen gefunden. Der »Drei-Fingerlose« galt als der Wildeste und Draufgängerischste des Überfallkommandos. Vor Gericht wurde ihm vorgeworfen, zwei Revolver mit sich geführt zu haben. Da hob er seine Hände hoch und seufzte: »Bitte, Herr Staatsanwalt, wie soll ich schon zwei Pistolen halten?!«

Beim Yubitsume handelt es sich zweifelsfrei um eine wenig appetitliche und ungewöhnliche Sitte, die entsprechende Verwunderung und Neugier weckt. Ein Grund, weshalb die abgetrennte Fingerkuppe buchstäblich *pars pro toto* für die Yakuza steht. Kein Gespräch über sie, in dem dieses Thema nicht schon am Anfang auftaucht. Yubitsume ist in einem weiteren Sinne ein Sanktionsmechanismus. Eine peinsame Körperstrafe, die selbst vollzogen werden muss. Daneben gibt es ein Arsenal anderer Bestrafungen. Die als am härtesten empfundene Maßnahme besteht im Ausschluss aus der Yakuzabande (Hamon genannt).

Davor können die Bandenmitglieder bei Verstößen gegen Gehorsam oder sonstige Regeln mit allen möglichen, meist körperlichen Strafen belegt werden. Die Methoden variieren hier von Gang zu Gang. Meist handelt es sich um Prügel mit einem Holzschwert oder um Schläge von anderen Kumi-

Mitgliedern. Heißes Wachs auf empfindliche Körperstellen tropfen lassen und andere folterähnliche Maßregelungen sind auch überliefert. Das Abrasieren von Haupthaar und Augenbrauen gilt ebenfalls als Strafe. Für diese Bestrafungen gibt es auch eine – etwas missverständliche – Bezeichnung, und zwar Rinchi vom englischen *lynch*. Tatsächlich gelyncht wird man nur in den seltensten Fällen. Bei hartnäckigen Vergehen gegen Anweisungen des Bosses oder offener Rebellion kann es vorkommen, dass ein Bandenmitglied ermordet wird.

Dem sozialen Tod kommt der Bann (Hamon) gleich. Dabei wird an alle Yakuzaorganisationen des Landes eine Benachrichtigung (Hamonjo) geschickt. In dieser wird mit einer vorgefassten Formel darum gebeten, dem namentlich genannten Gebannten keine Hilfe oder Aufnahme in eine andere Gang zu gewähren. Ein ausgeschlossener Yakuza geht also aller seiner Yakuzakontakte verlustig. Er hat es zudem schwer, in der bürgerlichen Welt oder in einem bürgerlichen Beruf Fuß zu fassen. Bei Wohlverhalten kann ihm aber nach einigen Jahren die Rückkehr in die Welt der Yakuza gewährt werden. Endgültig aus ist es bei Zetsuen, dem unwiderrufbaren Abbruch aller Beziehungen. Auch hier wird ein Rundbrief (Zetsuenjo) an die Berufskollegen versandt. Eine Rückkehr in den Schoß irgendeiner Yakuzaorganisation ist verwehrt, weshalb diese Maßnahme schwerer wiegt als der zeitweilige Bann. Sollten gebannte oder verstoßene Ex-Yakuza von anderen Yakuzabanden Unterstützung oder gar Aufnahme erhalten, kommt es in der Regel zu Bandenfehden. Nicht wenige Yakuzakriege sind deshalb ausgebrochen, weil eine Gang, um ihren Mitgliederstand zu verbessern und an Wissen heranzukommen, einen ausgestoßenen Yakuza aus einer rivalisierenden Bande aufgenommen hatte.

Zur Beilegung eines Bandenkonflikts ist eine elaborierte Zeremonie (namens Teuchishiki) vonnöten. Sie wird unter

Vorsitz eines neutralen Bandenbosses abgehalten, der zusieht, dass das Kriegsbeil regelgerecht begraben wird. Symbolisch geschieht dies durch Zutrunk, normalerweise mit Sake. Es kann sich aber auch um Tee handeln. Die verfeindeten Parteien trinken ihre Schale bis zur Hälfte. Der Rest wird in eine weitere Schale gefüllt, die vom Vermittler ausgetrunken wird. Dabei wird rituell mehrfach in die Hände geklatscht, woher auch die Benennung dieser Zeremonie herstammt. Anschließend wird ein Schreiben, quasi ein Friedensvertrag, verlesen. Yakuza sind extrem auf Riten bedacht, und ein kleiner Fehler im Ablauf einer Teuchishiki kann zu erneutem Ausbruch der Streitigkeiten führen, heißt es. Deshalb wird dieses Ritual besonders sorgsam vorbereitet. Die ranggemäße Sitzordnung spielt dabei eine große Rolle. Die Rituale, die die pseudoverwandtschaftlichen Beziehungen herstellen, die eine Yakuzaorganisation zusammenhalte und charakterisiere, nennen sich Sakazuki. Auch diese wollen gründlich vorbereitet sein.

Unabdingbar sind dafür zwei Sakegefäße, Sakeschalen, zwei Meerbrassen (Tai), Salz. Die Meerbrassen werden auch zu anderen festlichen Gelegenheiten in Japan verspeist und sind eine Art Glückssymbol. Für das Sakazuki der Yakuza werden sie roh aufgelegt. Ihre Schuppen werden zuweilen tatsächlich, zuweilen nur symbolisch mit dem Reiswein vermischt. Obwohl das Sakazuki selbst strengen Regeln unterliegt, gibt es je nach Tradition einer Gang kleine Varianten. Die Fischschuppen sollen für das Blut stehen, das durch das Sakazuki fiktiv vermischt wird, das heißt zur Blutsverwandtschaft führt. Dem Sake wird zudem Salz beigefügt. Salz ist im Shintoismus, der autochthonen animistischen Religion Japans, ein Mittel und Symbol für äußere wie innere Reinigung und Reinheit. Es wird ja auch von Sumoringern vor ihren Kämpfen im Sinne einer rituellen Hygienehandlung in ihren Ring geworfen.

Manchmal kommt beim Sakazuki noch Asche hinzu, die dafür steht, dass der als rituelles Kind aufzunehmende Gefolgs-
mann bis zur Verbrennung seiner Leiche, also bis in den Tod
seinem »Vater« (Oyabun) treu bleibe. Das Sakazuki besiegelt
einen Schwur, in dem der Kobun deklariert, dass ihm sein Oyabun wichtiger ist als jegliche echte Blutsverwandtschaft, also
wichtiger als der leibliche Vater und die leibliche Mutter und
die sonstige Familie. Dem Oyabun und der Ikka wird unbe-
dingter Gehorsam geschworen. Ikka heißt auch »Familie« und
ist eine verbreitete Bezeichnung für eine Yakuzagang.

Das Sakazuki ist somit eine sehr ernste Sache und wird von
Yakuza auch sehr ernst und dramatisch in Szene gesetzt. Es
gibt eine genaue Rollenverteilung, und das Hereintragen der
für den Ritus benötigten Gerätschaften geschieht feierlich
und wie bei einer Prozession. Ein improvisierter Shintoaltar,
die Brassen, der Sake und das Salz verleihen dem Zeremoniell
einen sakralen Charakter. Nachdem der die Vaterrolle einneh-
mende Boss und der quasi adoptierte Kobun ihre Sakeschalen
ausgetrunken haben, steckt der Kobun die seinige ein. Er wird
sie sorgsam aufbewahren. In seltenen Fällen – sollte es zum
Bruch mit dem Boss kommen – wird auch das Sakeschälchen
zerbrochen. Eine Szene, die in Yakuzafilmen zuweilen in ihrer
ganzen Bedeutungsschwere pompös aufgezogen wird. Das
Oyabun-Kobun-Sakazuki markiert die Initiation in die Gruppe und die im Prinzip lebenslange Beziehung zwischen Boss
und Untertan. Früher wurde erst nach langer harter Schulung
dem Yakuzanovizen das Sakazuki gewährt. Heute, heißt es,
geht es entweder schneller, oder es wird überhaupt auf eine
formelle Aufnahmezeremonie verzichtet. Traditionsbewusste
Gangs halten aber immer noch sehr viel auf die Bewahrung der
Formen und die sorgsame Ausführung der Initiationsriten.

Yakuza pflegen eine intensive horizontale Vernetzung. Diese wird durch fiktive Verbrüderung eng geknüpft und unter-

strichen. Dazu werden Kyodaibun Sakazuki abgehalten. Im Ablauf sind sie ähnlich gestaltet wie die Sakazuki zwischen Oyabun und Kobun. In der Regel sind es zwei oder mehrere Bosse, die sich per elaboriertem Trinkritual verbrüdern, womit auch ihre Untergebenen in eine Art Freundschaftsvertragsverhältnis kommen. Je nach Rang und Alter kann das »Brüderverhältnis« fifty-fifty sein, wobei in beide Sakeschalen gleich viel Reiswein eingeschenkt wird. Die Fraternisierung kann auch in den Relationen sechzig zu vierzig, siebzig zu dreißig oder achtzig zu zwanzig besiegelt werden. Das entspricht symbolisch einem Verhältnis zwischen älterem und jüngerem Geschwister. Die Sakeschalen müssen analog dazu in den entsprechenden Mengenverhältnissen aufgefüllt und ausgetrunken werden.

Ein weiterer Anlass für ein Sakazuki bietet die offizielle Verkündigung der Nachfolge beziehungsweise die Präsentation des Nachfolgers eines Oyabun, wenn dieser sich aus Altersgründen zurückzieht oder für ewig verabschiedet hat. Dazu werden möglichst viele »Kollegen« eingeladen und ganze Gasthöfe japanischen Stils (Ryotei) oder Hotels angemietet. Solchen Großauftritten von Yakuza bereitet aber die Polizei zunehmend Unannehmlichkeiten, indem sie Hotelbesitzer zum Boykott aufruft oder konsequent Strafzettel für Falschparken verteilt, wenn die Yakuza mit ihren Limousinen vorfahren. Es gibt Gangs, die brav mit angeheuerten Bussen zum Versammlungsort kommen, oder solche, die ihre Zeremonien nicht mehr an öffentlichen Orten, sondern in ihren Gangquartieren abhalten. Auf die Rituale verzichten sie hingegen nicht. Dazu sind sie zu wichtige Bindemittel und Klammern für den Gruppenzusammenhalt.

Nachwort

Das Stichwort »Japan« löst im Westen gleich eine ganze Flut von Bildern und Begriffen aus: Das »Land des Lächelns« und der Kirschblüten steht für Autofabriken, Roboter, gigantische Großstädte, Samurais, Manga, aber auch Kamikaze, blinden Gehorsam und Karoshi, den Tod durch Überarbeitung. Stereotype und Halbwahrheiten wechseln sich ab und zielen doch immer haarscharf an der japanischen Realität vorbei. Doch welcher Realität? Der eines gerade geschiedenen Rentners, der nun mühsam lernen muss, selbst die einfachsten Dinge im Haushalt zu verrichten, wie sie Thomas Fuster beschreibt? Oder der eines »Salaryman«, dem Angestellten einer der großen Firmen, wie der Ire Niall Murtagh sie bei Mitsubishi erlebt? Vielleicht auch an der Realität einer Hausfrau, die sich Jahrzehnte um den Haushalt kümmert und ihren Ehemann kaum zu Gesicht bekommt?

Japan ist abwechslungsreicher und vielschichtiger, als es auf den ersten Blick erscheint. Wohl auch, weil sich der Westen auf den urbanen Ballungsraum Tokyo konzentriert und den Rest des Landes mit seinen weiten Landschaften und einsamen Dörfern völlig ignoriert.

Wenn sich westliche Betrachter vom ausgetretenen Weg entfernen und in die Tiefen der japanischen Kultur trauen, dann kommt eine völlig fremde, spannende Welt zutage: zum Beispiel bei Michaela Vieser, die ein Jahr in einem japanischen Kloster auf Kyushu verbrachte, oder bei Cees Noteboom, der über die alte Fernstraße Nakasendo zwischen Tokyo und Kyoto wandert.

Manchmal ist das, was wir im Westen als Japan kennen, einfach auch nur ein kleiner Ausschnitt eines unbekannten Ganzen: wie die japanische Küche jenseits der Sushi, die mit einfachen Zutaten raffinierte Gerichte auf den Tisch bringt, über die Gert Anhalt berichtet. Oder die Geheimnisse der berühmten japanischen Höflichkeit und Etikette, wie sie Florian Coulmas offenbart und dem Leser alle Feinheiten diverser Verbeugungswinkel verrät.

Und wie steht es um die Religion? Japaner dürften diese Frage mit einem Schulterzucken quittieren: mal Shinto, mal Buddhismus, manchmal beides gleichzeitig oder gar nichts – wen interessiert das schon? Gerhard Dambmann erklärt den japanischen unaufdringlichen Umgang mit transzendenten Ideen – auch dies ist in den Zeiten bierernster religiöser Konflikte definitiv einen Blick wert.

Manchmal sträubt sich Japan schlicht, dem westlichen Bild zu entsprechen. So auch die japanischen Frauen, denen der Europäer gerne kollektive Unterwürfigkeit bescheinigt. Wer sich von Kazuyuki Kitamura ins Königreich der Ehefrauen entführen lässt, erfährt von der Macht der Frau über die Finanzen und wie verheerend ihre Rache für Vernachlässigung sein kann, wenn sie ihren Ehemann nach der Pensionierung, unnütz wie »nasses Laub«, einfach abstreift und mit der halben Rente durchbrennt. Überhaupt scheint das zwischengeschlechtliche Verhältnis dem Westen viele Rätsel aufzugeben. Denn japanische Frauen sind stärker als sie scheinen. Anke Lübbert besucht die Ama, die Frauen der Meere, die ohne Sauerstoffflasche nach Seeigeln und anderem Meeresgetier tauchen – ein Job, für den Männer als viel zu weich gelten!

Manches in Japan kommt so leise daher, dass man es geradezu übersehen muss. Wer den Text von Andrew Juniper über die Schönheit des Schlichten und Unvollkommenen, das Prinzip des Wabi Sabi, gelesen hat, versteht ein wenig besser, wieso japanische Unterkünfte oft ein wenig wirken, als würde man noch auf den Möbelwagen warten. Hin und wieder lassen sich Vorurteile auch einfach mit heißem Wasser abspülen: im

Onsen, in der heißen Quelle, wo sich gesellschaftliche Schranken in heißem Dampf auflösen – Japan, entspannt und ungewohnt.

Wer sich lang genug mit Japan beschäftig, lernt zumindest eines: Man muss es nicht bis ins Letzte verstehen. Es genügt, dieses Land einfach zu mögen.

Françoise Hauser

Worterklärungen

Bakuto Glücksspieler, traditionelle Gewerbeform der Yakuza

Bunraku traditionelles japanisches Figurentheater

Daikon Riesenrettich aus Ostasien

Edo vom 15. Jahrhundert bis 1868 der Name Tokyos

Enka japanischer Schlager

Geisha in Musik und Tanz ausgebildete Frau, die zur Unterhaltung der Gäste in japanischen Teehäusern beiträgt

Gekiga Form des Comics, die sich in den 1950er-Jahren als Gegenbewegung zum Manga herausbildete

Giga humorvolle Holzschnittdarstellung

Gokudo Eigenbezeichnung der Yakuza

Haiku aus drei Zeilen mit insgesamt siebzehn Silben bestehende japanische Gedichtform

Heian-Zeit Epoche von 794 bis ca. 1185

Hiragana japanische Silbenschrift, die zur Darstellung grammatischer Beugungsendungen verwendet wird

Inoue, Yasushi (1907–1991) japanischer Schriftsteller

Iokaste in der griechischen Mythologie Frau des Laios und nach dessen Tod in zweiter Ehe mit ihrem Sohn Ödipus verheiratet

Kabuki im 17. Jahrhundert aus Singtanzpantomimen entstandenes japanisches Volkstheater im übersteigert realistischen Stil

Kami shintoistische Gottheit

Kanji die in der japanischen Schrift verwendeten chinesischen Schriftzeichen

Kannon weiblicher Bodhisattva des Mitgefühls im ostasiatischen Mahayana-Buddhismus, wird im Volksglauben auch als Göttin verehrt

Katakana japanische Silbenschrift, die auf bestimmte Anwendungsbereiche begrenzt ist

Kobun niederes Glied innerhalb der Yakuzahierarchie

Kookkurrenz Miteinandervorkommen sprachlicher Einheiten in derselben Umgebung

Mah-Jongg chinesisches Gesellschaftsspiel

Makramee ursprünglich arabische Knüpftechnik, bei der gedrehte Fäden mit Fransen zu kunstvollen Mustern verknüpft werden

Meiji 122. Tenno (»Kaiser«) von Japan, seine Regierungszeit erhielt den Namen Meiji-Zeit (1868 bis 1912)

Mimodram ohne Worte, nur mithilfe der Mimik aufgeführtes Drama

Minshuku von Familien betriebenes, eher familiäres Gästehaus

Moxibustion ostasiatische Heilmethode, die durch Einbrennen von Moxa in bestimmte Hautstellen eine Erhöhung der algemeinen Abwehrreaktion bewirkt; *Moxa* ist eine in Ostasien, besonders in Japan als Brennkraut verwendete Beifußwolle

Namida/Namu amida butsu Mantra zur Anrufung des Buddha Amithaba

Ninjo Warmherzigkeit, Anteilnahme

No-Theater traditionelles, nur von Männern gespieltes japanisches Theater

Oke Gefäß

Oyabun patriarchalische Führungsfigur in einem Yakuzanetzwerk (wörtlich »Vater«)

Pachinko Geldspielautomat

Puroresu japanisches Wrestling

Sake Reiswein

Samurai Angehöriger der japanischen Adelsklasse, der obersten Klasse der japanischen Feudalzeit

Salaryman Bezeichnung für männliche Angestellte in renommierten Unternehmen

Sashimi Zubereitungsart von rohem Fisch und Meeresfrüchten

Shamisen dreisaitige, mit einem Kiel gezupfte japanische Gitarre

Shogunat Amt eines *Shoguns* (Titel japanischer kaiserlicher Feldherren, die lange Zeit anstelle der machtlosen Kaiser das Land regierten)

Tatami Matte aus Reisstroh, Unterlage für Futons

Ukiyoe Genre der japanischen Malerei und Druckgrafik

Yakuza japanische kriminelle Organisation

Yen Währungseinheit in Japan (= 100 Sen)

Yubitsume Abtrennen eines Fingergliedes

Yukata Baumwollkimono, traditionelles japanisches Kleidungsstück

Zen japanische Richtung des Buddhismus, die durch Meditation die Erfahrung der Einheit allen Seins und damit die tätige Lebenskraft und größte Selbstbeherrschung sucht

Autorinnen und Autoren

Mit * gekennzeichnete Titel wurden für diese Anthologie vom Verlag neu gesetzt.

Gert Anhalt
geboren 1963, studierte Japanologie in Marburg und war zehn Jahre als Korrespondent des ZDF in Ostasien tätig. Heute lebt der Autor und Journalist in Japan.
»Das Auge isst mit – Die Genüsse der japanischen Küche«, aus: Gert Anhalt, *Zeit für Japan – Reportagen aus einem unbekannten Land*. © Bucher Verlag, München 2005.

Jaqueline Berndt
Die Kunst- und Medienwissenschaftlerin lebt seit mehr als fünfzehn Jahren in Japan, unterrichtete acht Jahre an der Yokohama National University und ist seit 2009 Professorin für Kunst- und Medienwissenschaft am Manga Research Center der Seika-Universität in Kyoto.
»Phänomen Manga«, aus: Jaqueline Berndt, *Phänomen Manga: Comic-Kultur in Japan*. © Edition q im be.bra verlag, Berlin 1995.

Florian Coulmas
1949 in Hamburg geboren, verbrachte siebzehn Jahre in Japan. Derzeit arbeitet er als Professor für Kultur und Geschichte des modernen Japans am Institut für Ostasienwissenschaften der Gerhard-Mercator-Universität Duisburg.
»Knigge lässt grüßen – Von Benimmregeln und Anredeformen«* (»Bewährte Verfahren«, »Historischer Hintergrund« und »Sprachliche Etikette«), aus: Florian Coulmas, *Die Kultur Japans: Tradition und Moderne*. © C. H. Beck, München 2009.

Gerhard Dambmann
geboren 1927, war mehr als dreizehn Jahre als Ostasienkorrespondent für das ZDF und im Anschluss daran als Dozent für Fernsehjournalismus an der Universität Mainz tätig.
»Religion oder Es geht auch ohne«, aus: Gerhard Dambmann, *25 mal Japan*. © 1979 Piper Verlag GmbH, München.

Marc Fischer
geboren 1970. Der freie Journalist und Autor lebt in Hamburg und schreibt für diverse Magazine wie *Spiegel, Stern* und *Die Zeit.*
»Im Ring mit einem Sumotori«* (»Druff und Schluss«), aus: *ADAC Reisemagazin Japan.* © ADAC Verlag, München 2001.

Thomas Fuster
Der Journalist, Jahrgang 1967, studierte Volkswirtschaftslehre an der Universität St. Gallen. 1998 wechselte er in die Wirtschaftsredaktion der *Neuen Züricher Zeitung.* Von 2001 bis 2007 war er als Ostasienkorrespondent in Tokyo stationiert.
»Ausrangiert und abgestellt – Wenn Männer nach der Pensionierung zum Sperrmüll werden«* (»In Japan ohne Frau und Arbeit«), aus: *Neue Zürcher Zeitung,* 13.9.2006. © Thomas Fuster 2006.

Françoise Hauser
»Im Dampfkessel – Besuch in einem Onsen«* (»Japan unter Dampf«), aus: *Momentum, Magazin für Zeitzeugen und Momentaufnahmen,* 03/2008. © Françoise Hauser 2008.

Wolfgang Herbert
studierte Philosophie, Theologie und Japanologie. Nach einem Lehrauftrag an der St. Thomas Universität Osaka unterrichtet er heute als Dozent für Soziologie, Vergleichende Kulturwissenschaften und Deutsch als Fremdsprache an der Universität Tokushima.
»Das Gangstersyndikat Yamaguchi-gumi – Ein Blick in die Unterwelt«* (»Die Yamaguchi gumi – eine Erfolgsstory«, »Yakuza – Welt der Riten und Rituale«), aus: Wolfgang Herbert, *Japan nach Sonnenuntergang.* © Reimer Verlag, Berlin 2004.
»Vom Strafmal zur Körperkunst – Kleine Geschichte der Tätowierung«* (»Horitsune – ein Tätowierkünstler aus Osaka. Zugleich eine kleine Sozialgeschichte der Tätowierung japanischer Art«), aus: Steffi Richter (Hrsg.), *Japan-Lesebuch 3: Intelli.* © Konkursbuchverlag Claudia Gehrke, Tübingen 1998.

Andrew Juniper

Der britische Designer ist Inhaber der Wabi Sabi Design Company und arbeitet nebenbei als Übersetzer für britische und japanische Behörden. »Wabi Sabi – Die Schönheit des Unvollkommenen«* (»Wabi Sabi«, »Teezeremonie«), aus: Andrew Juniper: *Wabi Sabi*. © Lotos Verlag, München 2003. Aus dem Englischen von Stephan Schuhmacher.

Kazuyuki Kitamura

Der gebürtige Japaner studierte Romanistik und arbeitet heute als Autor und Fotograf in der Schweiz.
»Unter weiblichem Regiment – Gebietende Gattin und mächtige Mutter«* (»Königreich der Ehefrauen«), aus: Kazuyuki Kitamura, *Japan – im Reich der mächtigen Frauen*. © Ullstein Verlag, Frankfurt 2003.

Anke Lübbert

Jahrgang 1979, studierte Geschichte und Skandinavistik und lebt in Greifswald als freie Journalistin.
»Im Reich der Meerfrauen«* (»Frauen der Meere«), aus: *Mare online*, Sonderheft 2008, 12/2008. © Anke Lübbert 2008.

Niall Murtagh

Der Ire reiste nach seinem Universitätsabschluss sechs Jahre durch die Welt, promovierte in Tokyo und trat als »Salaryman« bei Mitsubishi ein. Heute lebt er als selbstständiger Consultant in Japan.
»Meine verrückten Jahre bei Mitsubishi«, aus: Niall Murtagh, *Blauäugig in Tokio – Meine verrückten Jahre bei Mitsubishi*. © 2006 Econ Verlag in der Ullstein Buchverlage GmbH, Berlin. Aus dem Englischen von Christoph Bausum.

Christoph Neumann

geboren 1967, lebt seit 1995 in Japan und arbeit als IT-Spezialist und freiberuflicher Journalist. Vier Jahre lang trat er zudem regelmäßig in der japanischen TV-Talkshow *Die spinnen, die Japaner* auf. Sein Buch *Darum nerven die Japaner* erschien auf Japanisch und wurde dort zum Verkaufsschlager.
»Das Elfte Gebot: ›Du sollst Deine Schuhe ausziehen!‹«, aus: Christoph Neumann, *Darum nerven Japaner*. © Eichborn Verlag, Frankfurt 2002.

Cees Nooteboom
Der Lyriker und Reiseschriftsteller, geboren 1933 in Den Haag, gilt als einer der bedeutendsten niederländischen Schriftsteller der Gegenwart. Neben seinen Tätigkeiten als Journalist verfasste er zahlreiche Romane, die in fünfzehn Sprachen übersetzt wurden. Cees Nooteboom lebt in Amsterdam und Menorca.
»Japanische Gehversuche«* (»Kalter Berg«), aus: Susanne Schaber (Hrsg.), *Geflüster auf Seide gemalt. Reisen in Asien.* © Suhrkamp Verlag, Frankfurt 2008. Aus dem Niederländischen von Helga van Beuningen.

Uwe Schmitt
geboren 1955, arbeitete als Musiker, bevor er 1985 in die Feuilletonredaktion der *Frankfurter Allgemeinen Zeitung* eintrat. Die Jahre 1990 bis 1997 verbrachte er als Ostasienkorrespondent der F.A.Z. in Tokyo.
»Das Erdbeben von Kanto – Vierundvierzig Sekunden, die Japan veränderten«* (»Vierundvierzig Sekunden, die Japan veränderten: Das große Kanto-Erdbeben von 1923 und seine Lehren«), aus: Uwe Schmitt, *Sonnenbeben – 50 Improvisationen über Japan.* © Edition Peperkorn, Göttingen 1998.

Urs Schöttli
1948 in Basel geboren, war nach seinem Studium der Philosophie an der Universität Basel unter anderem Südasienkorrespondent der *Neuen Zürcher Zeitung* in Indien. Seit 1996 ist er Korrespondent der *NZZ* in Ostasien.
»Business auf Japanisch – Von Salarymen und Roboterhunden«* (»Von der Pflicht zum Dienstleistungsparadies«, »Innovation und Improvisation« und »Individualität«), aus: Urs Schöttli, *Erfolg auf Japanisch.* © 2008 Orell Füssli Verlag AG, Zürich.

Brigitte Steger
Assistentin für Japanologie am Institut für Ostasienwissenschaften der Universität Wien, promovierte über die Schlafgewohnheiten der Japaner.
»Wie man sich bettet, so schläft man – Der Futon«* (»Japanische Schlafgewohnheiten«), aus: Brigitte Steger, *Inemuri. Wie die Japaner schlafen und was wir von ihnen lernen können.* © 2007 by Rowohlt Verlag GmbH, Reinbek bei Hamburg.

Andreas Stuhlmann
schrieb einige Jahre für das *Tokyo Journal* und ist heute Chefredakteur der Veranstaltungs-Suchmaschine *Realtokyo.*
»Zum Schäferstündchen ins Hotel – Love Hotels«* (»Love Hotels – Between a rock and a soft place«), aus: *Tokyo Journal,* April 2000, Tokyo. © Andreas Stuhlmann, 2000. Aus dem Englischen von Ursula Ballin. Deutsche Erstveröffentlichung.

Michaela Vieser
geboren 1972, verbrachte während ihres Japanologiestudiums an der Londoner School of Oriental Studies ein Jahr in einem Japanischen Kloster des Jodo-Shinshu-Buddhismus, der »Schule des Reinen Landes«. Nach weiteren vier Jahren Japan kehrte sie nach Deutschland zurück und schreibt seither nicht nur über Japan.
»Der Weg zur Kalligrafie«* (»Tusche, Papier und die Leere«), aus: Michaela Vieser, *Tee mit Buddha. Mein Jahr in einem japanischen Kloster,* Pendo Verlag 2009. © 2009 Piper Verlag GmbH, München.

Volker Zotz
Jahrgang 1956, studierte Philosophie, Geschichte und Buddhismuskunde an der Universität Wien. Der Buddhismusexperte unterrichtete zehn Jahre in Kyoto, seit 1999 ist er Dozent an der Universität Luxemburg im Fach Philosophie für antike Geistesgeschichte und Religionswissenschaft.
»Samurais und Reisbauern – Schlüssel zum Verständnis der Japaner«* (»Die wirkende Geschichte«), aus: Volker Zotz, *Business im Land der aufgehenden Sonne.* © 2008 by Redline Verlag, Finanzbuch Verlag GmbH, München.

Der Verlag dankt den Autorinnen und Autoren dieses Bandes, bzw. deren Vertretern, für die Überlassung der Abdruckrechte. Trotz intensiver Bemühungen konnten in einzelnen Fällen die Rechteinhaber nicht ermittelt werden. Sie werden gebeten, sich mit dem Verlag in Verbindung zu setzen.
Even with great effort some of the copyright holders could not be found. They are kindly requested to contact Unionsverlag.

Die Herausgeberin

Françoise Hauser, geboren 1967, hat in Erlangen, Tainan (Taiwan) und Nanjing (VR China) Sinologie studiert. Heute arbeitet sie als Journalistin, Buchautorin und interkulturelle Trainerin mit Asienschwerpunkt. Sie ist mehrmals im Jahr in Ostasien unterwegs.

Bildnachweis

7   *Alter Tiger im Schnee* (1849), Seidenmalerei von Katsushika Hokusai (1760–1849)

36   *Samurai auf Pferderücken* (ca. 1878)

51   Shintotor

63   Kanji-Schriftzeichen für »Tee«

86   Robotermensch »Asimo«, vom Autokonzern Honda 2002 präsentiert

102 *Evening view of a temple in the hills,* Farbholzschnitt von Utagawa Hiroshige (1797–1858)

125 *Zwei Karpfen in den Algen* (1831), Farbholzschnitt von Hokusai

132 *Sumoringer,* Farbholzschnitt von von Utagawa Kuniyoshi (1798–1861)

150 *Flutwelle von Kanagawa (Die große Welle,* um 1830–1832), Farbholzschnitt von Hokusai

156 *Oiran und Kamuro* (1824–1826), von Hokusai

172 *Tama Fluss in der Provinz Mussahi (Bushu Tamagawa* 1831), Farbholzschnitt von Hokusai

178 Selbstporträt von Hokusai im Alter von 83 Jahren (1842)

183 Illustration von Kuniyoshi, aus der humoristischen Serie *Moralische Unterweisungen für Kaufmannslehrlinge* (1857)

189 Aus dem *Kopfkissen-Poem* (1788), Farbholzschnitt von Kitagawa Utamaro (1753–1806)

Foto Umschlaginnenseite: Chris Jewiss

*»Was der klassische Reiseführer nicht leisten kann,
fördern die handlichen Bände gezielt zutage.«*
Der Tagesspiegel

*»Ein tolles Projekt ist die Reihe ›Geschichten fürs Handgepäck‹:
Ein Land und seine Lebenswirklichkeit werden umkreist.«*
Kurier

*»Die Nadel im ›Kulturkompass fürs Handgepäck‹
durchsticht die Schichten der immer wieder übermalten Bilder.«*
Frantkfurter Allgemeine Zeitung

Reise nach Kreta (UT 472)
Kulturkompass fürs Handgepäck
Hg. von Ulrike Frank

Reise in die Sahara (UT 471)
Kulturkompass fürs Handgepäck
Hg. von Lucien Leitess

Reise nach Island (UT 470)
Kulturkompass fürs Handgepäck
Hg. von Sabine Barth

Reise nach Japan (UT 469)
Kulturkompass fürs Handgepäck
Hg. von Franziska Schläpfer

Reise nach Myanmar (UT 443)
Kulturkompass fürs Handgepäck
Hg. v. Alice Grünfelder u. Lucien Leitess

Reise ins Tessin (UT 442)
Kulturkompass fürs Handgepäck
Hg. von Franziska Schläpfer

Reise nach Mexiko (UT 441)
Geschichten fürs Handgepäck
Hg. von Anja Oppenheim

Reise in die Provence (UT 440)
Kulturkompass fürs Handgepäck
Hg. von Ulrike Frank

Reise nach Ägypten (UT 439)
Geschichten fürs Handgepäck
Hg. von Lucien Leitess

Reise nach China (UT 438)
Kulturkompass fürs Handgepäck
Hg. von Françoise Hauser

Reise nach Indien (UT 423)
Kulturkompass fürs Handgepäck
Hg. von Dieter Riemenschneider

Reise nach Marokko (UT 422)
Kulturkompass fürs Handgepäck
Hg. von Lucien Leitess

Reise in den Himalaya (UT 421)
Geschichten fürs Handgepäck
Hg. von Alice Grünfelder

Reise in die Schweiz (UT 420)
Kulturkompass fürs Handgepäck
Hg. von Franziska Schläpfer

Reise nach Bali (UT 401)
Kulturkompass fürs Handgepäck
Hg. von Lucien Leitess

Reise nach Thailand (UT 400)
Geschichten fürs Handgepäck

MASAKO TOGAWA *Schwestern der Nacht*

Nach dem Tod der neunzehnjährigen Keiko Obano durchkämmt eine unbekannte Frau die Clubs und Bars von Tokyo. Sie sucht den Mann mit der unvergesslichen Stimme und einem Doppelleben; den Mann, der hier auf »Jagd« geht und dabei so erfolgreich ist, dass er über seine Eroberungen Tagebuch führt. Auch Keiko Obano gehörte dazu. Doch plötzlich wird aus dem Spiel mit der Lust tödlicher Ernst. Die Frauen auf seiner Liste werden ermordet …

OH JUNG-HEE *Vögel*

Die südkoreanischen Geschwister leben, nachdem sie zuerst von der Mutter, dann auch vom Vater verlassen worden sind, in einer ärmlichen Hinterhofwohnung, die ihnen Nest und Käfig zugleich ist. Der Junge möchte am liebsten fliegen können wie der Weltraumjunge Toto im Fernsehen, der für Gerechtigkeit kämpft. Und Uumi sehnt sich danach, so schnell wie möglich erwachsen zu werden, um in die Zukunft aufzubrechen. Unbeirrbar halten sie an ihren Träumen fest.

SYLVIA TOWNSEND WARNER *Mister Fortunes letztes Paradies*

Mister Fortune, ehemals Buchhalter und spätberufener Missionar, wagt sein erstes Abenteuer. Er lässt sich, als einziger Weißer, auf der Pazifikinsel Fanua nieder, um den armen Wilden die christliche Botschaft zu bringen. Doch ein listiger Dämon, unsichtbar, aber allgegenwärtig, stellt sich ihm in den Weg, um die paradiesische Insel und ihre Bewohner im Urzustand zu erhalten. Der Hochwürden muss erkennen, dass seine Form der Menschenliebe nur den Seelenfrieden zerstört.

SIA FIGIEL *Alofa*

Alofa heißt Liebe. Alofa heißt auch das widerborstige Mädchen, das sich nichts gefallen lässt, um ihr zerbrechliches »Ich« zu schützen. Umstellt von Tabus und Verboten, unbeeindruckt von der Verlogenheit der Erwachsenen, wächst sie auf mit Kung-Fu-Filmen, Wella-Apfelshampoo und Cornflakes. Ihr Name ist aber zugleich ein schweres Erbe: Die Familie und die Dorfgemeinschaft setzt Hoffnung in sie, bis sie eines Abends mit dem Sohn des Pfarrers erwischt wird.

BÜCHER FÜRS HANDGEPÄCK
REISE NACH KRETA (UT 472)
REISE IN DIE SAHARA (UT 471)
REISE NACH ISLAND (UT 470)
REISE NACH JAPAN (UT 469)
REISE NACH MYANMAR (UT 443)
REISE INS TESSIN (UT 442)
REISE NACH MEXIKO (UT 441)
REISE IN DIE PROVENCE (UT 440)
REISE NACH ÄGYPTEN (UT 439)
REISE NACH CHINA (UT 438)
REISE NACH INDIEN (UT 423)
REISE NACH MAROKKO (UT 422)
REISE IN DEN HIMALAYA (UT 421)
REISE IN DIE SCHWEIZ (UT 420)
REISE NACH BALI (UT 401)
REISE NACH THAILAND (UT 400)

MANJUSHREE THAPA
Geheime Wahlen (UT 468)
HANNELORE CAYRE
Der Lumpenadvokat (UT 467)
FRANK GÖHRE Mo (UT 466)
MANFRED WIENINGER
Rostige Flügel (UT 465)
NAGIB MACHFUS
Das Buch der Träume (UT 464)
DRISS CHRAÏBI
Die Zivilisation, Mutter! (UT 463)
JEAN-CLAUDE IZZO
Die Marseille-Trilogie (UT 462)
CHESTER HIMES
Harlem-Romane (UT 461)
PETRA IVANOV
Fremde Hände (UT 460)
PHAM THI HOAI
Sonntagsmenü (UT 459)
CLAUDIA PIÑEIRO
Ganz die Deine (UT458)
WLADIMIR ARSENJEW
Der Taigajäger Dersu Usala (UT 457)
IGNACIO ALDECOA Gran Sol (UT 456)
ZHANG JIE
Abschied von der Mutter (UT 455)
MO YAN
Die Knoblauchrevolte (UT 454)
NAGIB MACHFUS Radubis (UT 453)

JURI RYTCHËU Polarfeuer (UT 452)
ALAIN GRESH
Israel–Palästina (UT 451)
PABLO DE SANTIS
Die sechste Laterne (UT 450)
BILL MOODY
Moulin Rouge, Las Vegas (UT 449)
ZAKES MDA Der Walrufer (UT 448)
MASAKO TOGAWA
Schwestern der Nacht (UT 447)
KAMALA MARKANDAYA
Nektar in einem Sieb (UT 446)
SALIM ALAFENISCH
Die Feuerprobe (UT 445)
BRUNO MORCHIO
Kalter Wind in Genua (UT 444)
MURATHAN MUNGAN
Palast des Ostens (UT 437)
HASAN ALI TOPTAŞ
Die Schattenlosen (UT 436)
TEVFIK TURAN (Hg.)
Von Istanbul nach Hakkâri. Eine
Rundreise in Geschichten (UT 435)
AHMET ÜMIT
Nacht und Nebel (UT 434)
NURY VITTACHI
Shanghai Dinner (UT 431)
GALSAN TSCHINAG Auf der großen
blauen Straße (UT 430)
JURI RYTCHËU
Gold der Tundra (UT 429)
ALAN DUFF Warriors (UT 428)
TSCHINGIS AITMATOW
Der Schneeleopard (UT 427)
TSCHINGIS AITMATOW
Der Junge und das Meer (UT 426)
MICHEL VIEUCHANGE
Smara – Verbotene Stadt (UT 425)
MICHELLE DE KRETSER
Der Fall Hamilton (UT 424)
ÁLVARO MUTIS Die letzte Fahrt
des Tramp Steamer (UT 419)
TSCHINGIS AITMATOW
Aug in Auge (UT 418)
GABRIEL TRUJILLO MUÑOZ
Tijuana Blues (UT 417)
BILL MOODY Solo Hand (UT 416)

GARRY DISHER
Schnappschuss (UT 415)
BETTY MINDLIN (HG.)
Der gegrillte Mann (UT 413)
YAŞAR KEMAL
Der Sturm der Gazellen (UT 412)
JØRN RIEL
Das Haus meiner Väter (UT 411)
MIRAL AL-TAHAWI
Gazellenspuren (UT 410)
LEONARDO PADURA
Adiós Hemingway (UT 409)
MANFRED WIENINGER
Kalte Monde (UT 408)
CELIL OKER Dunkle Geschäfte am
Bosporus (UT 407)
PATRICK BOMAN
Peabody geht in die Knie (UT 406)
JOE GORES Hammett (UT 405)
MIA COUTO
Unter dem Frangipanibaum (UT 404)
YAŞAR KEMAL Das Reich der Vierzig
Augen – Memed III (UT 403)
NAGIB MACHFUS
Die Midaq-Gasse (UT 402)
JØRN RIEL
Vor dem Morgen (UT 399)
ZAKES MDA
Die Madonna von Excelsior (UT 398)
JEAN-CLAUDE IZZO
Leben macht müde (UT 397)
ABDELWAHAB MEDDEB
Die Krankheit des Islam (UT 396)
SALLY MORGAN
Ich hörte den Vogel rufen (UT 395)
JÖRG SAMBETH
Zwischenfall in Seveso (UT 394)
MANFRED WIENINGER
Der Engel der letzten Stunde (UT 393)
BILL MOODY Bird lives! (UT 392)
SAHAR KHALIFA
Die Verheißung (UT 391)
FRIEDRICH GLAUSER
Gourrama (UT 390)
H.R.F. KEATING
Inspector Ghote reist 1. Klasse (UT 389)
GARRY DISHER Flugrausch (UT 388)

PETER O'DONNELL Modesty Blaise –
Ein Hauch von Tod (UT 387)
FRITZ MÜHLENWEG
Mongolische Reisen (UT 386)
JURI RYTCHÄU
Der Mondhund (UT 385)
MO YAN Das rote Kornfeld (UT 383)
JOSÉ LUIS CORREA
Tod im April (UT 382)
TSCHINGIS AITMATOW
Der Richtplatz (UT 381)
NAGIB MACHFUS Cheops (UT 380)
MEMO ANJEL
Das meschuggene Jahr (UT 379)
NAGIB MACHFUS
Die Kinder unseres Viertels (UT 378)
YASMINA KHADRA Morituri · Doppel-
weiß · Herbst der Chimären (UT 377)
LENA BLAUDEZ
Spiegelreflex (UT 375)
LEONARDO PADURA
Das Meer der Illusionen (UT 374)
TSCHINGIS AITMATOW
Liebesgeschichten (UT 373)
ASSIA DJEBAR
Das verlorene Wort (UT 372)
KNUD RASMUSSEN
Unter Jägern und Schamanen (UT 371)
FRANCISCO COLOANE
Feuerland (UT 370)
SALIM ALAFENISCH
Das versteinerte Zelt (UT 369)
NAGIB MACHFUS
Die Reise des Ibn Fattuma (UT 368)
WILLEM ELSSCHOT Leimen (UT 367)
PETER O'DONNELL Modesty Blaise –
Der Xanadu-Talisman (UT 366)
JOSÉ LUIS CORREA
Drei Wochen im November (UT 365)
LEONARDO PADURA
Labyrinth der Masken (UT 364)
PETER O'DONNELL Modesty Blaise –
Operation Säbelzahn (UT 363)
GEORGE MACKAY BROWN
Ein Sommer in Greevoe (UT 362)
PATRICK BOMAN
Peabody geht fischen (UT 361)

Mehr über alle Bücher und Autoren auf *www.unionsverlag.com*